KB017408

마음챙김에 대한 거의 모든 것

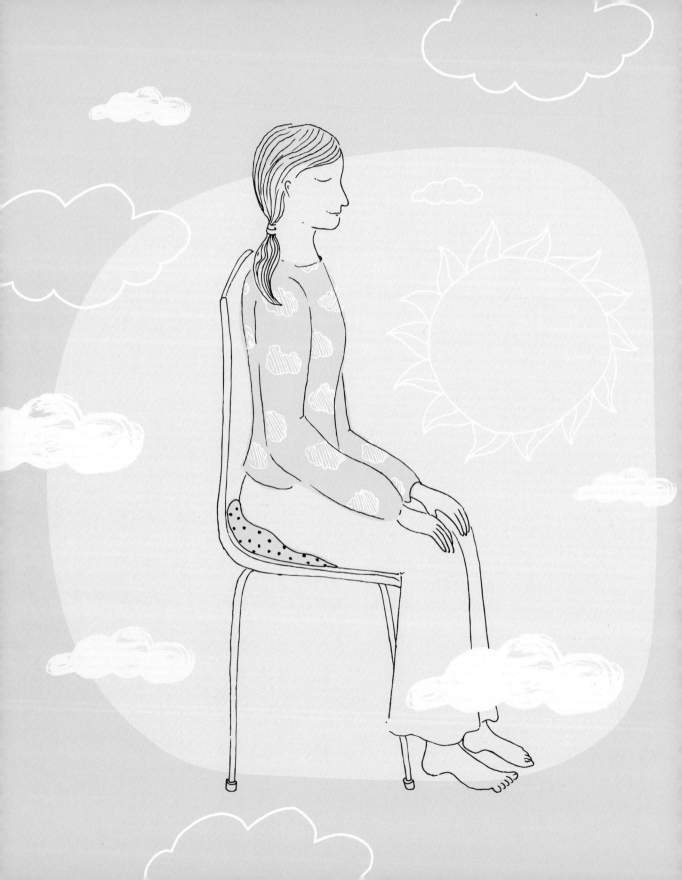

마음챙김에 대한 거의 모든 것

일러스트와 함께하는 단계별 마음챙김 명상 안내서

마이크 앤슬리(Mike Annesley) 글 ㅣ 트리나 댈지엘(Trina Dalziel) 그림

켄 A. 베르니(Ken A. Verni) 감수 ㅣ 박지웅 옮김

불광출판사

Original Title: Practical Mindfulness
Copyright © Dorling Kindersley Limited, 2015
A Penguin Random House Company

All rights reserved. No part of this publication may
be reproduced, stored in a retrieval system, or
transmitted in any form or by any means (electronic,
mechanical, photocopying, recording, or otherwise), without
the prior written permission of the copyright owners.

Korean translation copyrights © 2020 Bulkwang
Media Co.
Korean translation edition is published by arranged
with Dorling Kindersley Limited, Lodon.

이 책의 한국어판 저작권은 영국 돌링 킨더슬리사와 독점계약한
(주)불광미디어에 있습니다. 저작권법에 의해 한국 내에서
보호를 받는 저작물이므로 무단 전재와 무단 복제를 금합니다.

마음챙김에 대한 거의 모든 것
일러스트와 함께하는 단계별 마음챙김 명상 안내서

초판 1쇄 발행 2020년 9월 2일
초판 2쇄 발행 2021년 4월 5일

글쓴이 마이크 앤슬리(Mike Annesley)
그린이 트리나 댈지엘(Trina Dalziel)
감수 켄 A. 베르니(Ken A. Verni)
옮긴이 박지웅

발행인 박상근(포小) • 편집인 류지호
상무이사 양동민 • 편집이사 김선경
책임편집 김소영 • 편집 이상근, 김재호, 양민호
디자인 쿠담디자인 • 제작 김명환
마케팅 김대현, 정승채, 이선호 • 관리 윤정안
펴낸 곳 불광출판사 (03150) 서울시 종로구 우정국로 45-13, 3층
    대표전화 02) 420-3200 편집부 02) 420-3300
    팩시밀리 02) 420-3400
    출판등록 제300-2009-130호(1979. 10. 10.)

ISBN 978-89-7479-809-3 (03180)
값 20,000원
Printed in China

이 도서의 국립중앙도서관 출판예정도서목록(CIP)은
서지정보유통지원시스템 홈페이지(http://seoji.nl.go.kr)와
국가자료종합목록 구축시스템(http://kolis-net.nl.go.kr)에서
이용하실 수 있습니다. (CIP제어번호: CIP2020016950)

잘못된 책은 구입하신 서점에서 바꾸어 드립니다.
독자의 의견을 기다립니다. www.bulkwang.co.kr
불광출판사는 (주)불광미디어의 단행본 브랜드입니다.

For the curious

www.dk.com

차례

마음챙김
명상

마음챙김과
삶의 기술

마음챙김이
필요할 때

시작하며

마음챙김의 개념은 여러 가지로 설명할 수 있다. 먼저 현재의 순간에 아무런 판단 없이 주의를 기울이는 것을 목표로 삼아 정진하며 연민의 시선으로 만물을 있는 그대로 바라보는 수행이다. 또한 마음챙김은 하나의 존재 방식이면서 내적 경험과 외적 경험을 해석하는 관점이자 감각에 가까이 다가가는 수단이기도 하다. 이는 말 그대로 해석해도 되고, 비유로 받아들여도 좋다. 마지막으로 마음챙김은 타고난 능력, 즉 개념, 과거, 선호 기준 따위의 색안경 없이 마주하는 모든 것을 직접 느끼면서 완전히 깨어 있는 상태로 살아가는 인간의 본능을 재발견하거나 기억해내는 과정이라고 할 수도 있겠다.

마음챙김은 누구나 언제든지 수행할 수 있다. 원한다면 지금 당장 도전해봐도 좋다. 이 문단을 다 읽은 뒤, 책에서 눈을 떼고 근처 다른 곳을 응시하라. 아무 판단 없이 순수하게 바라본다. 어떠한 꼬리표도 붙이지 않고, 마치 처음 보는 무언가를 바라보듯 관찰하면 된다. 천천히 물체의 형태, 색상, 질감, 공간감을 받아들인다. 수행을 계속하다보면, 마음속에 잡념이 떠오르고 주의가 흐트러지며 대상이 주는 감각적 자극에 반응하여 감정이 나타나는 경험을 할 수 있다. 그럴 때마다 관찰하고 있는 물체로 돌아가서 있는 그대로 바라본다. 일단 지금 한 번 해보고, 위의 설명을 처음부터 다시 읽고 나서 한 번 더 시도하도록 한다. 수행할 때마다 똑같은 물체에 집중할 필요는 없다.

여러분은 방금 마음챙김 수행을 경험했다. '집중 대상'을 선택하고 현재의 순간에 인식을 고정한 채로 몸과 마음, 그리고 가슴에서 어떤 일이 벌어지는지 관측했다는 말이다. 수행에서 관찰한 생각이나 감정은 일상에서 경험하는 요소와 관련 있을 가능성이 크다. 예를 들면 방해요소, 욕구, 혐오, 불안, 의심, 권태 같은 것들 말이다. 물론 아무 생각 없이 물체를 바라보던 순간도 있었다. 이러한 시간이 마음챙김 '수행'에서 추구하는 목

표다. 이것을 수행이라고 부르는 건 꾸준히 정진하면 위에서 언급한 '삶의 구성요소'에서 수많은 기회를 얻을 수 있기 때문이다. 시간을 두고 자신과 '구성요소' 사이의 관계를 서서히 바꿔나가면 습관과 마음의 '단골손님'에 섣부르게 반응하는 대신, 여유를 가지고 침착하게 대응하는 방법을 익히게 된다. 정리하면, 삶의 선택지를 넓히고 일의 능률을 높이며 인생의 균형을 잡는 감각을 키운다고 할 수 있겠다.

지금까지 설명한 방식을 통해 자기 자신과 다시 건강하고 친근한 관계를 맺게 되면 소외감과 고립감이 해소될 뿐 아니라 내 안에 잠자던 지혜와 창의력을 깨울 수 있다. 마음챙김 수행은 내면으로 떠나는 여정이며, 인생에서 가장 중요한 여행이라고 봐도 무리가 없다. 미국의 수도사이자 작가인 토머스 머튼이 남긴 명언, "자기 자신을 갈라놓는 심연도 건너지 못하는데, 달에 간들 무슨 소용이 있겠는가?"에 담긴 의미를 다시금 되새겨보자.

이 책은 일상에서 마음챙김을 높은 수준으로 유지하는 것을 목표로 정진하는 수행자에게 친절한 나침반이 되어줄 것이다. 마음챙김의 본질과 수행 방식을 이해하기 쉽게 정리하고, 일상에서 수행할 수 있는 계획을 제시하기 때문이다. 하지만, 모든 여정이 다 그렇듯이 자신의 지혜를 믿고 나름의 판단 기준을 세워서 도움이 된다고 생각하는 부분만 선별해서 받아들이는 것이 중요하다.

모든 것을 판단하려는 본능에 따라 마음챙김 수행을 또 하나의 평범한 '자기 계발' 프로젝트로 생각하는 일 역시 경계해야 한다. 마음챙김에는 훨씬 더 큰 의미가 있다. 매 순간 자기 자신과 사물을 있는 그대로 바라보는 요령을 익히고, 매 순간의 경험에 연민 어린 호기심을 가짐으로써 자연스럽게 떠오르는 지혜를 이용하는 방법이기 때문이다.

마지막으로 마음챙김에 대해 한 마디 덧붙이자면, 마주하는 모든 경험을 연민을 가지고 폭넓게 포용할 수 있도록 자애의 자세로 수행하는 마음의 길에 비유할 수 있겠다. 그러니 마음 가는 대로 책 속 수행과 반성을 익히고 삶의 순간순간을 느껴보도록 하자. 지금 바로 시작한다.

켄.A. 베르니

마음챙김
알아보기

마음챙김은 전 세계에서 많은 사람이 삶의 질을 높이기 위해 정진하는 현대적인 수행으로, 마음을 가라앉히고 집중력을 높이며 신체 건강을 개선하는 데 도움을 준다.

초심자를 위한 현재에 머무르는 방법

마음챙김이 삶을 풍요롭게 만드는 원리

마음챙김에는 인생을 송두리째 바꿔놓는 힘이 있다. 마음챙김을 통해 행복을 추구하기로 했다면, 먼저 짧은 명상 루틴을 만들고 실천할 필요가 있다. 동시에 지금까지 인생을 있는 그대로 즐기지 못하게 막았던 마음속 깊이 뿌리박힌 습관을 인식해야 한다.

마음챙김의 개념은 아주 간단하다. 마음을 열고 나를 '비우는' 동시에 지금 이 순간 느껴지는 감각에 주의를 기울이는 것이다. '비운다'는 말의 의미가 잘 와닿지 않을지도 모른다. 마음은 원래 텅 비어 있지만, 나이를 먹으며 겪은 경험과 형성된 사고방식이 마음에 쌓여 굳어지면서 그 자리를 채운다. 마음챙김 명상을 최소 2, 3주 이상 수행하면, 내면에 만들어둔 구조물을 무너뜨리고 원래의 열린 상태로 돌아갈 수 있다. 마음챙김 수행이 낮은 자존감, 불안감, 무력감, 의욕 상실, 경증에서 중증 사이의 우울증 등의 모든 부정적 사고방식에 강력한 해독제로 작용하는 이유가 바로 여기에 있다.

마음챙김은 여러분이 다른 사람과 맺은

> 마음챙김은 여러분이 다른 사람과
> 맺은 관계나 자기 자신의 삶을
> 바라보는 관점을 바꿔놓는다.

마음챙김에 대한 오해와 진실

마음챙김은 경험하는 모든 감각에 주의를 기울이는 현대적인 수행이다. 자신의 경험을 있는 그대로 바라보고자 하는 것이지, 신비한 황홀경이나 영적 초월 상태로 들어가는 게 아니다. 종교와는 아무 상관이 없다.

마음챙김의 진실
- 감정에 사로잡히지 않으면서 감정을 자각한다.
- 나 자신을 있는 그대로 바라본다. 감정이나 실수로 자신을 정의하지 않는다.
- 과거나 미래를 생각하는 시간은 줄이고 현재에 머무르는 시간을 늘린다.
- 모두가 바라는 행복을 추구한다.

마음챙김에 대한 오해
- 마음을 비우거나 생각을 멈추는 수행이다.
- 결과적으로 안정을 누릴 수 있기는 하지만, 근본은 이완 요법의 하나다.
- 자신에게서 달아나는 탈출구다.
  — 반대다. 오히려 자신을 깊숙이 파헤친다.
- 계획 없는 삶을 추구하게 만든다.
  — 반대다. 매일 의식적으로 살기 때문에 지난날에서 더 많은 교훈을 얻을 수 있고, 따라서 전보다 계획을 현명하게 세울 수 있다.

관계나 자신의 삶을 바라보는 관점을 바꿔놓을 뿐 아니라 모든 잠재력을 발현하도록 유도하는데, 특히 인간관계를 형성하고 목표를 이루어내는 과정에 큰 도움이 된다. 마음챙김의 경지가 높아질수록 삶을 풍부하고 지혜롭게, 편하고 유연하

처음으로 순간 인식하기 : 수행의 시작

'수행'은 다양한 명상과 정신 수련에서도 빠지지 않고 등장하는 단어다. 반복적인 연습이라는 뜻인데, 사고방식을 바꾸려면 규칙적으로, 상황에 따라 매일 연습하는 방법밖에 없으므로 꽤 적절한 표현이라고 할 수 있다. 하지만 지금 소개하는 수행의 목표는 그렇게 대단하지 않다. 마음챙김이 무엇을 담고 있는지 알아보는 입문 단계이기 때문이다. 수행하는 동안 마음속에 어떤 생각이나 감정이 떠오른다면, 인식하되 휩쓸리지는 마라. 집중하던 대상으로 돌아가면서 그대로 흘려보내면 된다.

1. **식탁에 앉아** 앞에 작은 물건을 하나 놓는다. 머그잔이나 유리잔 같은 컵도 좋고 소금통이나 후추통도 괜찮다.

2. 잠시 **앞에 있는 물체를 자세히 바라본다.** 만지거나 위치를 바꾸지 말고 정신을 최대한 집중해서 눈에 보이는 모든 특징을 관찰한다. 심미성이나 기능성을 판단하지 말고 외형을 객관적으로 바라본다.

3. **감각에 집중하라.** 차분하게 눈을 감고 몸의 감각을 인식한다. 옷과 닿아 있는 피부에 주의를 기울였다가 의자와 바닥을 누르는 신체 부위를 느껴본다.

4. **들리는 소리에 잠시 마음을 집중한다.** 내 숨소리, 옆집 라디오 소리, 비행기 소리도 좋다.

5. **경험한 감각을 다시 돌아본다.** 지금까지 물건과 감각, 그리고 소리에 집중하여 집착에서 벗어나는 휴식을 즐겨보았다. 나중에는 정신을 환기하고 싶을 때마다 이 수행을 유용하게 사용할 수 있을 것이다.

게 살아갈 수 있다. 자신이 누구인지 정확하게 이해하면서 마음챙김을 행복한 삶으로 향하는 주춧돌로 삼을 수 있기 때문이다. 난관에 부딪히거나 인생의 위기에 직면할 때는 주눅 들지 않고 버텨내며, 기회가 찾아올 때면 놓치지 않고 잡아내어 삶을 즐겁게 만드는 힘을 기르는 셈이다. 이미 생긴 마음의 습관은 남아 있겠지만 예전만큼 영향을 미치지 못하며, 우리는 얼마든지 자유롭게 건전한 사고방식을 배양할 수 있다.

현재와 친해지다

마음챙김을 하나의 요리로 보면 주재료는 현재의 순간이라고 할 수 있다. 흘러가는 시간은 멈출 수 없으므로 순간 자체에 집중할 필요는 없다. 대신, 현재의 경험에 초점을 맞춰라. 마음속에 떠오르는 생각이나 감정은 물론이고 과거와 미래, 시간의 흐름까지 잊어버려야 한다는 뜻이다. 호흡처럼 지금 하는 일이나 보고 듣고 느끼는 감각에 집중하면 된다. 편안하면서도 주의가 흐트러지지 않은 상태로 집중하도록 신경 써라. 이 책에서 다루는 수행과 같은 정규 명상 수행에서는 호흡이나 걷기 등의 신체 활동이나 특정 물체에 집중하는 방식을 사용한다.

새로운 순간, 새로운 나

마음챙김이 주는 선물

사고 기술

기억력 향상
반응 속도 단축
정신력 향상
직관 강화
사고 처리 능력 개선
뇌 기능 강화
집중력 향상
의사결정 능력 개선

마음챙김의 효과를 늘어놓는 건 사랑의 가치를 숫자로 표현하는 것과 비슷하다. 마음챙김과 사랑은 그 자체에 의미가 있기 때문에 여러 가닥으로 분석하다보면 핵심을 놓치기 쉽다. 그래도 다양한 연구에서 밝혀낸 마음챙김의 효과를 살펴보면 동기 부여가 되리라고 본다.

현대 마음챙김의 선구자인 존 카밧진은 자신의 책에서 마음챙김은 좋든 싫든 반드시 해야 하는 수행이라고 말했다. 누군가는 마음챙김을 단순한 일과의 하나로 생각했지만, 카밧진은 마음챙김이 주는 분명한 효과를 알고 있었다. 수많은 과학적 연구가 마음챙김 수행이 신체와 정신 건강에 도움이 된다는 카밧진의 초기 주장을 뒷받침하고 있다. 연구 결과에 따르면, 마음챙김은 '스트레스 호르몬'이라고 부르는 코르티솔 수치를 떨어뜨려 스트레스와 불안 감소에 도움을 준다. 스트레스는 몸의 면역 체계를 무너뜨리는 원인이므로, 면역력을 높이는 효과까지 얻을 수 있다.

마음챙김이 건강에 도움을 준다는 건 어디까지나 사실이다. 마음챙김은 스트레스와 통증 완화, 그리고 수면 패턴 정상화부터 우울증이나 중독 치료에 이르기까지 다양한 분야에서 효과를 발휘한다. 사실 건강뿐 아니라 인생의 행복이라는 넓은 관점으로 봐도 전부 나열하기 힘들 정도로 장점이 많다. 우리는 마음챙김 수행으로 삶에 주의를 기울이고 안정을 유지하며, 자기 자신을 인식하고 자신감과 결단력을 높여 마음의 자동조종장치에서 벗어난다. 다시 말해, 삶을 완전히 새롭게 살 수 있다는 뜻이다. 또한 인생의 고난과 시련에 능숙하게 대처하는 요령을 익히고 좋아하는 일에서 더 많은 만족과 행복을 얻는 법을 배울 수도 있다. 이제 자기 자신을 부정하는 생각의 굴레에서 벗어나 잠재력을 완전히 발휘하면서 살아가는 새로운 여정을 시작하자.

마음챙김은 스트레스와 통증 완화, 그리고 수면 패턴 정상화부터 우울증이나 중독 치료에 이르기까지 다양한 분야에서 효과를 발휘한다.

건강과 웰빙

불안 감소
피로 회복력 향상
스트레스 감소
우울증 해소
고통 완화
중독이나 자기 파괴 행위의 제어 능력 개선
면역 체계 강화
심장 및 순환계 건강 개선
수면의 질 향상

마음챙김이 고통을 완화시키는 원리

마음챙김이 주는 건강상의 이점 일부는 감정과 같은 요소에 대한 반응성 감소에서 기인한다. 고통도 감정과 마찬가지로 우리가 맞서 싸우게끔 유도하는 성향이 있다. 우리는 고통에 저항하기 위해 근육에 힘을 주어 통증을 줄이고, 가끔은 이성을 놓아버리기도 한다. 이러한 반응은 고통 완화에 도움이 되지 않으며, 오히려 에너지를 고갈시킨다. 마음챙김에서는 고통을 받아들이면서 통증에 대한 감정적 반응을 쳐내는 경지를 목표로 한다. 반응하는 감정이 없으면 고통은 약해지기 마련이다.

웰빙의 원

마음챙김은 매사에 건강하고 침착한 태도를 가진 사람으로 변화시켜, 일상을 보람 있게 만드는 효율적인 생활 습관을 지니게 한다.

자기 인식과 삶의 기술

자기 이해 능력 개선
습관적 반응에서 해방
의사소통 능력 개선
발표 능력 개선
공감 능력 개선
감성 지능 향상
회복탄력성 강화

행복과 성취

자존감 향상
자신감 향상
여가에서 얻는 만족감 증가
인간관계 개선
직업 만족도 증가
목표에 대한 집중력 향상
완전한 잠재력 발현

생각을 챙기다

주의력과 방해요소

마음챙김은 매 순간마다 내면에 주의를 기울이며 느껴지는 감각, 떠오르는 생각, 나타나는 감정을 파악하는 수행이다. 새가 지저귀는 소리나 떠오르는 추억 같은 방해요소가 주의를 산만하게 만들어도 그냥 내버려두도록 한다.

마음은 하나의 도구지만, 동시에 생각이 휙휙 지나다니는 교차로이기도 하다. 그래서 한 가지 일에 집중하려고 아무리 노력해도 시시때때로 생각이 튀어나와 주의가 분산되고는 한다. 우리는 생각에 반응할지, 마음을 다스리면서 비(非)판단의 자세로 현재에 머무르며 알아차리기만 할지 양자택일해야 한다.

생각과 직접 경험은 다른 개념이지만 끊임없이 상호작용한다. 사람의 마음이 여러 가지 일을 한 번에 처리하는 것처럼 보일지라도, 사실 한 가지 생각만 감당할 수 있다. 복잡한 일을 빠르게 수행하기 때문에 멀티태스킹을 하는 것처럼 느껴질 뿐, 매 순간 여러 생각이 나타났다가 사라지는 과정을 반복한다는 말이다. 이처럼 혼란한 상황 속에서도 끊임없이 이어지는 생각이 남긴 자취나 서로 얽힌 감각과 생각을 보통은 직접 경험에서 발견할 수 있다. 난해해 보이지만, 예를 보면 쉽게 이해할 수 있을 것이다.

라디오, 감자, 나무, 저녁 식사

당신은 집에서 라디오 뉴스를 들으며 감자를 깎고 있다. 그런데 갑자기 정원에서 알 수 없는 소음이 들리기 시작한다. 잠깐의 생각 끝에 배우자가 장작을 패는 소리라는 사실을 알아차린다. 우리의 마음은 뉴스에서 주의를 거두고 배우자를 떠올렸다가, 바비큐 준비가 이미 끝났을지도 모른다는 생각까지 꼬리를 물고 이어진다. 아나운서는 계속 뉴스를 읽지만 들리지 않고, 어쩌면 저녁을 조금 늦게 먹으면 어떨까 생각하느라 자신도 모르게

우리는 생각에 반응할 수도 있고,
어떠한 판단 없이 관찰만 할 수도 있다.
마음챙김 수행에서 추구하는 목표는 후자다.

감자 깎기를 멈출지도 모른다. 여기까지가 주의가 현재에 머무르지 않고 미래에 대한 생각 사이에서 방황하는 상황이다. 마음챙김을 수행하면 비슷한 상황 속에서도 원하는 곳에 주의를 기울일 수 있다. 밖에 나가서 배우자에게 직접 준비 상황을 물어보거나 계속 라디오나 감자에 집중하는 식이다. 장작 패는 소리에서 관심을 거두었다가(다른 일에 집중하기 시작하면 곧 소리가 들리지 않는다) 나중에 저녁을 어떻게 하면 좋을지 물어볼 수도 있다.

집중 대상 선택

마음챙김 수행에서 집중 대상을 정하는 건 우리의 몫이다. 어디에 집중할지 정했다면 대상에 주의를 기울이자. 도중에 생각이나 감정, 예상치 못한 감각(알람이나 전화 벨 소리 같은) 등의 방해요소 때문에 집중이 흐트러져도 괜찮다. 알아차리기만 하고 반응하지 마라. 그것에 관심을 주는 대신, 다시 호흡이나 몸의 감각처럼 집중하던 대상으로 다시 주의를 돌려라.

생각의 파문

마음이 감각이나 생각, 감정을 처리하는 방식은 비가 내리는 연못에 비유할 수 있다. 감각이나 감정과 같은 직접 경험은 연못에 떨어지는 빗방울이다. 가장 안쪽 파문은 제일 먼저 나타나는 생각이며, 바깥쪽으로 퍼지는 파문들은 꼬리를 물고 이어지는 생각이다. 우리가 주의를 다른 곳으로 옮기지 않으면 생각은 또 다른 생각을 낳는다. 마음챙김 수행은 일상생활에서 주의를 원하는 곳에 두는 능력을 길러준다.

마음챙김과 빗방울

평온했던 수면이 경험의 빗방울로 일렁이는 모습은 마음챙김에서 흔히 사용하는 상징이다.

직접 경험
몸의 감각　　감정

단순한 생각
인식　　분류

생각에 대한 생각
해석　　연상　　기억　　상상　　투영

조용한 관찰자

판단 없이 집중하라

마음챙김은 정신을 집중하여 비판단의 자세로 현재에 머무르는 수행이다. 이게 대체 무슨 뜻일까? 호흡이나 신체 감각에 집중할 때 판단 섞인 의심이 나타나는 이유는 무엇일까?

마음챙김 명상을 하고 있다고 상상하라. 몸으로 들어오고 나가는 호흡에 주의를 기울인다. 자리에 앉아서 의자 모서리의 압박감이 느껴지는 허벅지 아래쪽으로 의식을 집중한다. 저녁을 먹거나 편지를 쓰려고 앉을 때마다 느끼는 압박감이지만, 평소에는 알아차리지도 못했을 것이다. 이처럼 평소에 모르고 지나쳤던 감각을 의식의 영역으로 옮겨서 붙잡아두는 과정을 현재의 순간에 주의를 기울이는 마음챙김 수행이라고 한다.

방황하는 생각과 감정

생각을 완전히 통제할 수 있는 사람은 거의 없다. 간단히 말해, 마음은 원래 산만하다. 그래서 자리에 앉아 허벅지의 감각에 집중하다보면, 필연적으로 방해요소와 마주치게 된다. 주의가 흐려지는 원인이 시끄럽게 울리는 알람 소리나 문을 두드리는 집배원처럼 외부의 사건일 수도 있지만 내면의 자극, 다시 말해 뇌리를 사로잡고 있는 생각일 가능성도 있다. 무의식의 만화경에서 불쑥 솟아오른 생각이나 감정의 조각을 맞닥뜨릴지도 모른다는 뜻이다. 보통은 가위를 어디에 두었

섣부른 판단 멈추기

수행에서 가져야 할 비판단의 자세는 어떤 모습일까? 다음 상황을 떠올려보라. 말 안 듣기로 유명한 남동생이 주말에 집으로 놀러오기로 했다. 행동거지를 고쳐놓으려면 한 번 따끔하게 훈계를 할 필요가 있다는 사실은 이미 느끼고 있다. 남동생이 도착하기 전, 우리는 마음챙김 수행을 시작한다. 하지만 여기저기서 튀어나오는 생각 때문에 집중이 계속 흐려진다. 남동생에 대한 감정이 반응과 판단을 유도하는 상황이다. 마음챙김 수행에서는 생각과 감정을 조용히 인정하면서 반응하지 않고 판단하지 않는 자세를 유지하도록 가르친다.

생각	감정	판단
"대화를 어떻게 시작해야 할지 모르겠어."	어려운 일에 대한 불안	대화를 적당한 선에서 끊겠다는 결정
"얼굴 보고 이야기하기도 힘드네."	조바심	다른 계획은 뒤로 연기해야겠다는 판단
"동생이 뭐라고 말할까?"	두려움	이제 동생 문제로 힘들어하지 않겠다는 결심
"지난번 대화에서는 솔직하게 말하지 못했어."	할 말을 하지 못한 자신에 대한 짜증	자신을 나무라지 않겠다는 생각
"동생도 속으로는 몹시 힘들 거야."	동생의 행복에 대한 걱정	동생에게 상담이 필요할지도 모른다는 걱정

판단 쓰레기통

마음챙김 수행을 하다보면 몸의 감각이 갑작스러운 정보를 보낼 때가 있다. 이런 경우, 그대로 인정해주면 된다(말풍선 속 굵은 글씨). 대신 판단을 내리면서 생각에 휩쓸리지 않도록 경계해야 한다(작은 글씨). 판단은 명상을 방해하고, 원하지 않는 또 다른 생각으로 끌어들이는 존재다.

느는지, 딸을 몇 시에 데리러 가야 하는지 같은 사소한 단상이다. 가끔은 정확히 꼬집어 표현할 수 없는 막연한 불안감이 나타나기도 한다. 어떨 때는 분노나 두려움 같은 더 거슬리는 감정이 나타난다. 생각은 혼자서 고개를 내밀기도 하지만, 감정과 함께 나타나는 경우가 많다. 그렇다고 "내가 지금 떠올리는 생각과 감정을 다 비워내고 싶어. 첫 마음챙김 수행을 망쳐버리고 있잖아."라고 중얼거린다면, 그 순간 무언의 판단을 내리게 된다. 마음챙김에서는 끼어드는 생각이나 감정을 판단하면 안 된다. 그러면 어떻게 해야 할까? 먼저 방해요소를 의식하면서 자신이 어떻게 받아들이고 있는지 알아차린 다음, 호흡이나 허벅지의 감각과 같은 신체 감각으로 되돌아가야 한다. 생각이나 감정과 맞붙어 싸우는 대신, 천천히 사라지도록 내버려 두어라. 이것이 마음챙김의 원리다.

하프 타임
한 연구에 따르면, 사람의 마음이 집중하는 시간은 깨어 있는 시간의 절반도 채 되지 않는다.

자동조종장치의 힘

생각, 감정, 행동의 패턴

자동조종장치는 마음챙김의 반대 개념으로, 마음이 현재에서 멀어지면서 오래된 습관이 지배하는 상태다. 무의식적으로 행동하는 것을 멈추면 과거의 굴레에서 벗어나 행복을 추구할 수 있다.

자동조종장치는 옷을 입을 때나 길을 걸을 때, 계단을 오를 때처럼 일상에서 사소한 일을 할 때 따로 주의를 기울이지 않고 쉽게 처리할 수 있도록 도와준다. 또한 자동차를 운전하거나 키보드를 보지 않고 자판을 치는 등의 다소 까다로운 기술을 익힐 때도 관여한다. 학습할 때 자동조종장치가 작동하면, 배운 내용은 무의식의 영역으로 들어간다. 비유하자면 자동차를 타고 여행을 떠났는데 어느 순간 목적지에 도착해 있고 도중 기억은 하나도 나지 않는 상황이다. 가끔은 자동조종장치가 좋게 작용할 때도 있다. 사소한 일을 저절로 처리하면 더 중요한 일에 주의를 기울일 수 있기 때문이다. 하지만 반대의 상황도 발생하는데, 특히 감정이 섞인 상황에서 자동조종장치가 개입하면 상황을 악화시킬 수 있다. 우리는 간혹 더 행복한 미래를 만들기 위해 과거의 경험에 대한 자신의 감정을 돌아보면서 교훈을 얻는데, 이 과정을 자동으로 처리하게 되면 문제가 발생한다. 지난번 결과가 결코 좋다고 할 수 없음에도 비슷한 상황이 닥치면 똑같이 감정적으로 반응하게 되는 것이다.

부정적인 패턴 없애기

자동조종장치가 작동하는 동안 마음은 과거에 벌어진 사건의 반응을 가져오고, 우리는 지금 과거보다 더 많은 선택지가

자동조종장치의 전원을 끄는 다섯 가지 방법

감정에 휘둘리며 습관적으로 반응하는 패턴을 바꾸려면 엄청난 수행이 필요하다. 먼저 일상을 환기하는 다섯 가지 방법으로 시작하자.

1

휴대폰은 집에 두고 나온다.

우리는 언제나 다른 사람과 연결된 느낌에 익숙하므로 휴대폰 없이 외출하면 불안할지도 모른다. 하지만 휴대폰을 가지고 있으면 진정으로 혼자가 될 수 없다. 혼자만의 시간을 가지는 게 어떤 느낌이었는지 다시 확인해보라.

2

낯선 사람과 대화하라.

쇼핑할 때나 출퇴근길에 낯선 사람과 짧은 대화를 나눠보자. 자동조종장치는 친구, 가족, 직장 동료를 제외한 사람에게 느끼는 유대감을 악화시킨다. 다른 사람이 여러분에게 좋은 영향을 줄 수 있다는 사실을 다시 깨닫는 계기가 될 것이다.

있다는 사실을 깨닫지 못한다. 예전에 상처를 받았던 상황이 다시 닥쳐도 같은 실수를 반복할 필요는 없다.

굳어진 패턴을 의식하면서 단호하게 굴레를 끊는 방법이 가장 좋다고 보기는 어렵다. 역설적으로 들리지만, 적극적인 저항은 패턴을 강화한다. 확실한 해결책은 새롭고 더 높은 차원의 마음챙김 사고방식이다. 현재 순간에 머무르도록 자신을 단련하고 판단 대신 수용의 자세로 경험을 대한다면 전보다 침착하고 재치 있게 반응할 수 있다. 마음챙김이 조종석에 앉으면 자동조종장치는 힘을 잃는다.

> 자동조종장치가 작동하는 동안 마음은 과거에 벌어진 사건의 반응을 가져오고, 우리는 지금 과거보다 더 많은 선택지가 있다는 사실을 깨닫지 못한다.

자동조종장치 vs 마음챙김 : 반대의 방식

자동조종장치를 언제나 켜놓는다면, 같은 실수를 반복하고 비슷한 위기를 맞으면서 발전하지 못할 것이다. 마음챙김은 감정 패턴을 인식할 수 있도록 해줘서 자신의 잠재력을 정확하게 알도록 돕는다.

자동조종장치	마음챙김
습관적으로 반응한다	의식하면서 반응한다
공허하게 과거를 되풀이한다	현재에 오롯이 머무른다
현실에 최선을 다하지 않는다	현실을 받아들인다
작은 부분을 놓친다	작은 부분도 놓치지 않는다
굳어진 패턴을 반복한다	큰 그림을 본다
선택의 폭이 좁다	선택지가 넓다
과거의 감정을 반복한다	새로운 감정을 느낀다
자신의 잠재력을 부정한다	잠재력을 깨닫는다
삶의 즐거움을 잘 느끼지 못한다	삶의 즐거움을 생생하게 느낀다

3
배우자와 새로운 활동에 도전한다.

등산이나 공놀이 등, 배우자와 함께 지금까지 한 번도 하지 않았던 일에 도전한다. 관계는 진부한 일상에 갇히기 쉽다. 새로움은 습관에서 벗어나고 유대감을 높이는 자극이 된다.

4
새로운 길로 가라.

매일 가던 길 말고 새로운 길을 찾아라. 더 일찍 집을 나서도 된다. 걸으면서 주변을 자세히 살펴보라. 나중에 들르고 싶은 가게나 주변 건물의 색 조합 등 흥미 있는 것을 찾아보자.

5
중요한 일부터 처리하라.

불편한 경험을 최대한 미루려고 하는 성향도 자동조종장치 때문이다. 해야 하는 일이라면 가능한 빨리 처리하라. 오랫동안 자신을 괴롭히도록 내버려두지 마라. 할 때는 최대한 정신을 집중하라.

마음챙김은 어떠한 판단 없이
목적을 가지고 현재의 순간에
주의를 기울이는 수행이다.

천 개의 낙엽

일상적인 일에서 순간을 찾다

도배나 설거지 같은 단순 작업은 마음챙김 수행을 할 좋은 기회다. 낙엽을 쓰는 일에도 선(禪)이 녹아 있다. 사찰의 뜰을 관리할 때도 떨어진 낙엽을 쓸어주는 작업을 빼놓을 수 없다. 기회가 된다면 낙엽을 치우면서 마음챙김 수행을 시작해보자.

영국의 추리소설가 애거사 크리스티는 설거지할 때가 책을 구상하기 가장 좋은 때라고 말했다. 그녀의 아이디어가 어디서 왔는지는 짚이는 바가 있을 것이다. 우리는 허드렛일을 처리하는 동안 행동에 주의를 기울이지 않는다. 자동조종장치를 작동시키면 지루한 반복 작업을 신경 쓰지 않고도 완벽하게 처리할 수 있는데, 굳이 그러지 말라는 이유가 무엇일까? 더 중요한 문제를 생각하면서 접시를 깨끗하게 닦을 수 있지 않은가.

여러분은 왜 아무 생각 없이 해낼 수 있는 일에 주의를 기울이고 싶은가? 멍하게 마당을 쓸고 있으면 매 순간의 소중함을 느낄 수 없기 때문이다. 낙엽을 쓰는 일이 의무가 아니라 하나의 즐거움이라고 생각하면, 모든 순간에 의미가 생긴다.

반복하고 또 반복하라

모두 잘 알고 있지만, 동시에 거의 생각해보지 않은 관점이다. 여기서 떠오르는 의문 역시 진지하게 받아들일 가치가 있다. 낙엽을 쓰는 동안 무언가를 생각한다면 정말 가치 있는 경험을 놓치게 될까?

마음챙김은 잊어버리고 머리를 비운 채 일하면 지루한 작업을 더 정확하고 빠르게 해낼 수 있지 않을까? 그러면 생각해보자. 마음챙김의 자세로는 천 개의 낙엽을 쓸었다고 치자. 이보다 몇백 개쯤 더 치운다고 해서 정말 낙엽을 쓸며 얻는 경험이 풍부해진다고 볼 수 있을까?

마음챙김의 가치를 느낀 사람은 마음챙김의 작동 원리를 직관으로 이해했기 때문에 이러한 의문에 막힘없이 대답할 수 있다. 먼저 마음챙김에는 강제성이 없다. 레시피를 개발해야 하거나 작성해야 할

마음챙김하며 낙엽을 쓴다는 것은
단순히 이파리의 생김새를 관찰하거나
정신의 금욕 상태에 들어간다는 의미가 아니다.
마음은 필연적으로 방랑하며,
우리는 고삐 풀린 마음을 다루면서
많은 교훈을 배우게 된다.

연설문이 있다면, 낙엽을 쓸면서 생각하지 말아야 할 이유가 전혀 없다는 뜻이다. 소일거리를 할 때 아이디어가 더 잘 떠오른다면 더욱 그럴 필요가 없다. 생각을 했다는 이유로 죄책감을 가질 이유도 없다. 마음챙김은 논리적인 마음이 잔소리를 늘어놓듯 선택을 강요하지 않는다.

생각과 방해요소

하지만 낙엽을 쓰는 동안 의식을 집중하는 것과 작업을 마치는 데만 몰두하는 것 사이에는 큰 차이가 있다. 반복 작업을 하면서 속으로는 다른 계획을 세우거나 작업에 도움이 되지 않는 생각을 계속 떠올리다보면 나중에는 빗자루만 잡아도 생각이 떠오르기 시작한다. 이런 상황에서

마음은 의미 없는 걱정으로 빠져들기 쉽다. 어떠한 경우든, 일에서 마음을 거두면 속도가 느려지고 효율성이 떨어진다. 낙엽을 쓸 때 온 힘을 다해 몰두하는 사람은 없다. 하지만 매 순간 비판단의 자세로 주의를 기울인다면 생각을 차분하게 할 수 있을 것이다("너무 지루한데."나 "불이나 쬐었으면 좋겠다." 같은 생각이 아니다). 생각이 방황하거나 걱정이 떠오르면 마음챙김의 가르침에 따라 휩쓸리지 않도록 조심하면서 천천히 낙엽 쓸기로 돌아간다. 일이 마무리될 때 할 일도 끝내고 현재에 머무르면서 정신도 치유하는 일석이조의 효과를 누릴 수 있다(체감할 수 없겠지만, 마음을 회복하는 시간이다).

일상적인 일에 마음챙김을 적용하면 현재 순간에 머물 수 있다. 반복해서 수행하면 마음의 균형을 되찾는 데 도움이 되며, 18~19쪽에서 언급한 효과를 누릴 것이다. 오랫동안 수행한다면 뇌를 천천히 좋은 방향으로 바꿔나갈 수 있다.

낙엽 쓸기 명상
낙엽을 쓸다보면 생각과 감정이 떠오른다. 여기에 주도권을 내주는 대신 찬찬히 관찰하고 다시 빗자루 질로 돌아가라.

꿈 같은 삶을 살다

마음챙김과 행복

과거에는 행복이 개인의 성향에 포함되는 개념이라고 생각했다. 사람마다 밝고 행복한 부분과 어둡고 슬픈 부분을 가지고 있다는 식이다. 하지만 최근 행동 심리학자들의 연구 결과는 행복이 고정된 성향이 아니라 마음챙김과 밀접한 관련이 있을지도 모른다는 사실을 시사한다.

행복은 돈으로 살 수 없다는 말처럼 쾌락 역시 그러하다. 부, 육체적 쾌락, 감각의 자극을 삶의 주목표로 삼으면 언젠가 권태와 무기력을 겪게 된다. 쾌락주의의 굴레에 발을 들인 사람은 자신을 영원히 행복하게 해주리라 생각했던 요소가 실제로 그렇지 않다는 것을 깨닫고, 점점 더 큰 자극과 만족을 찾아 실체 없는 갈증에 허덕인다. 마음챙김이 현재 순간에 아주 높은 가치를 둔다는 점에서 내일이 없는 것처럼 오늘의 쾌락을 좇는다는 가치관과 비슷하게 보일 수도 있다. 하지만 이는 완전히 다른 개념이다. 마음챙김은 현재 순간과 독특한 관계를 유지하여 행복을 누리는 데 그 목적이 있다.

사랑과 우정

물질과 쾌락을 추구하는 행위가 우리를 행복에 가까워지게 하는 것이 아니라 오히려 더 멀어지게 만든다면 과연 무엇을 좇아야 할까? 많은 사람이 사랑에서 가장 큰 만족을 얻는다고 말한다. 낯선 사람과 나누는 낭만적인 사랑이 아니라 오랫동안 함께하는 배우자, 가족, 친구와 주고받는 안정적인 사랑 말이다. 마음챙김은 우리가 누구를 소중하게 생각하는지 깨닫게 해준다. 그리고 이들에 대한 우리의 감정을 이해하고 표현하도록 격

행복으로 좌회전

21세기 초, 미국 위스콘신 대학교의 리처드 데이비슨 박사는 뇌의 특정 부위에서 일어나는 전기 신호가 행복과 밀접한 관련이 있음을 증명했다. 긍정적인 감정을 느낄 때는 좌측 전전두엽 피질에, 부정적인 감정을 느낄 때는 오른쪽 전전두엽 피질에 더 많은 전기 신호가 발생하는 것이 그 증거로, 두 피질에서 나타나는 전기 신호의 비율을 '기분 지수'로 나타냈다. 데이비슨 박사와 미국 매사추세츠 대학교 의과대학의 존 카밧진이 진행한 후속 연구에서는 마음챙김 수행을 한 사람은 신호가 나타나는 뇌 부위가 비교적 좌측에 있음을 확인했다. 쉽게 표현하면, 마음챙김이 삶을 긍정적으로 보도록 뇌를 '마사지'한다고 할 수 있겠다.

새로운 방향
명상은 뇌를 '재배선'하여 행복을 느끼는 감각을 예민하게 만든다.

려할 뿐 아니라, 더 많은 사랑이 싹틀 수 있도록 비옥한 기반을 제공하는 역할을 한다. 또한 마음챙김 명상의 한 가지인 자애 수행(138~141쪽)은 사랑을 베푸는 대상을 가까운 사람에게서 다른 모든 사람까지 확장하도록 만들어, 사랑을 베푸는 일이 주는 쪽과 받는 쪽 모두에게 가치 있다는 생각을 증명한다.

목표와 감사

행복에 의문을 제기하는 사람들은 목표에 관해 말한다. 자신이 무엇을 하는지 정확히 알고 있거나 지금 무언가 가치 있는 일을 하고 있다는 것을 안다고 해서 어떻게 만족을 느끼느냐는 것이다. 마음챙김 수행은 자기 이해를 확대하여 자신이 바라는 진정한 목표를 깨달을 수 있도록 도울 뿐 아니라, 집중력과 의사 결정력을 향상하고 자신감을 길러주어 목표를 성취하도록 돕는다.

가진 것에 감사하는 습관 역시 행복을 찾는 데 도움이 된다. 마음챙김은 사회적 지위 같은 헛된 우선순위를 멀리하게 하고, 우정이나 아름다움처럼 삶을 풍요롭게 만드는 것에 더 집중하게 한다. 바꿀 수 없는 것을 수용하는 자세 역시 행복을 느끼는 감각을 북돋는 마음챙김의 자질이다.

시련 속의 행복

모든 사람은 실수를 하거나 불행을 겪으며 자신의 회복탄력성을 시험한다. 마음챙김은 쉽게 사라지지 않는 행복을 선물하여 회복탄력성을 강화해준다. 살면서 마주치는 역경을 극복하고 보람을 느낄 때, 마음챙김은 만족감을 놓치지 않도록 도와주는 역할도 한다.

뻗어나가는 행복

아래는 마음챙김과 헌신의 자세로 다른 사람과 어울리면서 행복을 찾는 체크리스트를 만들 수 있도록 하는 단어를 순서 없이 나열한 것이다.

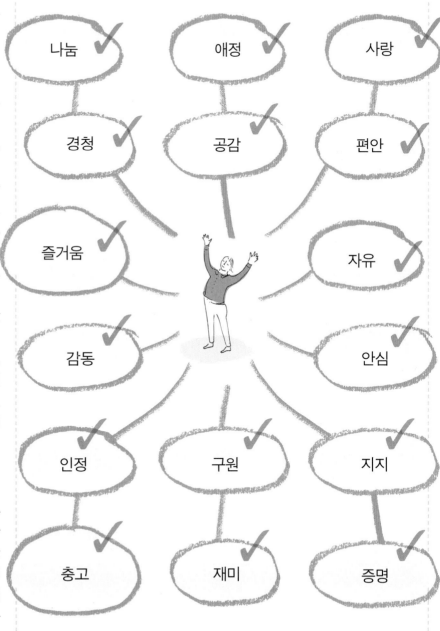

나눔 ✓　애정 ✓　사랑 ✓
경청 ✓　공감 ✓　편안 ✓
즐거움 ✓　　자유 ✓
감동 ✓　　안심 ✓
인정 ✓　구원 ✓　지지 ✓
충고 ✓　재미 ✓　증명 ✓

자기계발

마음가짐과 잠재력

인간은 잠재력을 발휘하면서 삶을 원하는 대로 마음껏 살아갈 때 행복을 느낀다. 지금까지 마음챙김이 내재된 가능성을 일깨우는 데 어떤 도움을 주는지 살펴보았다. 이제 잠자는 능력을 깨우는 데 방해가 되는 벽을 허물고, 자아실현의 방향을 선택하는 데 도움을 주는 조언을 살펴보자.

자기계발 프로그램은 새로운 관심사를 가지라고 권하거나 장점을 소리 내서 말하는 습관을 들이는 등 잠재력을 깨닫는 요령을 알려주는 식으로 도움을 준다. 마음챙김 역시 이와 비슷한 부분이 있지만, 더 본질에 가깝게 접근하여 자아실현을 이뤄낸다. 명상으로 부정적인 자아상을 버리고 자기 인식과 자기 연민을 높여, 자신의 선택을 계속 의식하면서 우선순위에 따라 인생을 살아갈 수 있게 한다.

내면의 목소리

자신의 잠재력을 깨닫는 데 실패할 때도 있다. 자신을 지나치게 믿을 때 이런 일이 발생하는데, 성공에 대한 과도한 낙관은 실망스러운 결과를 낳는다. 하지만 대부분의 원인은 자신에 대한 근거 없는 불신이다. 내면의 부정적인 목소리는 "난 못 해. 내 능력 밖이야." 같은 말을 반복한

성공과 실패를 나누는 거짓 신호

우리는 외부의 신호를 기준으로 자신을 비판하며 태도를 바꾸거나 기대를 할 때가 많다. 아래에서 긍정과 부정의 메시지를 확인하고 우리 기분에 어떤 영향을 미치는지 생각하는 시간을 가져보자. 마음챙김은 이러한 요소를 있는 그대로 관찰하고 인생을 길게 보는 시각을 길러준다.

긍정	부정
다른 사람에게 들은 칭찬	다른 사람에게 들은 비판
좋은 결과	나쁜 결과
시작이 좋은 하루	시작이 나쁜 하루
끝이 좋은 하루	끝이 나쁜 하루
진전에 대한 좋은 소식	진전에 대한 나쁜 소식
기대 이상의 성과	기대 이하의 성과

다. 마음챙김하며 주의를 기울이면 자신이 습관적으로 사고하고 선택함을 인식하고, 초점을 옮겨서 지금 경험하는 것을 파악하는 데 집중할 수 있다. 자기비판은 반응을 보이지 않으면 억제력이 사라지므로, 머릿속 목소리에서 동기를 얻는 게 아니라면 무시하는 법을 배워야 한다.

> 마음챙김 수행은
> 명상을 통해 부정적인
> 자아상을 제거한다.

일상의 잠재력

자아실현은 인정이나 존경과 지지를 받는다는 뜻이 포함된 '성취'와는 약간 다른 개념이다. 육아를 위해 직장을 그만둬야 할지 망설이는 여성이라면 사회 활동을 중시하는 경우가 많다. 여기서 가장 중요한 건 개인의 우선순위다. 가정에 충실하겠다고 마음먹었다면 더 중요한 가치는 육아다. 어느 쪽으로 자아실현을 해야 할지 모르겠다면 마음챙김 수행으로 우선순위를 분명히 하고 필요 없는 선택지를 추려내라. 마음챙김은 타인의 조언을 들을 때도 지나친 비판이나 낙관이 섞인 말에 중심을 잃지 않도록 해준다.

중심에서 눈을 돌리다

잠재력을 발휘하는 법을 고민하다보면 강점을 더 갈고 닦아야 할지, 약점을 보완해야 할지 의문이 생길 수 있다. 그 답은 자기 이해에 있다. 의사소통이 서툴다고 생각한다면 다른 사람 역시 그렇게 보는지 고민해야 한다는 뜻이다. 직업을 바꾸고 싶다면 포기하지 않고 버틸 만큼 적성에 맞고, 지구력이 있는지 확인해야 한다. 핵심은 직관과 인식이다. 소위 말하는 '깔때기 효과', 즉 성과를 내기 위해 노력할 때, 다른 곳에 쏟을 에너지도 남기지 않고 쏟아부어야 한다는 생각에 휩쓸리는 것을 방지해주기 때문이다. 한 방향만 바라보는 태도를 경계하라. 마음챙김하며 자신을 관찰하고 시야를 넓게 가져라.

자아실현 미리보기

잠재력을 완전히 발현하기 위한 가장 좋은 방법은 계획을 세워서 마음챙김 명상을 수행하는 것이다. 다음의 '나' 선언을 통해 훈련을 진행하면 자신이 얻게 될 자신감 있는 모습을 미리 엿볼 수 있다.

- 나는 오직 나다. 나에 대한 다른 사람의 생각은 내가 아니다.
- 나는 관련 요소를 모두 고려하여 우선순위를 정한다.
- 나는 스스로 목표와 성공을 판단하는 기준을 정한다.
- 나는 목표를 이루기 위해 최선을 다하고 결과를 함부로 예상하지 않겠다.
- 나는 내 감정을 알고 어떤 감정에 따라 행동할지 직접 선택한다.
- 나는 상황이 변하면 목표와 우선순위도 바꾸겠다.
- 나는 무슨 일이 닥쳐도 좌절하지 않고 수용한다.

> 제가 독학으로 심리학을
> 끝까지 공부할 수 있을까요?

> "내가 할 수 있을까?"라는 생각을 경계하세요.
> 스스로 한계를 정하게 됩니다.
> 사람은 자신을 삐딱하게 보려고 하거든요.

생산적인 대화
내면의 대화를 표출하는 방식에 따라 잠재력을 깨닫지 못하게 만드는 장막이 생기기도 한다.

마음챙김의 역사

불교적 뿌리

우리의 생각이 우리를 만든다.
우리가 생각하는 것이 곧
우리가 된다.
마음이 순수하면 행복은
그림자처럼 따라다니며
절대 사라지지 않는다.
붓다

마음챙김은 2,000년 님은 역사를 자랑하는 불교에 뿌리를 둔다. 붓다의 가르침을 담은 고대 경전인 『담마빠다(법구경)』에서는 "마음챙김은 깨달음으로 가는 길이다."라는 문장을 찾을 수 있다.

흔히 '붓다'라고 부르는 싯다르타 고타마는 기원전 6세기에서 4세기 사이에 활동했으며, 거의 모든 시간을 북인도에서 가르침을 전파하는 데 보냈다.

붓다는 명상으로 깨달음을 얻어 삶의 의미와 고통의 원인을 통찰했지만(붓다는 '깨달은 자'라는 뜻이다), 자신이 예언자나 신이라고 하지는 않았다. 대신 죽기 직전에 사람들에게 마음챙김하고 끝없는 윤회의 굴레에서 벗어나기 위해 노력하라고 호소했다. 생각이 아닌 직접 경험에 집중하면서 마음챙김의 경지를 높이면 누구나 깨달음을 얻을 수 있음을 알았던 것이다.

집착을 내려놓다

붓다는 교리를 세우는 데 관심이 없었고, 불교는 엄밀히 말하면 종교가 아니다. 붓다는 고통을 극복하는 실용적인 방법을 전파하려고 애썼다. 쾌락, 욕망, 편안함, 과거 등 인간이라면 누구나 얻고자 하지만 언젠가 전부 무(無)로 사라질 헛된 것에 대한 '집착'을 내려놓는 훈련을 가르치기도 했다. 반드시 없어질 무언가에 대한 집착은 모든 고통의 원인이 된다. 내려놓거나 '정신을 자유롭게' 하면 우리를 불행하게 만드는 허상에서 마음을 해방시킬 수 있다. 우리는 높은 의식 수준과 현실적인 시각으로 자신과 삶을 관찰하는 능력을 키우는 과정에서 평화를 얻는다.

붓다의 가르침대로 욕망의 족쇄를 끊고 평화를 찾으려면 자기 마음을 알아야 한다. 불교에서 명상의 중요성을 강조하는 건 자신을 고요하게 가라앉히고 물질과 감정을 향한 집착을 버리며 마음챙김할 수 있기 때문이다. 붓다는 평온과 통찰을

마음챙김의 네 기둥

사성제는 붓다의 가르침 가운데 가장 기본이 되는 개념이다.

1. 모든 존재는 고통스럽다 .
2. 고통의 원인은 욕구다.
3. 욕구를 멸하면 고통을 없앨 수 있다.
4. 팔정도(오른쪽 위 참고)는 고통을 없애는 길이다.

이 진리를 바꿔 말하면 실수와 불행에서 우리를 구원하는 마음챙김의 사성제라고 이해할 수 있다.

우리는 살아가면서 더 많은
것을 얻으려는 욕망이나
행복을 해치는 질투와 같은
고통을 겪는다.

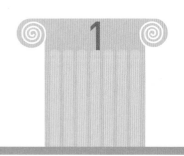

계발하고 연민, 사랑, 우정의 씨앗을 심는 다양한 명상을 가르쳤다. 이러한 명상법이 오늘날 마음챙김 수행의 핵심이다.

불교의 마음챙김

붓다는 깨달음을 이루고 고통에서 벗어나려면 팔정도(오른쪽 상자 참고)를 따라 살아야 한다고 가르쳤다. 길이 여덟 개인 이유는 바른 마음챙김을 의미하는 정념뿐 아니라 정정진(바른 노력-옮긴이)과 정정(바른 집중-옮긴이)(둘 다 명상에서 찾을 수 있다)을 포함한 여덟 개의 자질을 길러야 하기 때문이다. 우리는 팔정도를 좇으면서 정신을 수양하고 고통에서 벗어나기 위한 초석을 쌓을 수 있다.

또한 붓다는 각각 몸, 느낌과 감각, 마음과 의식의 상태, 정신적 대상이나 자질에 집중하는 네 가지 형태의 마음챙김 수행도 전파했다. 붓다는 모든 가르침의 핵심에 마음챙김 명상을 두었다.

진리의 바퀴

불교에서는 팔정도를 흔히 다르마(Dharma, 法)의 수레바퀴로 표현하는데, 여덟 개의 바큇살은 여덟 개의 길을 상징한다. '다르마'는 수레바퀴가 의미하는 붓다의 가르침을 묘사할 때 쓰는 단어다.

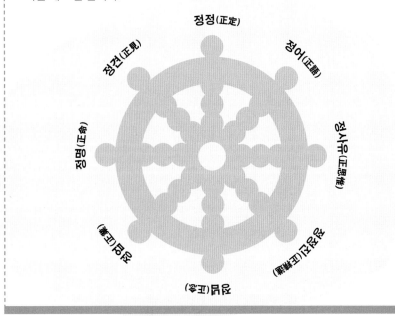

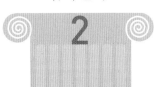

행복을 느끼지 못하는 이유는 의미 없는 바람이 이루어지지 않기 때문이다. 우리는 가질 수 없는 것에 집착한다.

마음챙김으로 주변에서 일어나는 일에 일희일비하지 않는 태도와 내면에서 행복을 찾는 법을 배울 수 있다.

선택의 순간에 자신에게 충실한 판단을 내리며 역경이 와도 그대로 받아들인다.

건강과 행복을 위한 마음챙김

현대식 치료 요법

20세기 후반, 불교에 기반을 둔 마음챙김 수행은 새로운 형태의 명상 치료법으로 다시 태어났다. 현대식 수련법은 마음챙김 명상을 통해 사고방식을 바꾸면 고통과 괴로움에서 벗어날 수 있다는 믿음을 바탕으로 한다.

현대 마음챙김의 역사는 1970년대 분자 생물학자이자 명상 전문가인 존 카밧진으로 거슬러 올라간다. 카밧진은 심장병부터 공황발작에 이르기까지 다양한 만성질환과 심리 상태로 고통받는 사람을 위해 스트레스 완화 프로그램을 개발했다. 이후 카밧진은 미국 매사추세츠 대학병원에서 명상과 몸에 대한 인식을 기반으로, 간단한 요가를 결합한 8주 과정을 진행한다. 1990년에 MBSR(Mindfulness–Based Stress Reduction)이라는 이름으로 재탄생한 카밧진의 프로그램은 불교에 바탕을 두고 있지만, 종교적 의미는 없다.

잘 지내지?

카밧진은 낮은 자존감처럼 옛날부터 있던 문제뿐 아니라, 현대에 이르러 새롭게 나타나는 어려움까지 사람을 예민하고 괴롭게 하는 원인을 전부 조사, 연구했다. 그의 결론이자 핵심은 "무슨 일 없지?"보다는 "잘 지내지?" 같은 표현을 사용하라

는 것이었다. 카밧진은 부정적인 부분 대신 긍정적인 부분에 초점을 맞추면 건강에 나쁜 영향을 미치는 생각과 감정에서 벗어날 수 있다는 사실을 증명했다.

우울증 치료를 위한 노력

얼마 뒤, 치료사와 연구자 팀은 MBSR을 기존의 심리치료법, 특히 인지행동치료(CBT)에 통합하기 시작했다. 급성 우울증 환자를 치료하기 위해 고안된 CBT는 생각, 느낌, 감각, 행동이 상호 연결되어 있다는 개념에 뿌리를 둔다. 부정적인 생각과 느낌은 사람을 악순환에 빠뜨릴 수 있는데, 치료사는 환자를 괴롭히는 하나의 큰 문제를 여러 개의 작은 문제로 나누어 사라지게 만든 다음, 부정적인 패턴을 바꾸어 기분을 나아지게 하는 요령을 알려주는 방식으로 상태를 호전시킨다.

> "우울하고 내성적인 사람이 8주 만에 수용적이고 낙관적이며 순간의 즐거움을 찾을 줄 아는 사람으로 변하는 모습은 정말 놀라웠다."
>
> 의료 전문가

임상 성공
세 번 이상 우울증을 앓은 환자에게 MBCT를 시행하자, 재발 위험이 절반으로 감소했다.

재앙의 책

1990년, 존 카밧진은 직접 개발한 마음챙김에 기반한 스트레스 완화 프로그램(MBSR)과 이것을 만들게 된 동기, 그리고 실제로 환자에게 시행하면서 겪은 경험에 대한 책을 썼다. 굉장히 읽고 싶어지는 제목, 『재앙으로 가득한 삶: 몸과 마음의 지혜로 스트레스와 고통, 그리고 질병을 이겨내는 방법(Full Catastrophe Living : Using the Wisdom of Your Body and Mind to Face Stress, Pain and Illness)』은 영화 〈그리스인 조르바〉에서 주인공 조르바가 가정을 이루는 삶을 "완전한 재앙"으로 묘사한 대사를 인용한 것이다(오른쪽 참고). 스트레스와 질병을 있는 그대로 받아들이는 듯한 논조의 제목은 많은 후대 작가에게 마음챙김에 대한 영감을 주었다. 이 책의 서문은 베트남 승려이자 카밧진과 함께 불교 공부를 했던 틱낫한이 썼다.

"자네 결혼은 했나?"
불교 관련 글을 쓰는
영국인 작가가 물었다.

"제가 남자처럼 안 보이나요?
모든 남자는 멍청하지 않나요?
전 남자입니다. 따라서 결혼도 했죠.
아내, 아이, 집 모두 다 가졌어요.
완전한 재앙이죠."
알렉시스 조르바

연구에 따르면, CBT와 MBSR의 통합 치료법인 MBCT(Mindfulness-Based Cognitive Therapy)가 우울증 재발 억제에 상당한 효과가 있는 것으로 드러났다. MBCT는 우울증이 어떤 병인지, 왜 감정 곡선이 널을 뛰는지, 왜 감정 곡선의 밑바닥에서 벗어날 수 없는지를 환자가 이해하는 데 도움을 준다. 또한 몸에 대한 인식을 높여 우울증이 다가오는 징후를 미리 알아차릴 수 있다. 마음챙김 수행을 통해 환자는 기분이 우울해지고 있다는 사실을 알아차릴 때마다 급락하는 감정 곡선을 밀어올려서 자아 존중감을 회복할 수 있다.

많은 MBCT 전문가가 마음챙김이 환자뿐 아니라 현대 사회에 적응하는 데 어려움을 겪는 사람 모두에게 도움을 줄 수 있다고 말한다. 마음챙김은 임신, 일과 생활의 균형, 노화처럼 인생의 중요한 시기에 회복탄력성을 키우는 데 상당한 효과가 있다.

ACT와 유연성

MBSR과 MBCT는 명상을 마음챙김의 핵심 기술로 사용하는 반면, 새로운 치료법인 수용전념치료(ACT)는 탈융합, 수용, 현재에 머무르기를 강조한다. 미국 심리학자 스티븐 헤이스가 만든 ACT는 심리적 유연성, 다시 말해 인식과 개방성을 가지고 현재에 머무르며 중요시하는 가치에 따라 행동하는 능력을 길러준다.

부정적인 부분 대신
긍정적인 부분에 초점을 맞추면
건강에 나쁜 영향을 미치는 생각과
감정에서 벗어날 수 있다.

대세가 되다

마음챙김 혁명

마음챙김은 빠르게 퍼지고 있다. 낮은 수행 난이도와 확실하고 다양한 삶의 질 향상 효과로 주목받으면서 21세기 시작 이래 20년간 주류로 당당히 자리 잡았다.

삶의 행복을 추구하는 수행이라면 어떠한 형태라도 인기를 끌기 쉽다. 특히 건강을 개선하고 스트레스 저항력을 높여 준다는 사실을 증명하는 연구 결과까지 있다면 말할 것도 없다. 여기에 집중력, 기억력, 의사소통 능력, 감정 조절 능력과 같은 효용성 향상까지 고려하면 왜 마음챙김이 인기를 끄는지 이해할 수 있다. 존 카밧진은 마음챙김 수행이 유익한 이유는 특별한 목표에 집착하지 않기 때문이라고 말했다. 우리는 자신을 찬찬히 인식하며 '있는 그대로의 나'를 받아들인

> 스트레스 완화와 마음챙김은 행복하고 건강한 삶을 보장할 뿐 아니라, 어떠한 종류의 사업에서도 경쟁 우위를 확보할 수 있는 증명된 방법이다.
>
> 아리아나 허핑턴
> 《허핑턴포스트》 창립자)

다. 하지만 국가와 기업은 마음챙김이 선물하는 특별한 효과에 주목했다. 2007년 시작된 구글의 "너의 내면을 검색하라(Search Inside Yourself)" 프로그램은 1,000명 이상의 직원에게 마음챙김을 전파했으며, 실리콘밸리의 사업가, 《포춘》 선정 500대 기업, 미 국방장관을 포함한 수많은 사람이 비슷한 프로그램을 진행했다.

업무와 마음챙김

행복과 효용성을 동시에 추구한다는 점은 고용주의 지대한 관심을 끌었고, 곧 사내에서 마음챙김 훈련을 실시하면 회사와 직원 모두에게 이득이 된다는 사실이 알려지게 된다. 고용주는 일석이조의 효과를 얻을 수 있다. 마음챙김은 개인의 실력을 높일 뿐 아니라 집중력, 우선순위 판단력, 문제 해결력, 협동심, 리더십, 창의력을 끌어올리는 결과를 낳는다. 혁신과 효율성 향상은 회사의 이익으로 이어진다. 게다가 근로자가 행복할수록 생산성이 높고 회사에 더 오랫동안 남아서 헌신할 가능성이 크다.

경영대학원 역시 흐름에 동참했다. 세계

적인 의료 기술 회사인 메드트로닉의 전 최고경영자이자 골드만삭스 투자은행 이사인 빌 조지는 '자기 인식과 자기 연민'의 자질을 갖춘 지도자를 양성하고자 하버드 경영대학원에 마음챙김을 도입

마음챙김 세상
불교에 뿌리를 둔 마음챙김은 치료 요법에서 시작해 사업, 교육, 스포츠 등 다양한 분야에 적용하고 있으며, 상당한 효과가 있는 것으로 드러났다.

했다.

2011년, 영국 비즈니스 코치 제임스 스카울러가 새로운 성장 모형을 제시하는 『세 단계의 리더십(The Three Levels of Leadership)』을 펴내면서 마음챙김 수행과 리더십 훈련 사이의 관계는 더 끈끈해졌다. 심리적 측면에서 자기 수양을 강조하는 스카울러의 체계는 마음챙김 명상을 자기 계발의 핵심 도구로 사용한다.

마음챙김은 사업뿐 아니라 정부와 공공 서비스 분야에도 파문을 일으켰다. 제임스 스카울러는 영국 육군 사관학교 샌드 허스트의 생도들에게 자신의 수행 방법을 전파했으며, 미군 역시 '대처 전략' 프로그램에서 마음챙김 훈련으로 개인의 기량을 끌어올리는 효과를 보고 있다.

교도소에서는 제소자의 공격성과 기분 장애를 완화하고 자존감을 높이는 수단으로 마음챙김을 십분 활용해왔다. 학교의 경우에는 교사와 학생 모두에게 마음챙김이 도움이 된다. 일부 학교에서는 종교 활동 시간이 줄어들면서 잃어버린 자기반성 시간을 마음챙김 수업으로 보충할 수 있다고 여기고 있다.

운동 수행 능력

스포츠에서도 마음챙김을 찾아볼 수 있다. 골프와 육상, 양궁 선수를 대상으로 진행한 연구에 따르면, 마음챙김 명상 수행은 선수의 경기력 향상과 순위 상승에 좋은 영향을 준다. 바디 스캔(118~123쪽 참고)과 같은 마음챙김 명상을 수행한 선수는 하고 있는 일에 완전히 몰입한 상태인 '무아지경'을 경험한다고 응답했다. 마음챙김이 운동 능력에 미치는 대표적인 효과로는 집중력 상승, 동작의 체감 난이도 하락, 남을 의식하지 않는 태도 함양, 종목에 대한 이해력 상승이 있다.

스티브 잡스와 사업에서의 깨달음

회사에서 마음챙김 명상을 한다는 생각은 뜬금없이 튀어나온 것이 아니다. 회사와 직원의 안위를 중요하게 생각했던 수많은 지도자가 이 동양의 신비로운 문화에 흥미를 느꼈으며, 마음챙김을 이용해 기업 문화를 쇄신할 방법을 찾았다. 애플의 창립자이자 전 최고경영자인 스티브 잡스는 선불교 신자로, 자신의 믿음이 애플의 상품 설계에 어떤 영향을 미쳤는지 밝힌 바 있다. 잡스는 자신의 자서전을 쓴 월터 아이작슨에게 가만히 앉아서 관찰하는 일의 중요성과 이러한 행위를 통해 불안한 마음을 알아차리는 방법에 대해 말했다. 명상을 통해 평온을 얻으면 직감이 예리해지고, 마음이 잔잔해지는 순간 잡스의 말처럼 '순간의 광활함'을 느낄 수 있다.

마음챙김과 시대상

사회를 바꾸는 힘

마음챙김이 개인과 조직에 미치는 효과는 이미 입증된 바 있지만, 일부 영향력 있는 기업 분석가들은 마음챙김에 더 큰 잠재력이 있다고 생각한다. 마음챙김이 다양한 분야에서 사회를 바꿔놓는 힘이 있다는 주장이다.

마음챙김이 일상이자 사회의 일부가 된 세상을 생각해보라. 어떤 일이 벌어질까? 의료 서비스 예산 감소? 교육 기관의 학업 성취도 증가? 국내총생산 증가? 정확하게 예상하기는 어렵지만, 의사 결정권자들은 상상을 현실로 옮기는 일을 진지하게 생각하고 있다. 2014년 영국에서는 마음챙김을 국가 정책에 어떻게 적용할 수 있는지 연구하는 정책 위원회가 탄생했다. 같은 해 세계 최대 규모의 광고 회사인 월터톰프슨(JWT)이 발표한 결과에 따르면, 마음챙김은 사회적 분위기, 태도, 행동을 형성하는 10대 트렌드 중 하나다. 마음챙김은 하나의 중요한 트렌드이면서, 우리 삶에 영향을 미치는 다른 트렌드에 깊은 영향을 미칠 수 있다(오른쪽 그림 참고).

> "오늘날 우리는 마음챙김하기 위해 노력하고, 더 정확한 균형을 찾아낸다."
>
> 앤 맥(JWT 트렌드 분석 전문가)

1
밀접 경험

다양한 미디어를 혼합해 다채로운 묘사나 브랜드 경험을 제공하는 몰입형 엔터테인먼트가 증가하는 추세다. 특수 환경에서 관객과 쌍방향으로 소통하며 내용을 전개하는 영화를 예로 들 수 있겠다. 몰입형 엔터테인먼트는 과한 자극을 준다는 부분에서 지적 품위를 훼손한다고도 볼 수 있다. 많은 사람이 기존의 비교적 단순한 오락 거리에서 재미를 느낄 수 없다는 사실을 암시하기 때문이다.

2
불완전함

상업적 행태, 그리고 부유한 소비자와 소매업자의 사치스러운 삶에 좌절을 느낀 많은 사람이 있는 그대로의 불완전함에서 위안을 찾고 있다. 대표적인 예가 가내 공예(home crafts)와 리폼의 재유행인데, 환경 문제가 원인인 부분도 있다. 진정한 자아를 강조하는 마음챙김의 가르침에 충실한 수행자라면, 완벽하지는 않더라도 자신만의 개성이 있는 물건에 매력을 느낄 수 있다. 우리는 모두 불완전한 존재이며, 자신의 결함을 받아들이는 태도 역시 마음챙김의 길이다.

3
신기술에 대한 회의

성인은 정보 과부하에 시달리고, 청소년과 어린이는 디지털 기기 중독으로 고통받는 현상이 만연하면서 많은 사람이 인간의 가치를 우선시하는 반혁명에 흥미를 보이고 있다. 기업 역시 다시 대면 회의로 돌아가는 추세다. 마음챙김 역시 간접 경험보다 직접 경험에 가치를 두므로, 마음챙김을 수행하는 사람이라면 대부분 디지털 혁명을 상당히 비판적인 관점으로 바라볼 것이다.

4
즉각적인 만족

온 디맨드 경제(on-demand economy, 수요자의 요구에 따라 서비스나 물품 등이 온라인이나 모바일 네트워크를 통해 제공되는 시스템)로의 체제 전환과 다운로드 속도의 향상으로 주문과 도착, 욕망과 쾌락 사이에 걸리는 시간이 점점 짧아지고 있다. 인터넷은 배달 속도는 물론 선택 과정에 걸리는 시간 역시 대폭 줄인다. 기다림은 이제 옛날 말이다! 이에 반해, 마음챙김은 인내심을 기르는 요령과 욕망의 충족이 아닌 소박한 경험에서 기쁨을 찾는 법을 가르친다.

8
시장 예측

두뇌 컴퓨터 인터페이스(뇌와 컴퓨터의 직접 소통 방식, 상상만으로 기계를 조작하는 방법)와 감정 인식 기술의 발달로 브랜드마다 소비자의 생각과 행동을 세밀하게 이해하는 능력을 갖추고 수준 높은 맞춤 마케팅 전략을 펼치고 있다. 많은 사람이 자신의 구매 욕구를 과거 행적을 기준으로 해석하는 일을 불편하게 느끼고, 심지어 화를 내기도 한다. 이러한 태도는 마음챙김의 자세와 거리가 멀다.

6
스마트폰의 힘

스마트폰은 모바일 뱅킹, 개인 건강 모니터링, 심지어 마음챙김 명상 앱까지 꾸준히 서비스 영역을 넓히면서 우리 삶에 점점 깊숙이 들어오고 있다. 모바일 기술의 발전이 잘못되었다는 의미는 아니다. 하지만 최신 휴대폰 기술에서 지나치게 많은 즐거움을 찾고, 더 나아가 휴대폰에 정서적으로 의존하는 현상은 잘못된 우선순위가 불러오는 폐해다. 불교 용어를 빌려오자면, 일종의 '집착'이라고 할 수 있다. 단순히 허상만 좇을 뿐, 절대 진정한 만족을 얻을 수 없기 때문이다.

월터톰프슨이 발표한 세계 10대 트렌드

9
이미지 vs 글

시각 언어는 그림, 이모티콘, '좋아요' 등의 형태로 유서 깊은 글의 힘을 압도하고 있는 듯 보인다. 이러한 흐름은 세계화와도 일부 관련이 있는데, 번역 부담 없이 세계 시장에 진출할 수 있기 때문이다. 하지만 마음챙김에서 인식할 수 있도록 훈련하는 미묘한 의미를 전달하는 데 있어 이미지는 글보다 조악한 도구다.

7
사생활의 종말

기술이 발전하면서 개인이 사기업이나 공공기관의 감시 영역에서 벗어나는 일은 점점 어려워지고 있다. 어떤 면에서 보면 도덕 문제에 가깝다. 사생활을 침해당하는 것을 좋아할 사람은 없으며, 인권을 중요시하는 사람들은 보안을 목적으로 하는 게 명백한 일에도 자신의 정보를 제공하려 하지 않는다. 사람마다 편차가 있겠지만, 마음챙김은 사생활에 대한 자신만의 확고한 판단 기준을 가지게 한다.

5
마음챙김하는 삶

월터톰프슨은 한때 영적 충족을 추구하는 사람들이나 찾았던 마음챙김이 오늘날 방해요소를 차단하고 현재에 머무른다는 개념으로 인기를 얻으면서 주류가 되고 있다는 사실을 알아차렸다. 물론, 사람마다 트렌드를 따르는 이유가 가지각색이기는 하다. 마음챙김을 단순히 '멋있는' 수행이라고 생각하는 사람은 사회 유행에 편승할 목적으로 수련을 시작할 것이다. 하지만 대부분의 마음챙김 수행자는 건강하고 행복한 삶을 추구하는 사람들이다. 현대 사회 특유의 스트레스와 불안, 그리고 압박에서 벗어나 평화를 찾고자 하는 사람들도 굉장히 많다.

10
문화 혼합

서구 사회 내 문화 혼합 현상, 그리고 인터넷으로 인한 다양한 문화 유행은 사람들이 전통적인 요소를 최근, 혹은 완전히 새로운 개념과 섞어서 자신만의 신념과 행동양식을 만들도록 권장한다. 현대 마음챙김은 시대를 넘나들며 다양한 과학 사실과 많은 실험 자료를 바탕으로 만들어진 수행이므로 이러한 흐름에 반대하는 마음챙김 명상가들은 거의 없다.

마음챙김의 자세

생각과 감정이 상호작용하는 원리와
이들이 과거에서 어떻게 생겨나는지 이해하면
잠재력을 완전히 발휘할 수 있다.

자신을 어떻게 평가하는가?

마음챙김과 성격

저마다 자신을 독특하게 만드는 특징을 가지고 있다. 바로 성격이다. 우리가 성격을 행동 패턴이 아니라 성향으로 생각하면 여기에 덜 휘둘릴 수 있다. 마음챙김 수행을 하면 자신을 탐색하면서 얻은 정보를 바탕으로 더 나은 선택을 내린다.

심리학자들은 분류를 좋아해서, 과거에는 모든 사람을 몇 가지 '유형'으로 분류하는 경향이 있었다. 이런 방식은 이제 거의 사용하지 않는 추세지만 아직 관행이 남아 있는 곳도 있다. 회사에서 팀 기여도를 평가할 때 특히 많이 접할 수 있다.

회색

성격을 유형으로 나눌 수 없다고 생각한 현대 심리학자들은 있는 그대로 설명하면서도 응용하기 쉬운 접근법을 찾아냈다. 사람의 성격을 알려주는 저울이 있다고 했을 때, 우리가 올라가면 외향성과 내향성 사이 어딘가를 정확히 가리키는 바늘을 볼 수 있는 식이다. 외향성과 내향성은 스위스의 심리학자 칼 융이 1921년 펴낸 책에 처음 등장한 용어로, 융은 외향성과 내향성을 반대 개념으로 표현했다. 외향적이면서 내향적인 사람은 없다는 뜻이다. 하지만 현실은 다르다. 완전히 외향적인 사람도 없고, 완전히 내향적인 사람도 없다. 독일의 심리학자 한스 아이젱크를 포함한 학자들은 바늘이 한쪽으로 약간 치우쳤을 뿐, 거의 모든 사람이 내향성과 외향성을 함께 가지고 있다는 연구 결과를 발표했다. 많이 쓰는 또 다른 평가 기준은 '강인함'이나 '동정' 같은 것으로, 융의 이론에서 사용하는 용어인 사고와 감정에서 갈라진 개념이다.

성격 탐사

마음챙김은 잠재력을 발현하고 선택지를 최대한 넓히는 것이 주된 목적이다. 진정한 자아는 생각, 감정, 행동을 전개하는 과정에서 드러난다. 따라서 지금까지 알던 자신의 성격이 앞으로도 변하지 않는다고 생각한다면, 여러분은 현재가 아니라 과거에 살고 있다고 볼 수 있다. 이는 좋은 방향으로 변화할 기회를 스스로 제한하는 사고방식이다.

실제로 마음챙김에서는 자아 탐사의 도구로 사람의 성격을 사용한다. 사람의 성격을 묘사할 때 사용하는 단어를 떠올려 보고, 그 단어로 과거 여러분이 다른 사람에게 했던 행동을 표현해보라. 평소 생각했던 자신의 모습과 일치하는가? 마음챙김의 자세로 주의 깊게 생각해보면 자신의 강점과 약점을 파악하는 데 도움이 된다. 마음챙김은 자신을 정직하고 신중하게 평가할 수 있게 하기 때문이다. 판단하는 자세를 지양하고 질문에 집중해야 도움이 되는 대답을 내놓을 수 있다.

성격의 5요인

자기 탐구는 성격의 5요인이라는 개념에서 출발한다. 오른쪽 그림을 보고 자신이 개방성, 성실성, 외향성, 우호성, 신경성의 다섯 영역 중 어디에 들어가는지 생각해보자.

> 성격 유형은 결코 좋은 변명거리가 될 수 없지만, 자신의 행동을 이해하고 용서하는 데 도움이 된다. 대신, 고정관념에 갇히지 않도록 주의해야 한다.

다섯 가지 성격 요인(Big Five)

성격의 5요인은 인간의 모든 태도와 행동에 이름을 붙이겠다는 일념으로 많은 심리학자가 흘린 땀과 노력의 집약체다. 분류 방식의 한계를 염두에 두면서 자기 탐구의 도구로 사용하도록 한다. 각 요인에 들어가는 단어를 살펴보자. 화살표 양끝의 단어 두 개가 모두 자신에게 해당하지 않는다면, 중간 지점에 해당하는 말을 떠올려본다. 유의어까지 포함해서 최대한 많은 단어를 찾아보자.

개방성

호기심이 많은 ⟷ 확신하는
실험적인 ⟷ 까다로운
창의적인 ⟷ 보수적인
상상력이 풍부한 ⟷ 논리적인
독자적인 ⟷ 조화로운

성실성

책임감 있는 ⟷ 융통성 있는
순종적인 ⟷ 스스로 동기를 부여하는
신중한 ⟷ 즉흥적인
꼼꼼한 ⟷ 과감한
완벽주의자 ⟷
자신에게 너그러운 사람

신경성

긍정적인 ⟷ 회의적인
회복력 강한 ⟷ 감정 이입적인
자신 있는 ⟷ 소심한
고무하는 ⟷ 감수성이 강한
사람을 잘 믿는 ⟷ 경계하는

외향성

독단적인 ⟷ 유연한
활발한 ⟷ 침착한
사교적인 ⟷ 독립적인
수다스러운 ⟷ 사색적인
표현적인 ⟷ 과묵한

우호성

연민의 ⟷ 냉정한
협력적인 ⟷ 의심 많은
타협적인 ⟷ 결연한
쉽게 반응하는 ⟷ 차분한

순간을 바라보는 태도

마음챙김 성향을 타고났는가?

다른 사람의 이야기를 듣는 걸 좋아하는가? 배우자나 자녀와 함께 즐겁게 지내는가? 어쩌면 여러분은 선천적으로 마음챙김 수준이 높은 '마음챙김 성향'일지도 모른다. 만약 그렇다면, 물 만난 고기처럼 마음챙김 수행에 빠르게 익숙해질 것이다.

마음챙김은 기술이지만, 동시에 성향이기도 하다(성격의 5요인에는 들어가지 않는다. 39쪽 참고). 자기 인식이 쉽고 내면의 생각, 감각, 감정을 정기적으로 살펴보는 습관이 있다면, 마음챙김 성향이라고 말할 수 있다. 연구에 따르면, 마음챙김 성향인 사람은 스트레스에 강하고 부정적인 기분에 쉽게 빠지지 않는다. 또한 심혈관계 건강이 뛰어나며, 일부는 인지 능력이 월등하다. 다른 연구에서는 에어로빅이 마음챙김 성향을 일깨울 수 있다는 결과를 발표했으나, 확실하게 결론을 내리려면 더 많은 조사가 필요하다. 마음챙김 성향이든 아니든, 명상으로 마음챙김을 수행하면 기존의 자질을 개선할 수 있다. 마

마음챙김 성향
욕망의 충족보다 소박한 즐거움을 추구하는 편이라면, 마음챙김 성향일지도 모른다.

마음챙김은 자신을
성찰하는 동안
빛을 밝히는
등대의 광원이다.

음챙김이 자신을 성찰하는 동안 빛을 밝히는 등대의 광원이라면 명상은 불빛을 하나로 모아 더 밝게 만드는 렌즈다. 이때 자기 인식과 자기 몰두 상태를 구별하는 것이 중요하다. 많은 사람이 내면의 삶, 특히 감정에 관해 자주 생각하고 이야기한다. 정서 지능은 오늘날 상당히 중요시하는 가치로, 정서 지능을 높이고자 하는 사람이라면 정서 지능이 다른 사람의 입장에서 생각하고 타인의 감정을 알아차리는 능력인 공감에 기반을 둔다는 사실을 이해해야 한다. 결국 이들이 가장 먼저 해야 할 일은 자신의 감정을 파악하는 것이다. 불행히도, 정서 지능이 높다고 자처하는 내성적인 사람들 대부분은 내면의 감정을 정확하게 관찰하지 못하는 경우가 많다. 정확한 곳에 조명을 비추기는 하지만, 불빛이 어두워 앞을 보지 못하기 때문이다.

신체 언어

사람이 자신에 대해 모르는 한 가지가 다른 사람은 너무나 잘 아는 것이라는 말이 있다. 예를 들어, 스스로를 자신감 넘치는 사람이라고 생각한다고 하자. 하지만 다른 사람 눈에는 그렇게 보이지

마음챙김 성향 체크리스트

아래는 마음챙김 성향이 어느 정도인지를 평가하는 체크리스트다. 각 항목을 읽고 스스로를 진단해보자. 결과의 정확성을 보장할 수는 없지만, 해당하는 항목이 많을수록 마음챙김 성향일 가능성이 크다. 더 정확하게 진단해보고 싶다면 이 장 뒷부분에서 다루고 있는 질문들을 이용하라.

 자신의 강점과 약점에 대해 사람들이 말해도 잘 놀라지 않는다.

 과거나 미래에 관한 생각에 빠졌다가도 의식적으로 현재로 돌아갈 때가 있다.

 불안을 느낄 때는 먼저 불안한 감정에서 거리를 둔 다음, 멀리서 바라본다.

 주변에서 좋은 일이 일어나면 감사, 기쁨, 놀라움으로 반응할 때가 많다.

 분노를 느끼면 먼저 몇 초를 세면서 머리를 비운다. 그러기 전에는 말하거나 행동하지 않는다.

 좋은 일이 끝날 때 억지로 연장하려 애쓰지 않는다. 노력해도 바꿀 수 없다는 사실을 알기 때문이다.

 자신이 특정 상황에 놓일 때 나오는 습관적인 반응 몇 가지를 자세히 말할 수 있다.

마음챙김 척도
행동, 감정적 반응, 사람을 대하는 태도를 분석하면 마음챙김 성향을 측정할 수 있다.

않을지도 모른다. 사람은 자신의 신체 언어가 전달하는 메시지를 정확하게 알 수 없기 때문이다. 반면, 가까이에 있는 사람은 여러분의 목소리가 높아지고 동공이 떨리며 자꾸 가방을 만지작거린다는 사실을 쉽게 관찰할 수 있다. 마음챙김

성향이 높은 사람은 이러한 행동을 거의 하지 않는다. 자신을 잘 이해하고 있으므로, 어떤 상황에서 불편을 느끼는지 알기 때문이다. 언제나 그렇지는 않겠지만, 이러한 불편에서 거리를 둘 수도 있을 것이다.

방향타와 나침반

행위양식과 존재양식

마음은 일상이라는 바다를 신경 쓰지 않고 편하게 누비도록 도움을 주는 방향타이면서, 삶의 방향을 제시하는 나침반이다. 하지만, 종종 마음이 방랑하면서 우리의 항해를 험난하게 만들 때가 있다.

다음 상황을 생각해보자. 아침 식사 자리에 앉아 가족과 이야기를 나누면서 오늘은 어떤 사건이 벌어질지, 진행 중인 일이 어떻게 전개될지 추측하면서 결과를 점치고 있다. 어떤 생각은 희망을, 어떤 생각은 불안을 주지만 아무 감정도 유발하지 않는 생각도 있다. 나중에 시간을 내서 잡무를 처리하고 후속 업무를 마무리해야 한다는 사실을 다시 한 번 상기한다. 동시에, 아이나 배우자와 대화를 주고받는다. 계속 잡담을 나누는 동안 할 일 목록에 있던 다른 업무를 기억해낸다. 많은 사람, 특히 젊은 가족에게는 아주 익숙한 아침일 것이다.

행위양식의 아침 식사

아침을 먹는 동안, 여러분은 대화를 나누고 손을 움직이면서 끊임없이 생각을 이어갔다. 하지만 대부분의 생각이 불안으로 가득했다. 마음은 꼬리를 무는 생각, 기억, 욕망, 문제에서 동력을 얻는 '행위양식'에 있었다. 다른 상황을 생각해보자. 가족은 여행을 떠났고, 당신은 집에서 혼자만의 휴일을 보내고 있다. 신문을 읽으면서 조용한 아침 식사를 즐긴 뒤, 정원도 손볼 계획이다. 신문 한 면을

행위양식의 특징

행위양식은 우리가 현재에 존재하지 않을 때마다 나타난다. 그림을 참고하면 행위양식의 범주를 확인하는 데 도움이 될 것이다.

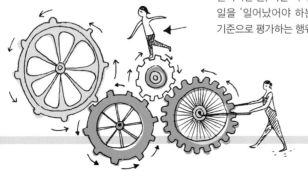

제대로 말하거나 행동했는지에 대한 의심

평가
일어나는 일, 혹은 이미 일어난 일을 '일어났어야 하는' 일을 기준으로 평가하는 행위

더 아량을 베풀고, 미리 준비하고, 생산적으로 움직였어야 한다는 생각

자기비판
자신을 비판적인 시각으로 바라보면서 실수를 질책하는 행위

이사를 해야 할지, 가게에 들러야 할지, 친구를 어떻게 달래야 할지에 대한 결정

문제 해결 및 결정
어떤 행동을 할지, 그리고 그 행동이 어떤 결과를 가져올지에 대해 계산하는 행위

중간쯤 읽었을 때, 뜬금없이 업무 생각이 떠오르기 시작한다. 나 없이 회사가 돌아갈까? 회사에 있으면 약간 불안하다고 동료한테 괜히 말했나? 혹시 누군가에게 말하는 게 아닐까? 문득 업무 생각은 이제 그만하자는 생각이 든다. 지금 회사로 돌아갈 수도 없는 노릇이다. 휴가가 3일뿐이라는 게 아쉽다. 4일이었나? 그러다 원예용품점에 들리기로 한다. 그늘이 지는 부분에 심을 식물을 살 심산이다. 어떤 종류가 좋을까?

나무가 높이 자라기 전에 잘라버렸다면 어땠을까요? 지금쯤 양지 식물을 잔뜩 키우고 있었겠죠.

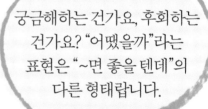

궁금해하는 건가요, 후회하는 건가요? "어땠을까"라는 표현은 "~면 좋을 텐데"의 다른 형태랍니다.

돌아가는 방향타
자신이 내린 결정에 대한 끊임없는 분석과 자기비판은 마음이 행위양식에 있다는 증거다.

편안한 상태가 마음챙김은 아니다

휴가를 내고 편안한 환경에서 '나만의 시간'을 가지겠다고 생각했지만, 마음은 다시 행위양식으로 돌아가 생각의 꼬리를 쫓는다. 게다가 여러분은 마음에 휩쓸리고 있었다. 반성도 있었고 행동을 실행에 옮기겠다는 결심도 있었지만, 마음챙김은 없었다. 지금처럼 자동조종장치에 주도권을 넘기면 앞으로도 꾸준히 발전하면서 행복하게 살지도 모른다. 하지만 마음챙김하는 삶을 능가하지는 못한다.

선택 없는 알아차림

행위양식의 반대는 '존재' 양식이다. 자신이 아침을 먹으면서 업무 걱정을 하고 있다는 사실을 알아차려도 자책하거나 미래에 대한 생각("휴가가 사흘이었나, 나흘이었나?")으로 주의를 돌리지 마라. 대신, 존재양식으로 들어가도록 한다. 휩쓸리지 않으면서 생각과 걱정을 관찰하고 현재의 순간에 주의를 기울여라. 자신을 알아차리면서 나타나는 느낌을 천천히 관찰한다. 이렇게 하면 행위양식에서 벗어나 진정한 방향을 알려주는 나침반인 존재양식으로 옮겨갈 수 있다.

이웃에 대한 분노와 어떻게 사람이 저렇게까지 사려 깊지 못할 수 있는지에 대한 의아함

감정에 대한 저항
감정을 억누르면서 관련된 기억을 다시 떠올리는 행위

마지막으로 보냈던 즐거운 시간이나 낭만적인 저녁을 떠올리는 일

회상
마음이 과거로 돌아가면서 불안, 후회, 즐거움 등 여러 감정에 휩쓸리는 행위

파티에 다과가 있을지, 내가 유리창을 깨뜨려도 주택보험에서 보험금이 나올지에 대한 짐작

추측
마음이 미래로 향하면서 불안, 희망, 즐거운 예상을 하는 행위.

거짓말하는 사람을 추궁하거나 우는 사람을 안아주는 일

반응
잠시 여유를 가지고 생각한 뒤에 대응하는 대신, 무의식적으로 경험에 반응하는 행위

현재에 살다

존재양식으로 가는 길

마음을 행동양식에서 존재양식으로 옮기는 것은 마음챙김의 핵심 기술이다. 감각, 생각, 느낌에 주의를 기울이면 마음속 부정적인 에너지가 미치는 영향력을 상당히 약화시킬 수 있다.

마음의 행위양식은 효율성을 극대화한 상태, 다시 말해 일을 처리할 때 유용한 상태다. 지금까지 무의식적 반응, 미래에 대한 걱정, 과거에 대한 회한 등 행위양식의 부정적인 측면을 살펴보았지만, 행위양식은 우리가 목표를 향해 나아갈 수 있도록 수많은 가능성을 열어준다는 순기능도 있다. 행위양식에 비해 존재양식은 따분하고 매력 없어 보인다. 신비주의자나 스님도 아닌데 가만히 앉아 완전히 몰입한 상태에서 마음을 가라앉혀야 할 이유가 있는가?

존재양식으로

영적 목표를 좇는 사람이 아니어도 존재양식의 효과를 누릴 수 있다. 존재양식에 들어가면 아무런 판단(선택)도 내리지 않고 있는 그대로 마주치는 경험을 인식할 수 있는데, 이러한 인식은 의식적인 삶을 살기 위한 필수요소이며 원할 때면 언제든지 도움을 받을 수 있다. 또한 쉴 틈 없이 분주한 일상에 활력을 주고 마음을 가라앉히는 역할도 한다. 존재양식의 효과는 영적 지혜가 아니라 일상을 더 온전히 즐길 수 있는 실용적인 요령을 알려준다는 것이다.

존재양식의 어려움

존재양식에서 나타나는 감각, 생각, 감정을 알아차리면 정신과 신체를 건강하게 가꾸는 효과를 누리면서 마음챙김 상태로 들어갈 수 있다. 마음챙김 상태에 들어가려면 수행이 필요한데, 존재양식을 불과 몇 초 동안 유지하는 일도 쉽지 않다. 아마 마음이 차마 내려놓지 못하는 일련의 생각을 한참 따라가게 될 것이다. 존재양식에 들어가면 어떤 느낌일까? 예를 들어 설명하면 이해가 쉽다. 공원에 앉아 장미 한 송이를 뚫어져라 쳐다보고 있다고 상상하라. 장미에 대한 감각 외에는 모든 것을 내려놓는다. 마음에는 과거나 미래에 대한 생각, 불안, 감정 따위가 들어올 자리가 없다. 불쑥 나타나는 생각이 있으면, 건드리지 말고 그대로 다시 놓아 보낸다. 생각을 억누르려 하지 않는 이유는 그 과정에서 필연적으로 행위양식으로 돌아가기 때문이다. 여러분은 지금까지 마음챙김 상태에 머물렀다.

감정이나 잡념이 갑자기 떠오르면 어떻게 해야 하나요?

억누르거나 판단하지 말고 있는 그대로 관찰하세요.

불청객을 다루는 방법
마음챙김 상태에서 생각과 감정은 불청객도, 귀빈도 아니다.

존재양식의 특징

아래의 체크리스트를 보면서 존재양식의 특징을 알아보고, 42쪽의 행위양식과 비교해본다. 행위양식의 많은 특징이 부정적으로 묘사된다는 사실을 기억하라. 존재양식에 머무르는 첫 도전을 마치고 체크리스트를 확인하면서 반성하도록 한다.

비판단

일어나야 하는, 혹은 일어났어야 하는 일을 기준으로 일어나는 일과 일어난 일을 판단하지 않는다. "해야", 혹은 "했어야"라는 표현은 사용하지 않는다.

현재에 머무르기

'지금 이 순간'을 살며 문득 떠오르는 과거나 미래에 대한 생각에 반응하지 않는다.

수용

자책하는 목소리에 반응하지 않으며, 무의식적으로 과거의 실수를 생각할 때마다 연민의 자세로 자신을 용서한다.

집중

현재의 경험에 마음을 집중한다. 주의가 흐트러지면 집중하던 대상으로 다시 천천히 되돌아간다.

수동성

행위양식의 특징인 의사 결정, 계획, 문제 해결이 나타나지 않는다.

반응성

갑작스러운 내적 혹은 외적 방해요소(생각이나 감각)에 반응하지 않고 알아차린 다음, 그대로 놓아 보낸다.

비저항

이따금 불쑥 나타나는 감정이나 생각에 몰두하지 않는다. 감정을 유발했던 기억에서 거리를 유지한다.

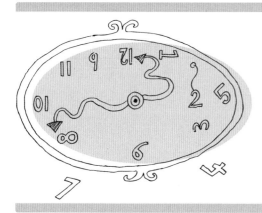

타임 워프

과거에 갇힌 채 미래를 불안해하는가?

우리의 진정한 안식처는 현재다. 삶이 실제로 일어나는 시간은 지금뿐이다. 마음챙김하면서 현재를 사는 법을 배우면 안정과 균형, 그리고 행복을 얻을 수 있다.

우리는 기억의 금고이자 정신적 지주인 과거에서 교훈을 얻고, 미래에서 낙관과 투지, 야망을 자극받는다. 하지만 과거나 미래에 너무 오래 머무르는 일은 좋지 않다. 마음챙김은 우리가 초점을 다시 현재로 돌리도록 도와준다.

과거의 힘

과거는 경험으로 구성되며, 그중에는 나쁜 기억도 있다. 누군가에게 받은 상처는 사람을 경계하게 만들고, 우리가 저지른 잘못된 선택은 깊은 후회에 빠지게 한다. 지금 느끼는 불안 대부분은 전부 과거에 뿌리를 두고 있다. 실제로 확인하는 방법은 없지만 말이다.

과거는 바꿀 수 없다. 그래서 우리는 저지른 실수를 만회하기 위해 현재의 즐거움을 줄이거나 실패했던 일에 다시 도전하려고 한다. 하지만 아무리 간절하게 노력하더라도 생각이 과거에 머무르는 동안에는 죄책감과 후회로 삶이 어두워지고 지금 행복할 기회가 줄어든다는 사실은 변하지 않는다. 죄책감이 자신에 대한 불만이라면, 과거는 종종 다른 사람에 대한 불만을 낳는다. 과거에 있었던 부당한 일에 대한 기

집에 아무도 없나요?

음, 늘 있지는 않아요. 실은 잘 없는 편이죠.

순간에 존재하다
우리는 너무 많은 시간을 과거와 미래에서 보내기 때문에 현재에 머무르지 못한다.

억을 떠올리면 사그라들었던 분노의 불씨가 되살아나면서 새로운 적개심을 일으킨다. 반면, 원한은 낮은 수준의 적대감과 함께 서서히 '끓는' 형태에 가깝다. 우리는 마음챙김을 통해 현재의 긍정적인 힘을 이용하여 과거와의 관계를 바꿀 수 있다. 그렇다고 격렬한 사투를 벌일 필요는 없다. 현재에 주의를 기울이기만 하면 과거에 있었던 일은 서서히 잊힐 것이다.

수용하지 못하면, 과거는 죄책감이나 억울함을 끊임없이 낳아대는 원천이며, 미래는 우리를 불안하게 만드는 안개 속 길일 뿐이다.

탈옥!

죄책감이나 수치심의 감옥에서 탈출 계획을 세우려면 마음챙김이 필요하다. 핵심은 자신을 판단하지 않는 방법을 배우는 것이다(16쪽 참고). 왜곡된 인식, 정확히는 자기 연민이 부족하면 과거의 감옥을 만든다. 우리 손으로 만든 수용실에서 벗어나기 위해서는 마음챙김 명상에서 열쇠를 찾아야 한다. 현재에 주의를 기울이면 과거의 감옥을 여는 열쇠가 손에 나타난다. 우리는 천천히 문을 열고 자유롭게 걸어나갈 수 있다.

죄책감의 쇠창살

형편없는 자식, 또는 부모라는 것

부족한 배우자라는 것

상황에 제대로 대처하지 못한다는 것

성공하지 못했다는 것

이기적인 것

수치심의 쇠창살

두각을 나타내지 못한다는 것

감정을 제어하지 못한다는 것

책임감이 없다는 것

평범할 수 없다는 것

타인과 잘 어울리지 못한다는 것

열쇠 찾기
과거의 감옥에서 벗어나는 열쇠는 이미 우리 손에 있다.

질문 :
시간 여행자

현재를 얼마나 이해하고 있는가?

아래는 자기 탐구를 유도하는 질문들이다. 과거나 미래에 지나치게 집착하는 일의 위험성과 현재에 머무르는 데서 오는 긍정적인 효과를 고려해볼 때, 질문에 답하는 과정은 앞으로 마음챙김 수행의 도움을 받아서 어떤 성향을 계발해야 할지 생각하는 시간이 될 수 있을 것이다.

Q 마음이 과거에 있는가?

● 과거에 일어난 일을 떠올리는 빈도가 어떻게 되는가?
● 지금까지도 나쁜 영향을 미치는 과거의 사건이 있는가?
● 과거에 저지른 최악의 실수를 떠올렸을 때 얼마나 불안해지는가?
● 다른 사람의 말과 행동으로 받은 가장 큰 상처를 떠올렸을 때 얼마나 화가 나는가?

Q 마음이 현재에 있는가?

● 길을 걸을 때 주변에 얼마나 관심을 가지는가?
● 집중력이 얼마나 강한가?
● 조용히 앉아서 음악에 집중할 때 잡념이 나타나는 빈도가 어떻게 되는가?
● 자연을 거닐며 풍경을 감상하고 소리를 듣는 일이 친구와 이야기하거나 혼자 생각하는 시간보다 더 중요하다고 보는가?

Q 마음이 미래에 있는가?

● 미래의 즐거움을 기대하고 상상하는 빈도가 어떻게 되는가?
● 미래에 닥쳐올 일 중에서 상상만으로 불안해지는 게 얼마나 되는가?
● 곧 경험할 일 중에서 가장 즐거운 일을 떠올렸을 때 얼마나 즐거워지는가?
● 곧 경험할 일 중에서 가장 꺼려지는 일을 떠올렸을 때 얼마나 불편해지는가?

주변에서 일어나는 일을
알아차리고 있는가?

"아무 생각 없이 다닌다."라는 말은 흔히 쓰는 표현이다. 사실, 거의 모든 사람이 집에 있을 때든, 외부 활동을 할 때든 멍하게 생각에 빠진 상태로 주변에서 일어나는 사소한 변화를 놓치고는 한다. 길을 걸을 때도 마찬가지다. 휴대폰을 보거나 친구와 이야기하거나, 업무를 생각하면서 주변에 거의 주의를 기울이지 않는다. 여러분은 어떤가? 가끔은 사방을 자세히 둘러보는 일도 충분히 가치가 있다. 도움이 되거나 흥미로운 무언가를 찾을지도 모르기 때문이다.

● 자주 들리거나 잘 안다고 자신 있게 말할 수 있는 장소를 하나 떠올려보자. 쇼핑몰이나 사무실, 혹은 지인의 집도 좋다. 커다란 종이를 하나 꺼내서 생각한 장소에 대한 지도를 최대한 자세하게 그린다.

● 기억을 더듬으면서 최대한 많은 이름을 떠올린다. 가게 이름, 객실 호수, 동네 이름을 생각해보자.

● 함께 붙어 있는 부분을 생각한다. 복도를 따라 이어지는 문이나 도로에 늘어선 가게를 떠올린다.

● 다음번에 방문할 일이 생기면, 평소보다 더 주의를 기울이면서 근처를 살펴본다. 어느 정도 시간이 흐른 뒤에, 다시 지도를 그려본다. 지난번보다 더 잘 그렸는가?

● 가정에서도 같은 활동을 할 수 있다. 냉장고 안이나 주방 찬장에 있는 물건에 도전해도 좋다. 심지어 가구나 장식품에 대해서도 생각보다 잘 모르고 있다는 사실을 알 수 있다. 많은 시간을 보내는 공간부터 자세히 알아가면서 천천히 범위를 넓힌다.

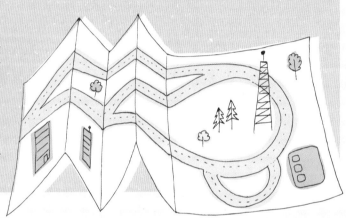

Q 현재를 느낀 적이 있는가?

● 완전히 몰입하여 시간 감각을 잊는 '무아지경'을 얼마나 자주 경험하는가?

● 새로 생긴 가게나 다시 칠한 외벽처럼 자주 다니는 장소에 생긴 변화를 쉽게 알아차리는 편인가?

● 재미있는 이야기나 방송에 출연한 사람의 말에 주의를 기울일 때, 들은 말의 몇 퍼센트까지 이해할 수 있다고 생각하는가?

더 나아가기

질문들이 체계적이라고 할 수는 없지만, 지금까지 과거, 현재, 미래를 대하는 태도를 반성하는 시간을 가졌다면 소기의 목적을 달성했다고 할 수 있다. 자신의 답을 곱씹으면서 바꾸고 싶은 성향이나 습관을 찾아보자. 고쳤으면 하는 부분이 지금 느끼는 삶의 만족도에 영향을 주는가? 앞으로 과거의 사건에 집착하거나 미래를 예상할 때마다 바로 알아차리도록 하라. 현재에서 멀어진 자신의 모습을 발견할 때마다 어떤 기분이 드는가? 이번 기회로 시간과 어떤 관계를 맺고 있는지 알아보도록 하자.

"만물의 완전함과 조화를 이루려면
우리의 결함에 대해 어떠한 염려도
품지 않아야 한다."

도겐(일본의 승려, 1200~1253)

뚜껑 열기

부정적인 생각과 감정 내려놓기

우리 모두는 긍정적으로 생각하는 능력이 있다. 생각과 느낌의 낡은 습관이 가끔 이를 방해하고는 하는데, 일부는 먼 과거에 뿌리를 두고 있다. 나쁜 습관을 키우거나 억제하는 원인을 알아보는 과정은 마음챙김 여정에서 상당히 중요한 단계다.

주변에 완전히 녹아들어서 가는 곳마다 에너지를 나눠주는 사람을 한번 떠올려보자. 이런 사람은 우리에게 깨달음을 주고 동기를 부여한다. 어떻게 보면 우리보다 주변에 훨씬 세심하게 반응하는 것처럼 느껴지기도 한다. 이들이 세상과 상호작용을 많이 할 수 있는 건 자동조종장치를 끄는 데 성공했기 때문이다. 자동조종장치가 어떤 식으로 경험의 잠재성을 낮추고 내적 성장의 기회를 빼앗으며 막연한 불만이나 권태를 느끼게 하는지는 앞에서 살펴보았다.

저절로 나타나는 생각

'내 능력 밖이야.', '다시 한다고 뭐가 달라질까.', '이런다고 누가 알아주겠어.' 부정적인 생각엔 반드시 부정적인 감정이 따라붙는다. 짝을 이룬 생각과 감정은 마음속 깊숙이 하나의 패턴으로 자리 잡아, 특정 상황에 반사 작용처럼 나타나 기분에 영향을 미친다.

그 결과가 피드백 고리다. 자신이 쓸모없다고 말하는 내면의 목소리를 사실로 받아들이는 건 실제로 그렇게 느끼고 있기 때문이다. 이 느낌은 다시 자신을 깎아내리는 내면의 목소리를 만들고, 뿌리박힌 생각과 감정의 패턴은 행복을 조금씩 깎아먹는다. 이 과정은 아주 미묘하고 눈에 잘 띄지 않기에 어느 날 문득 우울하고 피곤하며 매사에 짜증을 내는 자신의 모습을 발견할 때까지 전혀 눈치 챌 수 없다. 모든 일은 의식의 영역 밖에서 일어나기 때문에 자신에게 상황을 바꿀 선택지가 있다는 사실도 알아차리지 못한다. 이런 일을 반드시 겪어야 할 필요는 없다. 우리는 부정적인 생각이 나타났을 때 쫓아낼 권리가 있다. 처음에는 피치 못하게 흔들릴 수 있어도 생각을 믿을 필요는

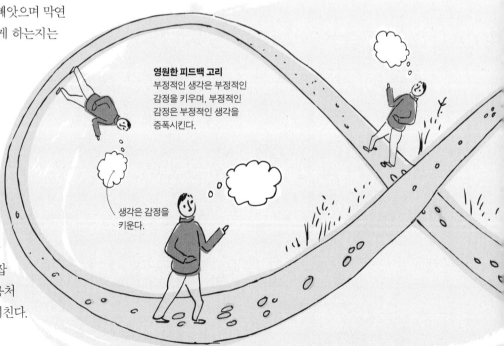

영원한 피드백 고리
부정적인 생각은 부정적인 감정을 키우며, 부정적인 감정은 부정적인 생각을 증폭시킨다.

생각은 감정을 키운다.

없고, 따라오는 감정에 휘둘릴 이유도 없다. 우리에게 필요한 것은 내면의 부정적인 메커니즘을 멈추는 마음챙김 명상이다. 부정적인 생각을 완전히 몰아낼 수는 없을지라도 호기심을 가지고 대하면서 관계를 바꾸는 식으로 상황의 심각성을 완화하는 요령을 터득할 수 있다.

통제하지 않는다

생각과 감정의 부정적인 패턴에서 벗어나고 싶다면, 통제하려 해봤자 십중팔구 실패한다는 걸 알아두자. 낮은 자존감, 절망, 실망이 뒤엉키면서 피어나는 생각과 감정에 저항하면 불안만 가중될 뿐, 패턴을 사라지게 할 수는 없다. 오히려 압박감만 심해진다. 심리학자 융은 "저항하면 멈추지 않는다."라고 말했다. 패턴을 통제할 수 없다면, 확실한 해결방법은 거리를 두는 것이다. 마음챙김 역시 뒤로 물러서는 방식을 사용한다. 물론 도망친다는 느낌은 전혀 없지만 말이다.

감정은 생각을
증폭한다.

마음챙김 일기

마음챙김 수행은 내면의 경험에 집중한다. 머릿속에 있는 생각, 자신에 대한 교훈, 수행에서 발견한 무의식적인 정신 습관은 모두 한 개인으로서의 존재와 깊은 관련이 있으며, 알아차리고 나서도 금방 잊어버릴 때가 많다. 마음챙김 수행에서 겪은 경험을 일기로 남기는 일은 생각, 감각, 감정을 객관화하는 데 도움이 된다는 점에서 상당히 좋은 활동이라고 할 수 있다. 또한 언제, 얼마나, 어떻게 명상했는지 기록하므로 정진 상태를 쉽게 확인할 수도 있다.

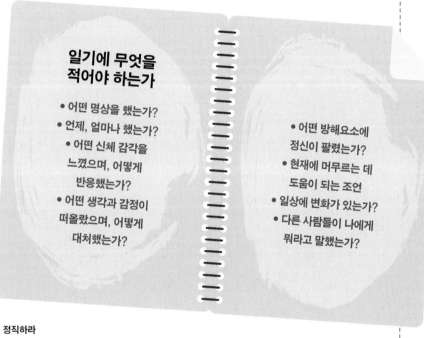

일기에 무엇을 적어야 하는가

- 어떤 명상을 했는가?
- 언제, 얼마나 했는가?
- 어떤 신체 감각을 느꼈으며, 어떻게 반응했는가?
- 어떤 생각과 감정이 떠올랐으며, 어떻게 대처했는가?

- 어떤 방해요소에 정신이 팔렸는가?
- 현재에 머무르는 데 도움이 되는 조언
- 일상에 변화가 있는가?
- 다른 사람들이 나에게 뭐라고 말했는가?

정직하라
매일 일기를 쓰도록 노력한다. 기록하면 도움이 된다고 생각하는 모든 정보와 관찰 내용을 적는다. 일기 쓰기에 정답은 없으므로 있는 그대로 솔직하게만 작성한다.

부정적인 생각을 완전히 걷어내는 건
불가능할지도 모른다.
하지만, 호기심을 가지고 있는 그대로
받아들이는 자세로 대할 수 있다.

어쩔 수 없어!

습관을 고칠 때 시간이 필요한 이유

깊게 뿌리내린 습관은 행복을 쟁취하지 못하게 막는 걸림돌이 될 수 있다. 마음챙김 명상 수행은 습관의 힘을 무력화하는 가장 효과적인 수단이다. 습관을 연민의 태도로 바라보고 자기 이해 수준을 높이는 것으로 마음챙김 수행을 시작하자.

가끔 생각대로 사는 게 아니라 사는 대로 생각하고 있다는 기분이 들 때가 있다. 지금까지 알아보았듯이, 자동조종장치는 우리 의지와는 무관하게 선택지를 줄여버리는 존재다.

나쁜 습관은 나이테처럼 몸과 마음을 둘러싸고 있다가 특정 상황이 벌어지면 나타나는 반응이다. 반응한다는 말은, 상황이 발생했을 때 잠깐 시간을 가지고 현재 벌어지는 일을 충분히 이해한 뒤에 대응하는 게 아니라, 즉시 생각하고 행동하며 감정을 느낀다는 의미다. 시간이 지나면 나무의 나이테가 늘어나듯이 반사 작용이 된 습관 역시 시간이 흐를수록 깊숙하게 자리 잡는다. 반사 작용이 나타날 때는 어떤 선택도 할 수 없다. 상황이 발생할 때마다 계속해서 패턴이 강화되고 습관은 날이 갈수록 강해진다. 마음챙김은 습관이 된 생각과 반응을 파악하고 의식의 영역으로 밀어넣는다. 마음챙김 명상

을 시작하면 넘어간 선택권을 다시 찾아올 수 있지만, 습관은 언제든지 다시 나타나려고 하므로 수행을 꾸준하게 계속하는 것이 중요하다.

습관이 주도권을 잡을 때

습관이나 자동조종장치가 우리 대신 반응할 때의 대표적인 예는 다음과 같다. 아마 익숙한 상황일 것이다. 비슷한 일이 있었는지 생각해보자.

- 우연히 학창 시절 나를 싫어했던 사람을 만났다. 친절하게 말을 걸어오는 모습에 솔직하게 반응할 수 없었다.
- 나는 발표에는 영 소질이 없다고 생각하는 사람이다. 직장을 그만두는 날, 송별회에서 한마디 하라는 말을 듣고 머릿속이 새하얘졌다.
- 딸의 담임 선생님과 이야기할 때면 말이 잘 나오지 않는다. 선생님은 아주 똑똑해서 내가 부족한 느낌이 들기 때문이다.

반복해서 행하는 행동은 뇌에서 일어나는 화학 반응 자체를 바꾸어놓는다. 하지만 습관의 노예가 될 필요는 없다. 우리는 마음챙김으로 자유를 얻을 수 있기 때문이다.

일시 정지, 재생
마음챙김은 자극과 반응 사이 간격을 넓히도록 도와줌으로써 우리의 선택권을 강화한다.

그냥 "싫어."라고 말하면서 습관을 고칠 수는 없나요? 마음챙김 명상을 꼭 수행해야 하나요?

마음챙김은 잠시 멈추면서 충동을 알아차리도록 도와준답니다.

좋은 습관과 나쁜 습관 정리 표

원하지 않는 습관과 자동조종장치가 삶에 어떤 영향을 미치는지 자세히 알고 싶다면, 좋은 습관과 나쁜 습관을 표로 정리하는 시간을 가져보자. 나쁜 습관 중에서 가장 깊게 뿌리 박혀 있는 것이 무엇이며, 좋은 습관 중에서 계속 변하지 않았으면 하는 것이 무엇인지 적어본다. 아래 형식을 참고해서 마음챙김 일기(53쪽 참고)에 생각과 감정을 기록한다. 마음챙김 명상을 수행하는 동안 진전 상태를 파악하는 용도로 사용할 수도 있다.

나쁜 습관

행동

자주 하는 행동 중 나를 불행하게 하는 것이 있는가?
- **혼자**
- **가족과**
- **친구와**
- **관계에서**
- **직장에서**

이 중 하나라도 삶의 다섯 가지 영역(굵은 글씨) 모두와 관련된 것이 있는가?

생각

나를 불행하게 하는 생각은 무엇인가?
- **자신에 대한 생각**
- **가족에 대한 생각**
- **친구에 대한 생각**
- **관계에 대한 생각**
- **업무에 대한 생각**

이 중 하나라도 삶의 다섯 가지 영역 모두와 관련된 것이 있는가?

감정

자주 나타나는 감정 중 나를 불행하게 하는 것이 있는가?
- **자신에 대한 감정**
- **가족에 대한 감정**
- **친구에 대한 감정**
- **관계에 대한 감정**
- **업무에 대한 감정**

이 중 하나라도 삶의 다섯 가지 영역 모두와 관련된 것이 있는가?

아래의 목록을 참고해서 감정과 느낌을 최대한 정확하게 분류한다.

- **혼란**
- **좌절**
- **짜증**
- **실망**
- **분노**
- **시샘**
- **질투**
- **압박**
- **초조**
- **불만**
- **무기력**
- **절망**
- **고립감**
- **당황**
- **권태**

좋은 습관

행동

자주 하는 행동 중 나를 행복하게 하는 것이 있는가?
- **혼자**
- **가족과**
- **친구와**
- **관계에서**
- **업무에서**

이 중 하나라도 삶의 다섯 가지 영역 모두와 관련된 것이 있는가?

생각

나를 행복하게 하는 생각은 무엇인가?
- **자신에 대한 생각**
- **가족에 대한 생각**
- **친구에 대한 생각**
- **관계에 대한 생각**
- **업무에 대한 생각**

이 중 하나라도 삶의 다섯 가지 영역 모두와 관련된 것이 있는가?

감정

자주 나타나는 감정 중에 나를 행복하게 만드는 것이 있는가?
- **자신에 대한 감정**
- **가족에 대한 감정**
- **친구에 대한 감정**
- **관계에 대한 감정**
- **업무에 대한 감정**

이 중 하나라도 삶의 다섯 가지 영역 모두와 관련된 것이 있는가?

아래의 목록을 참고해서 감정과 느낌을 최대한 정확하게 분류한다.

- **만족**
- **감사**
- **사랑**
- **인내**
- **존경**
- **자랑스러움**
- **흥분**
- **영감**
- **기쁨**
- **행복**
- **평온**

습관의 영향력 약화시키기

진정한 자신을 찾아서

마음속 깊이 자리 잡은 생각과 감정의 습관을 고치려면 시간이 필요하며, 이 과정에서 마음챙김 명상이 큰 도움이 될 수 있다. 가장 먼저 해야 할 일은 눈에 띄는 비생산적인 습관, 다시 말해 일상에서 생각 없이 하는 행동을 바꾸는 것이다.

우리는 매일 듣고, 읽고, 보고, 느끼는 수많은 현상과 마주친다. 받아들인 거의 모든 정보는 유용하게 사용할 수 있는데, 주의만 기울이면 전에는 알지 못했던 선택지나 새로운 길을 발견하게 된다. 인간은 '선택적 지각'이라는 과정을 거치면서 자신이 바라는 삶을 사는 데 필요 없는 자극을 걸러낸다. 따라서 가끔은 뒤로 물러나 세상을 넓은 시야로 보는 일도 중요하다. 더 만족스러운 삶으로 향하는 새로운 길을 발견할지도 모르기 때문이다. 잠재력을 완전히 발현하려면 그릇된 자아를 버리고 참된 자아를 찾아야 한다.

계속 바쁘다

흔히 볼 수 있는 습관 중 하나가 사색하지 않는 이유를 부족한 시간 탓으로 돌리기 위해 끊임없이 무언가에 몰두하는 것이다. 우리는 자신을 성찰하는 과정에서 불편한 진실을 마주하는 것에 대한 무의식적인 두려움이 있는데, 특히 일은 꽤 그럴듯한 도피처가 되어준다. 우리는 입사 동기와의 경쟁에서 이기고 상사에게 잘 보이려면 초과 근무를 해야 한다고 자신에게 궤변을 늘어놓는다. 하지만 늦게까지 회사에 남는 '진짜' 이유는 일이 곧 자아의 중심이라고 생각하는 상태에 이

> 싫어하는 것을
> 무시하는 건 자신을
> 제한할 수 있다.
> 삶에서 약간의
> 애매함을 유지하면
> 마음이 좀 더 열리고
> 더 재미있는 경험을
> 하게 될 것이다.

르러서 일을 하지 않으면 자신을 잃어버린 느낌이 들기 때문이다. 과도한 업무에 시달리는 상황도 내심 싫지만은 않다. 보고 싶지 않은 부분을 외면할 수 있는 구실을 주기 때문이다. 예를 들어, 가족 구

다섯 가지 습관 해결사

다음은 진정한 자아에 가까워지는 간단한 다섯 가지 방법이다. 있는 그대로의 자신으로 사는 일은 본인뿐 아니라, 관계의 질에도 영향을 미친다. 아래의 생활방식에 익숙해지면 마음챙김 명상을 통해 자신의 무의식적인 반응을 관찰하는 데 도움이 된다.

1
친절한 대접을 받으면 감사 인사를 해라.
덕분에 큰 힘이 된다고 표현하도록 한다.

2
다른 사람의 이야기를 경청하라.
예의를 차리기 위해서만이 아니라,
정말 중요한 일이기 때문이다.

성원 중 한 명과 문제가 있으며 언젠가는 진득하게 대화를 나누면서 응어리를 풀어야 하는 상황이라고 생각해보자. 대화를 나누기 위해서는 묵혀놓은 감정을 꺼내 마주해야 한다. 하지만 그 사실이 두렵기 때문에 지금은 바빠서 시간이 없다고 자신을 합리화하는 것이다.

알아간다는 것

또 다른 습관적인 생각 패턴은 사람을 만날 때 조악한 근거를 들어 섣부르게 판단하고, 자신의 평가에 매몰되는 현상이다. 사실, 마음챙김에서 자연스럽게 나오는 태도를 먼저 갖추어야 사람을 있는 그대로 관찰할 수 있다.

성급하게 판단하는 성향을 고치려면 순수한 시각으로 관찰해야 한다. 평소에 잘 묻지 않는 질문을 하라. 정중하게 의견을 구하고 경청하면 된다. 아마 기존의 편협한 인식을 넓힐 수 있을 것이다. 우리의 이해력에 존재하는 한계를 고려해보면, 어떤 사람이 첫인상보다 괜찮다고 느끼는 일이 자주 발생한다는 것도 크게 놀랍지 않다.

마음 폭풍 알아보기

스트레스를 받는 동안 우리는 부정적인 생각과 감정에 휩싸여서 해결책을 찾으려고 생각에 박차를 가한다. 마음에 부는 폭풍은 꼼꼼한 자기 분석 방법으로 사용할 수도 있다. 아래의 질문을 읽고 마음챙김 일기(53쪽 참고)에 답을 기록하라.

- 어떤 상황에서 마음 폭풍이 일어나는가?
- 마음 폭풍에서 계속 반복되는 생각이 있는가? 만약 있다면, 하나라도 진실 혹은 거짓으로 분명하게 구분할 수 있는가?
- 마음 폭풍에서 계속 나타나는 기억이 있는가? 만약 있다면, 왜 계속 나타난다고 생각하는가?
- 마음 폭풍에서 계속 나타나는 감정이 있는가? 만약 있다면, 생각이나 행동에 어떤 영향을 미치는가?

3 직장 동료에게 질문하라.
업무 문제뿐 아니라 평소에 잘 이야기하지 않는 주제에 관해 물어라.

4 길에서 누군가 말을 걸면 피하지 말고 이야기를 나누어라. 상대가 누구든 상관없다.

5 누군가와 함께 있을 때는 전화를 받지 마라. 바로 앞에 있는 사람에 집중하라.

질문 : 진정성

스스로에게 얼마나 솔직한가?

일상에서 나타나는 생각과 감정은 진짜 자아가 아닐 가능성이 크다. 깊이 뿌리내린 문제와 감정이 진정한 자아가 모습을 드러내지 못하게 막고 있을지도 모르기 때문이다. 심지어 '주인'도 모르게 말이다. 아래의 질문은 현재 안고 있는 문제를 파악하고, 이러한 문제가 어떤 영향을 미치는지 알아보는 데 도움을 준다.

Q 문제가 있는가?

- 과거에 실수하지 않았다면 지금 모습과 얼마나 달라졌을 것이라고 생각하는가?
- 다른 사람을 만나고 난 뒤, 자신에게서 큰 인상을 받지 않았거나 친근하게 대해주지 않았다는 느낌을 받는 빈도가 어떻게 되는가?
- 대화 도중, 지금 하는 이야기와 크게 상관없는 감정을 느끼는 일이 얼마나 자주 일어나는가?
- 여러분이 자신을 보는 시각과 다른 사람이 여러분을 보는 시각이 얼마나 다르다고 생각하는가?

Q 문제가 얼마나 심각한가?

- 자신이 얼마나 스트레스를 받고 있다고 생각하는가?
- 신체 언어나 목소리 톤에서 불안이 드러나는 일이 얼마나 자주 있는가?
- 불안감 때문에 사람을 대하기 어려운 상황이 얼마나 자주 일어나는가?
- 혼자 조용히 앉아 있는 동안 머릿속에서 생각이나 감정이 폭주하는 일이 얼마나 자주 일어나는가?

Q 연기하고 있는가?

- 다른 사람들이 나에게 기대를 걸고 있다는 말을 얼마나 자주 하는가?
- 잘 모르는 지식이나 기술을 아는 척한 적이 얼마나 자주 있는가?
- 단순히 대화가 끊기는 것을 막기 위해 관심도 없는 화제에 재미를 느끼는 척하며 질문을 던진 적이 얼마나 있는가?
- 사람마다 당신에 대한 생각이 다르다는 사실을 얼마나 믿는가?

Q 문제를 해결하고 있는가?

- 당신이 가진 문제에 대한 답은 다른 사람이 아니라 자신에게 있다는 사실을 얼마나 믿는가?
- 친구, 가족, 배우자와 정서적인 어려움을 얼마나 자주 나누는가?
- 적절한 시각에서 관찰하여 문제의 피해를 줄이는 일에 얼마나 자주 성공하는가?
- 문제를 해결하기 위한 수단으로 주변을 차분하게 정리하는 일이 얼마나 자주 있는가?

더 나아가기

이 질문지를 통해 진정한 자아가 모습을 드러내지 못하게 막는 문제를 파악할 수 있다. 먼저, 96~99쪽의 호흡 수행으로 안정을 찾고 머리를 맑게 비운다. 마음챙김 명상은 문제를 똑바로 마주하고, 있는 그대로 관찰하면서 풀어내도록 돕는다. 사실, 문제에 대한 이해도를 높이는 수준에만 이르러도 충분히 많은 발전을 이루었다고 할 수 있다.

지금 드러난 자아를 바꿀 수 있는가?

마음챙김 명상은 진정한 자아로 살아가도록 도와준다. 하지만 먼저, 여러분이 생각하는 자신의 자아와 다른 사람이 생각하는 여러분의 자아를 하나로 맞추기 위해 다음의 간단한 방법을 시도해보자.

- 정말 관심 있는 주제로 대화를 시작하고 솔직한 의견을 말하라. 서로의 견해를 정확하게 이해하고 대화를 끝낼 수 있는지 확인하자.
- 다른 사람이 여러분에게 품은 오해를 고쳐라. 사실에 집중한다. 누군가 여러분을 과소평가한다면, 기회가 왔을 때 재치 있고 세심하게 바로잡아 주어라.
- 다른 사람이 여러분이 실제로 아는 지식보다 더 많이 안다고 오해하도록 내버려두지 말고 무지를 인정하라. 이해가 안 되는 것이 있다면 물어라.

방황하는 마음

집중력을 높이는 방법

우리가 어떤 일을 처리할 때 모든 힘을 다하는 상황은 거의 없다. 보통은 70퍼센트 정도 집중한다고 한다. 한 가지 확실한 사실은, 완전히 집중하는 기술 하나만 익히면 삶의 능률을 대폭 높이고 느끼는 성취감을 끌어올릴 수 있다는 것이다.

이메일을 쓰거나 새로운 요리에 도전하고 있을 때, 지금 하는 일에 온 정신을 집중하는가, 아니면 가끔 마음이 다른 곳으로 가는가? 아마 종종 딴생각이 떠오를 것이다. 눈앞의 일을 생각하다가 어느 순간 마음이 옆길로 새면서, 꼬리에 꼬리를 무는 생각을 따라 하염없이 헤맬지도 모른다. 지금 하는 일과 상관없는 생각이 떠오를 수도 있고, 예전에 하다가 멈춘 생각이 다시 모습을 드러낼 수도 있다.

특히 걱정이 이런 식으로 나타날 때가 많다. 우리는 새로운 일을 시작하기 전에 부정적인 생각을 모두 마음 한구석으로 밀어 넣는다. 하지만 이것들은 다시 돌아와서 요란하게 주의를 끄는 고약한 습관이 있다. 마음챙김하는 수준에 따라, 그 공작에 넘어가느냐 마느냐가 설정된다.

길을 벗어나다

우리는 인생의 상당한 시간을 '마음의 방황', 다시 말해 공상을 하거나 현재의 순간에서 멀리 떨어진 상태로 보낸다. 어떤 문제를 심사숙고한 뒤에 잠시 잡념에 빠져서 휴식을 취한 다음, 다시 문제로 돌아가는 과정은 문제 해결에 도움을 준다. 마음은 본성상 방황할 수밖에 없으며, 몽상이 학습에 도움을 주기도 한다는 사실을 이해하는 게 중요하다.

하지만 마음의 방황은 양날의 검이 될 수 있다. 예를 들어, 책을 읽는 도중 떠올리고 싶지 않은 생각이 계속 나타나서 수의를 흐린다면 독서를 마칠 때까지 더 오랜 시간이 걸릴 뿐 아니라, 다 읽고 나서도 내용이 잘 기억나지 않는다. 잡념에 빠지

> 마음은 현실과는 완전히 다르며,
> 끊임없이 이상한 일이 일어난다.
> 분명 저 뒤편으로 밀어 넣었던 감정이
> 자꾸 눈에 잘 띄는 곳에 와 있다.

초점 지향성

명상가들은 집중을 마음이 '한곳으로 모이는 상태'라고 표현한다. 우리는 집중하는 동안 선택한 대상에 계속 초점을 맞추기 위해 노력한다. 명상으로 기를 수 있는 또 다른 자질은 집중이 흐트러졌을 때 알아차리는 능력인 마음챙김이다. 초점 지향성과 마음챙김은 함께 작용해야지, 둘 중 하나라도 효율성이 떨어지면 명상의 효과는 반감한다.

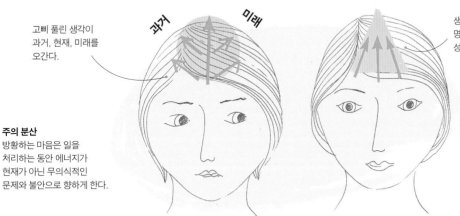

고삐 풀린 생각이 과거, 현재, 미래를 오간다.

과거

미래

생각에 집중하면 목표가 명확하게 보이고 성취감을 느낀다.

주의 분산
방황하는 마음은 일을 처리하는 동안 에너지가 현재가 아닌 무의식적인 문제와 불안으로 향하게 한다.

주의 집중
집중된 마음은 일을 처리하는 동안 에너지를 원하는 대상으로 모을 수 있게 도우며 높아진 효율성에서 만족을 느끼게 한다.

는 습관은 직장이나 조직에서 회의 이해도를 떨어뜨리고 업무 효율을 낮추는 결과를 가져오기도 한다. 몽상이 작업 기억의 성능을 낮춘다는 연구 결과도 있다. 대체 마음은 어디로 여행을 떠나는 걸까? 흔히 향하는 곳은 가장 불안을 느끼는 대상이다. 잡념의 주제가 무작위라는 말은 낭설로, 사실은 중요하게 여기는 주제를 떠올리는 경우가 많다.

행복한 집중

몽상하는 동안 뇌가 편안하게 휴식을 즐긴다는 주장 역시 틀렸다. 마음챙김이 없으면 '휴식', 다시 말해 다운 타임(down-time)은 부정적인 생각과 감정이 싹트는 시간이 될 수 있다. 뇌는 우리를 상처 입히거나 위험하게 만들었던 원인을 기억해 두었다가 나중에 같은 위험요소가 나타나면 피하도록 설계되어 있기 때문이다. 마음챙김 명상은 마음이 방황하는 빈도를 줄이고 학습, 의사소통, 문제 해결 능력을 높인다. 그와 동시에 집중을 깨뜨리는 방해요소의 영향력을 낮추어 삶 전반에서 느끼는 행복을 큰 폭으로 향상하는 결과를 가져온다.

자유란 무엇인가?
방해요소는 생각에 자유를 주지 않는다. 노예로 만들 뿐이다. 오직 마음을 집중할 때만 생각을 자유롭게 풀어줄 수 있다.

마음챙김 학습

이해력을 높이는 방법

만물의 이치나 행동 규범을 배우는 것은 인생의 마지막 졸업장을 받으면서 끝이 난다. 어른이 되어 사회로 나간 뒤에는 답보다 문제를 해결하는 과정에서 더 많은 것을 배우며, 새로운 생각에 마음을 열고 기꺼이 도전하는 자세를 요구받는다. 마음챙김은 학습에 필요한 정신의 유연성을 기르는 역할을 한다.

어른이 되어 인생과 세상을 배울 때는 주로 간접적인 방법을 쓴다. 가령 인터벌 훈련이 건강에 도움이 된다고 홍보하는 프로그램을 시청했다고 하자. 그런데 훗날 누군가 이것 때문에 뇌졸중에 걸렸다는 사실을 알게 됐다면, 내면에서는 인터벌 훈련이 독인지 약인지에 대한 토론이 열린다. 우리는 진실을 알아낼 방법이 없기에, 나름대로 조사를 진행해서 근거를 수집하고 잠정적인 결론을 내린다. 이런 상황에는 언제나 안전한 선택지가 있고, 인간은 위험을 피하려는 본능을 따르므로 대부분 안전한 선택지로 몰린다.

경험에서 얻는 지식

우리는 행복과 성취를 추구하는 과정에서 타인의 가르침보다 직접 관찰하고 경험하며 더 많은 것을 배운다. 물론 학습에는 타인과 관계를 맺고 경험을 공유하는 것도 포함된다. 마음챙김의 자세로 지식을 나누면 인간이 된다는 것이 어떤 의미인지, 혹은 어떤 의미가 될 수 있는지에 관한 부분까지 직관을 넓힐 수 있다.

기존 학습 방식 vs 마음챙김 학습

하버드 대학교의 심리학 교수 엘런 랭거에 따르면, 기존 학습 패턴은 깊게 뿌리내린 오해의 제약을 받는다. 문제마다 해결 방법 하나씩만 공부하는 관례를 예로 들 수 있겠다. 마음챙김 학습은 과거의 방식이나 다른 사람들이 사용하는 방법을 고수하는 것과 같은 경직된 사고 패턴에 갇히는 일을 방지한다. 다음은 기존의 독단적인 학습법과 마음챙김 접근법을 세 가지로 비교한 것이다.

독단적인 학습

 한 번에 한 가지씩 해결하라.

 정보를 암기하라.

 문제 하나당 답 하나만 외워라.

마음챙김 학습

 끊임없이 새로운 카테고리를 만들어라.

새로운 생각과 정보에 마음을 열어라.

 다양한 관점을 모두 인식하라.

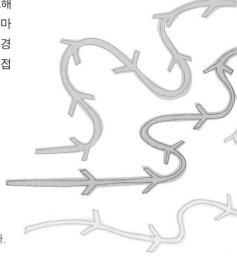

저는 성급하게 생각하는 편이에요. 서둘러 결론을 내려는 습관은 어떻게 고칠 수 있습니까?

진득하게 생각하세요. 생각에 전념할 때마다 충동에 휩쓸린 것이 아니라 내 의지에 따라 생각하는 것이 맞는지 확실히 확인하세요.

오해 피하기
마음챙김은 섣부르게 판단하는 대신, 사실에 기반해서 올바르게 생각할 여유를 가지도록 도와준다.

학습은 우리가 새로운 사고방식을 유연하게 받아들일 수 있을 때 가장 효율적이다. 이런 의미에서 마음챙김은 상당히 귀중한 도구를 제공한다고 할 수 있다. 불편하더라도 지금의 경험을 있는 그대로 관찰해야 변화할 수 있기 때문이다. 굳어진 사고방식이나 동료 집단에서 받는 압력, 타인의 시선, 재능이나 기술에 대한 불안, 자신에 대한 기대로부터 자유로울 때 우리는 가장 효율적으로 배울 수 있다.

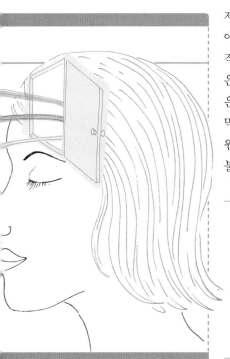

위험한 길이 정답일 수 있다

다시 인터벌 훈련 이야기로 돌아가자. 훈련이 위험하다고 판단하면 일부 사람은 위험을 회피하는 길을 선택할 텐데, 이런 식의 선택은 삶의 선택지를 심하게 제한하는 결과를 가져올 수 있다. 관계에 헌신하거나 아이 갖기를 선택하거나 직업을 바꾸거나 긴 휴가를 떠나는 선택은 모두 위험요소를 수반한다. 마음챙김은 위험한 선택을 내리지 못하게 하는 막연한 두려움을 걷어내고 우리가 진정 원하는 길로 나아갈 수 있도록 용기를 불어넣는다.

유연성을 유지하라

이상적인 평생 학습은 현대 기술의 출현과 함께 그 가치를 증명했다. 컴퓨터만 아는 괴짜가 되고 싶지는 않겠지만, 유연하고 적응력 있는 사고방식을 구축한다면 변화의 폭풍 속에서 유일한 생명줄이라도 되는 양 구닥다리 장비를 붙잡고 있을 필요가 없다. 찰스 다윈은 살아남는 좋은 가장 강하고 현명한 종이 아니라 변화에 가장 잘 적응하는 종이라고 말했다. 다윈의 말에서 얻을 수 있는 교훈은 가장 먼저 배워야 할 건 배우는 '방법'이라는 사실이다.

> "삶에서 배울 수 있는 가장 귀중한 기술은 사실이 아닌 것을 배우지 않는 능력이다."
> 안티스테네스(고대 그리스의 철학자, BC 445 ~ BC 365)

질문 : 집중

얼마나 집중력 있는 생활을 하는가?

완전히 집중해야 하는 작업을 생각하면 불안한 느낌이 든다. 아마 자아의 본질이라고 오해하던 생각의 흐름 속에서 헤엄치기를 멈추어야 하기 때문이리라. 아래의 질문은 집중력을 자체 평가할 수 있게 도와주고, 마음챙김 수행을 거쳐 집중력을 향상하도록 기반을 다지는 역할을 한다.

Q 얼마나 주의를 기울이는가?

- 집중력을 높이면 더 많은 것을 이룰 수 있다고 얼마나 믿는가?
- 집중해서 작업을 처리하겠다고 마음먹은 다음에도 잡념에 빠져 시간을 낭비하는 일이 얼마나 자주 있는가?
- 작업하는 도중 전화를 걸거나 음료를 준비하거나 하던 일을 놓아두고 휴식을 취한 적이 얼마나 자주 있는가?

Q 얼마나 잘 듣는가?

- 라디오나 일상에서 다른 사람의 말을 최대한 경청할 때, 화자가 말한 문장의 70퍼센트 이상을 이해하는 일이 얼마나 자주 있는가?
- 같은 상황에서, 80퍼센트 이상을 이해할 때가 얼마나 있는가?
- 같은 상황에서, 90퍼센트 이상을 이해할 때가 얼마나 있는가?
- 라디오에서 나오는 말을 30분간 듣고 5분 뒤에 요약하라고 하면 요점을 얼마나 많이 정리할 수 있는가?

집중하기 전 미리 준비하는가?

높은 집중력의 중요성을 알고 있거나 모든 일을 시기적절하게 끝내는 사람은 방해요소에 많은 시간을 빼앗기지 않고 작업 시간의 효율을 높이기 위해 준비하는 과정을 거친다. 아래의 전략을 자세히 살펴보고, 실제로 응용할 수 있을지 자문해보라. 불가능해 보이는 것이 있다면, 공부, 독서, 글쓰기 등 집이나 직장에서 집중이 필요한 일을 처리할 때 도전해보도록 한다.

- 다른 사람에게 혼자 있고 싶다고 말하거나 방해하지 말라는 안내판을 걸어놓거나 문을 닫는 등 방해요소에서 자신을 보호하는 행동을 하는가?
- 목표를 세운 다음 작업을 시작하고, 목표를 달성하면 작업을 끝내는가?
- 술이나 음식을 먹은 직후가 아니라 정신이 맑은 아침에 일정을 잡는 등 가장 집중할 수 있는 시간에 작업하는가?
- 작업을 시작하기 전에 목표를 달성했을 때 느낄 만족감을 상상하는 시간을 가지거나 일을 완료하고 나서 자신에게 보상을 주는 등의 동기 부여 기법을 사용하는가?

Q 얼마나 집중해서 읽는가?

- 소설을 읽을 때, 등장인물의 이름을 얼마나 확실하게 기억할 수 있는가?
- 흥미로운 정보가 담긴 글을 읽을 때, 한 군데도 건너뛰지 않고 완전히 몰입해서 읽는 일이 얼마나 자주 있는가?
- 책을 읽을 때, 저자가 같은 주장을 반복하거나 앞에서 했던 말과 상반되는 이야기를 하고 있다는 사실을 얼마나 자주 알아차리는가?
- 독서 도중 집중이 흐려져서 읽던 단락을 다시 읽어야 하는 상황을 얼마나 자주 겪는가?

Q 일하는 자세가 건전한가?

- 작업이 지루해서 집중하기 어렵다고 느끼는 일이 얼마나 자주 있는가?
- 나중에 끝내야 할 다른 작업을 생각하느라 지금 하는 업무에 집중하는 데 어려움을 겪는 일이 얼마나 자주 있는가?
- 필요하다면 시끄러운 카페에서도 조용한 도서관에 있는 것처럼 집중할 수 있다고 얼마나 확신하는가?
- 50분 동안 같은 자리에 앉아 조용히 한 가지 일에 집중한다고 생각했을 때 얼마나 거부감이 드는가?

더 나아가기

질문에 답하면서 평소에 작업이나 대화에 효과적으로 집중하는지, 아니면 마음이 계속 잡생각에 빠지면서 에너지를 낭비하게 만드는지 판단하는 시간을 가진다. 분석 결과, 후자인 것 같다면 어떤 불안이 집중력을 흐리게 하는지 생각해보자. 8주 마음챙김 명상 프로그램을 마치고 일상에 마음챙김을 적용한 다음, 다시 질문에 답하면서 집중력이 향상되었는지 확인한다.

타인에게 주의를 기울이다 좋은 의사소통

훌륭한 대화는 서로 주고받는 리듬을 따라 진행된다. 간혹 방황하는 마음이 기억이나 연상을 통해 우리가 대화 주제를 이어가도록 도움을 주기도 한다. 하지만 마음이 완전히 방황하면서 방해요소나 불안한 생각에 깊게 빠지면 의사소통이 어수선하게 변할 수 있다.

이상적인 일대일 대화는 테니스 시합처럼 서로 번갈아가며 말하고 듣는 형태다. 화자에서 청자로, 청자에서 화자로 각자의 역할이 계속 바뀌는 흐름은 양쪽 모두 대화에 온전히 참여해야만 계속 이어진다. 한쪽이라도 집중력을 잃으면 대화가 끊기면서 흐름이 불안정해질 수 있다. 마찬가지로 한 명이라도 불안에 빠지면 상대가 아니라 내면의 의심으로 주의를 보내기 때문에 흐름이 위태로워진다.

기술과 공감

흔히 대화도 기술이라고 여기는데, 실제로 많은 면에서 그러하다. 대화 능력을 연습으로 향상시킬 수 있는 건 생각을 표현할 문장을 떠올리기가 수월해지기 때문이다. 텔레비전이나 라디오에서 유명 정치인의 인터뷰를 들어보라. 매끄럽게 말을 이어가는 능력은 대부분 자신감에서 나오므로 어느 정도는 자기표현 훈련의 결과라고 할 수 있다. 하지만 가장 많은 영향을 끼치는 요소는 수행이다. 대화를 단순히 배운 것을 연습하는 기회로 바라본다면 인간의 가장 소중한 능력, 타인과 관계 맺는 힘을 과소평가하는 셈이다. 진정으로 대화를 나눌 때는 양쪽 모두 상대에게 집중하면서 의견을 서로 주고받는다(conversation의 'con'은 라틴어에서 온 단어로 '함께'라는 의미가 있다). 마음이 콩밭에

좋은 대화

마음챙김하면서 현재에 집중하며 대화뿐 아니라 서로의 관계에 주의를 기울이는 대화가 완벽하다고 할 수 있다.

상대의 말을 들으면서 할 말을 생각하지 마라. 그냥 듣고, 받아들이고, 내면의 반응에 귀를 기울여라.

판단하지 마라. 말을 귀담아듣고 메시지에 포함되지 않는 요소는 전부 무시하라. 신체 언어를 읽되, 옷이나 머리 모양은 신경 쓰지 마라.

말을 끊지 마라. 도중에 말해야 할 필요가 있다면, 먼저 허락을 구하라.

가도록 놔두고 서로에게 주의를 기울이지 않는다면 제대로 된 대화를 나눈다고 할 수 없다. 서로 얼굴을 보면서 혼잣말을 할 뿐이다.

생각과 발화

우리는 때와 장소에 따라 말하는 속도와 방식을 바꾼다. 가족과 아침을 먹을 때는 머리에 떠오르는 생각을 즉시 뱉어내지만, 생각과 사실을 조심스럽게 전달해야 하는 자리에서는 느리고 신중하게 말을 이어간다. 우리가 대화에서 어려움을 느낄 때는 보통 진지한 주제를 다루므로 천천히 말을 나누는 상황에서 발생한다. 낯선 사람, 가깝지 않은 지인, 윗사람과 대화하는 일은 다양한 종류의 불안을 유발할 수 있는데, 자신의 위치가 더 낮다고 여기는 열등감, 어떤 '전문가'가 자신을 판단한다는 생각에 의한 초조함이 여기에 해당한다. 혹은 단순히 안전지대에서 벗어났을 때 무슨 말을 해야 할지 갈피를 못 잡기 때문일 수도 있다. 정반대의 상황으로는 가까운 친구나 가족과 대화를 나눌 때 머릿속에 떠오르는 비난이나 분노의 오래된 패턴이 즉시 말로 나오면서 대화의 흐름을 망치는 경우가 있다.

어려운 대화를 할 때는 먼저 무엇을 말할지 정리하는 시간을 가진 뒤에 말을 꺼내라. 서론부터 시작하면 경험과 통찰을 제대로 전달하는 데 도움이 된다. 할 말이 많다면 짧은 대화 안에 전부 담으려고 하지 마라. 중구난방이 될 위험이 있다.

> 공감을 보여라. 상대의 입장에서 이해하려는 자세를 가지려 노력하라. 다른 사람도 여러분의 태도를 느낄 수 있으며, 이는 보답으로 돌아온다.

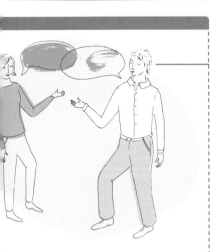

맞장구치면서 즐겨라. 자연스러운 의사소통 능력을 기를 수 있다. 열린 마음과 호기심을 가지고 만남을 즐겨라.

같은 사람, 다른 대화

우리에게 완전히 집중하는 사람과 대화를 나누는 일은 에너지가 넘치는 풍요로운 경험이다. 하지만 당당하고 외향적인 사람도 가끔 자신도 모르는 사이 주의가 흐트러지는 상황을 마주할 수 있다. 아래는 두 가지 마음 상태를 비교한 대조표이다. 하나는 대화에 잘 어울릴 수 있을 때, 다른 하나는 어떤 이유에선가 자연스럽게 대화에 참여할 수 없을 때의 마음을 묘사한다.

마음챙김할 때	마음이 방황할 때
침착, 안정	불안
마음이 분명함	혼란스러움
이성적	감정적
주의를 기울임	잡생각이 많음

이런 상황이 생기는 이유	
좋아하는 사람과 있다	낯설거나 꺼리는 사람과 있다
말이 잘 통하는 사람과 있다	까다로운 사람과 있다
좋은 하루를 보냈다	나쁜 하루를 보냈다
정신이 맑다	피곤하다
행복하다	불행하다
주제가 편안하고 즐겁다	주제가 어렵고 불편하다

질문 : 관계

의사소통을 얼마나 잘하는가?

양질의 의사소통은 보편적 인간성을 공유하고 추구하며 안 좋은 상황에서 생기는 부정적인 감정에 맞서는 데 도움을 준다. 아래의 질문으로 자신의 의사소통 방식을 진단하고 마음챙김을 활용해 관계에 새로운 활기를 불어넣도록 한다.

Q 가까운 사람과의 의사소통 능력은 어떠한가?

- 비슷한 대화를 반복하면서 진전 없이 서로의 주장만 내세우는 일이 얼마나 자주 일어나는가?
- 심각한 대화가 싸움으로 끝나고 서로 안 좋은 감정만 남는 일이 얼마나 자주 일어나는가?
- 편하고 일상적인 대화를 나누다가 가까운 사람의 색다른 면을 발견하고 놀라는 일이 얼마나 자주 있는가?
- 친한 사람과 대화를 나누는 동안 진정한 자신의 모습을 얼마나 드러낸다고 생각하는가?

Q 지인과의 의사소통 능력은 어떠한가?

- 만날 때마다 지인을 점점 더 잘 알게 된다고 얼마나 믿는가?
- 만날 때마다 지인이 여러분을 점점 더 잘 알게 된다고 얼마나 믿는가?
- 지난 두 번, 혹은 세 번의 만남에서 지인이 여러분에게 한 말을 얼마나 기억하고 있는가?
- 우연히 마주친 지인과 친근하게 잡담을 나눌 때 얼마나 집중하는가?

Q 낯선 사람과의 의사소통 능력은 어떠한가?

- 새로운 사람을 만나고 이야기를 나눌 때마다 즐겁고 재충전된다는 느낌을 얼마나 자주 받는가?
- 새로 만난 사람과 대화를 나누는 동안 자신의 진정한 모습을 얼마나 드러낸다고 생각하는가?
- 새로 만난 사람과 대화를 마무리하면서 '드디어 끝났어. 이제 하던 일로 돌아갈 수 있겠다.'라고 생각한 적이 얼마나 있는가?
- 새로 만난 사람과 다정하게 짧은 대화를 나눌 때 상대의 말에 미소 짓거나 웃는 일이 얼마나 있는가?

Q 스트레스 상황에서 의사소통할 수 있는가?

- 관계가 틀어질 때 자신에게도 책임이 있다는 사실을 인정하는 경우가 얼마나 되는가?
- 다른 사람의 반응이 두려워서 생각을 솔직하게 말하지 않았던 적이 얼마나 있는가?
- 스트레스 받는 대화에서 일부러 감정을 과장해서 표현한 적이 얼마나 있는가?
- 대화를 나누는 동안 느끼는 불안이나 강렬한 감정이 의사 표현력에 나쁜 영향을 미친다고 생각하는가?

어려운 일을 해낼 수 있는가?

대화가 까다로운 이유는 관점이 충돌하기 때문이다. 대화를 원하는 쪽으로 끌고 가려면 상황에 따라 다른 자질을 발휘해야 한다. 가끔은 결단력이나 높은 자존감이, 어떨 때는 공감이나 재치가 필요하다. 아래의 상황을 보고 과거에 얼마나 잘 대처했는지 생각해보자.

- 설득력 있는 요청 거절하기
- 대중적이지 않은 관점 표현하기
- 거절할지도 모르는 사람에게 부탁하기
- 도와달라는 간청 거절하기
- 지금 얼마나 화가 났는지 침착하고 분명하게 설명하기
- 모욕이나 비꼬는 언사에 반응하기
- 많은 친구 앞에서 이야기하기
- 상사 앞에서 주장의 정당성 입증하기
- 누군가에게 그 사람의 행동을 용납할 수 없다는 사실을 말하고 반복하지 말 것을 당부하기

더 나아가기

질문에 대한 답을 참고하여 다양한 상황에서 상대에게 주의를 기울이며 대화의 흐름에 집중하는지, 아니면 마음챙김하지 못하고 잡념에 빠지는지 스스로를 평가해본다. 단순히 대화에 얼마나 능숙한지 확인하기 위함이 아니라 현재의 순간에 머무르면서 다른 사람과 공감하는 방식을 알아보기 위함이다. 특정 관계에 문제가 있다면 관련 질문에 다시 답하도록 한다. 마음챙김은 인간관계를 원활하게 해주고 보람차게 만든다. 여기서는 향상하고자 하는 상호작용의 영역을 확인하는 단계만으로 충분하다.

나는 누구인가?
정체성에 대한 질문

우리는 자신이 진정 누구인지 사색하는 시간을 거의 가지지 않는다. 하지만 가끔 정체성에 관한 질문이 몹시 중요해지면서 혼란과 스트레스를 유발할 때가 있다. 마음챙김은 막연한 믿음에서 객관적인 사실을 걸러내어 자신을 명료하게 바라볼 수 있도록 돕는다.

'나는 누구인가'라는 질문을 던졌을 때, 명쾌하게 딱 한 문장으로 대답할 수 있는 사람은 아무도 없다. 대신, 우리는 머릿속에 나타난 엄청나게 많은 생각을 비쁘게 살펴보고 가능성을 따진다.

떠오른 생각에는 부여받은 역할(엄마, 아빠, 딸, 아들, 친구, 상사 등)과 페르소나(다른 사람에게 보이고 싶은 인격)가 포함되어 있다. 일부는 자신의 도덕적·정치적·정신적 가치나 소속된 집단과 관련이 있다. 자신에 대한 이 묘사들은 정체성의 '복합성'과 맞물리면서 자신의 진정한 모습을 알아차리지 못하게 한다. 진정한 정체성은 어딘가 다른 영역에 있으며, 몇 마디 말로 꼬집어 표현할 수 없다. 마치 다른 사람이 남극에 대해 묘사하는 말을 듣고 이해힐 수는 있지만, 실제로 어떤 곳인지는 알 수 없는 것과 비슷하다.

가면 뒤의 얼굴

자신을 진정으로 알고자 한다면 세상을 대할 때 쓰는 대외용 가면, 공적 페르소나에 주의를 기울여야민 한다. 이 외적 자아는 일상에서 타인과 상호작용할 때 사용하는 일종의 전략으로, 본모습에 가까운 내적 자아와는 종종 차이가 있다. 외적 자아는 타인에게 보이고 싶은 모습이다. 예를 들면, 배려심이 많거나 유능하거나 명석한 성격이라고 할 수 있겠다. 우리가 현실화하고 싶은 이상이기도 하다. 하지만 페르소나는 부분적으로 과거의 경험에서 영향을 받기 때문에 원하는 모습으로 드러내 보이는 일은 불가능하다. 진정한 자아가 현실로 이루어낼 수 없는 페르소나를 발견했을 때 우리는 진정한 자신에 대한 고민을 시작하므로, 자신의 페르소나를 알아보는 과정은 자기 이해의 중요한 단계다. 현재에 머무르는 마음챙김 수행은 페르소나가 존재에서 필수불가결한 것이 아니라 하나의 가면에 불과하다는 걸 파악할 수 있게 도와준다.

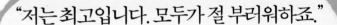

"저는 가족을 사랑하는
어머니입니다."

일 때문에 아이에게 제대로
신경을 못 쓰는 것 같아.

"저는 최고입니다. 모두가 절 부러워하죠."

기량이 점점 떨어지는 것 같아. 그래도 맡은 일을
완벽하게 해내는 이미지를 망쳐서는 안 돼.

존재하지 않았던 진실
다른 사람에게 보이고 싶은 부분인 공적 페르소나(굵은
글씨)는 반대되는 진실(작은 글씨)을 숨긴다.

정체성 위기

복합적인 정체성을 받아들이면 끊임없이 주변 환경이 변화해도 안정을 유지할 수 있다. 하지만 가끔 내면의 서로 다른 정체성이 충돌할 때면 자칫 자신감 상실로 이어질 위험이 있다. 관련 있는 세 가지 상황을 아래에 묘사해두었다. 마음챙김 수행은 우리가 자기 자신인 채로 살아가게 돕고, 정체성이 충돌하는 어려운 시기에 한숨 돌릴 여유를 준다.

맡은 역할이 서로 부딪힐 때

우리가 가진 시간은 한정되어 있다. 따라서 우선순위를 정해서 맡은 역할 중 일부를 포기해야 하는 상황에 놓일 수 있다. 어쩌면 동시에 수행할 수 없는 역할 중 어느 것도 포기하지 못하는 딜레마에 빠질지도 모른다. 부모의 역할과 직장인의 역할 중 어디에 치중해야 할지 혼란스러워하는 사람이 여기에 해당한다. 우리는 한 역할과 다른 역할을 계속 오가면서 어느 역할도 자신이나 다른 사람에게 만족을 주지 못한다고 느낀다.

자신의 모습이 다른 사람들에게 보이고 싶은 모습에서 비롯되었다는 사실을 알아차렸을 때

다른 사람의 기대를 충족시켜야 한다는 압박감을 느끼지만, 속으로는 자신의 능력이 부족하다는 사실을 알고 있다. 따라서 외적인 정체성은 가식이 된다.

고통을 자신과 동일시하기 시작할 때

낮은 자존감, 문제 있는 관계, 신체적·정신적 질환으로 나타나는 고통은 정체성에 스며들어 그 일부가 될 수 있다. 자신을 고통에 묶어두는 일은 괴로움을 연장시키는 결과를 낳는다.

진정한 자아 바라보기
마음챙김과 정체성

많은 마음챙김 수행자가 명상하는 동안 그 어느 때보다 자신을 있는 그대로 느낄 수 있다고 말한다. 아무것도 하지 않고 존재하기만 하는 시간은 분명함, 명확함, 침착함을 느끼게 하고 복합적인 자아를 이루는 요소에 붙은 꼬리표를 떼어버리도록 도와준다.

마음챙김 수행이 반드시 자신에 대해 확실하게 통찰하도록 해준다고는 할 수 없다. 오히려 정체성에 더 이상 큰 의미를 두지 않는다고 보는 편이 정확하다. 이러한 시각은 정체성 문제가 불러일으키는 대부분의 혼란을 잠재운다. 마음챙김하면서 현재 순간에 머무른다는 말은 배우자와의 애정 넘치는 관계를 비롯한 중요하게 여기는 가치에 더 이상 헌신하지 않는다는 뜻이 아니다. 단지 자신을 다양한 가치를 추구하는 존재로 바라보지 않고 있다는 의미다. 마음챙김하는 사람은 깨어 있는 상태로 현재에 머무르며 지금 벌어지는 일에만 주의를 기울인다. 삶을 느끼는 감각을 짓누르던 모든 압박은 이제 자아상을 현혹하지 않는다. 밝은 구름을 떠올리면 이해가 쉽다. 볼 수는 있지만, 가는 길에 방해가 되지는 않는다.

자유와 정체성
마음챙김하면서 살아가면 과거, 미래, 현재의 걱정은 열기구 주변의 구름처럼 인지할 수는 있으나 장애물이 되지는 않는다. 인생이라는 여정을 이어가는 동안 끊임없이 원하는 가치를 추구하고 헌신하겠지만, 이것들이 우리가 어떤 사람인지 정의할 수는 없다.

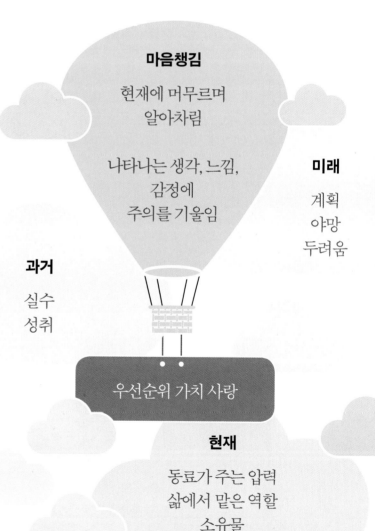

마음챙김

현재에 머무르며 알아차림

나타나는 생각, 느낌, 감정에 주의를 기울임

미래

계획
야망
두려움

과거

실수
성취

우선순위 가치 사랑

현재

동료가 주는 압력
삶에서 맡은 역할
소유물
페르소나(공적인 얼굴)

비평가와 관찰자

소수의 사람을 제외하면, 생각은 내면에서 일어나는 독백이다. 마음속에는 수다쟁이가 하나 있어서, 온종일 우리가 하는 일에 대해 자신의 의견을 늘어놓는다. 이 수다쟁이를 비평가라고 부른다. 항상 불안하고 불만에 차 있는 비평가의 말에 귀를 기울이면 일상에서 만족을 느끼는 방법을 잊어버린다. 비평가에게는 관찰자라는 친구가 있다. 비평가와 함께 마음속에 사는 관찰자는 매 순간에 머무르면서 현재에 사는 일이 어떤 즐거움을 주는지 알려준다. 비평가보다는 관찰자의 말을 듣는 편이 우리에게 이롭지만, 보통은 더 어렵다. 존 카밧진은 내면에서 끊임없이 이어지는 생각과 감정의 굴레를 격류에 비유했다. 비평가는 거친 물소리에 묻히지 않도록 우리를 향해 있는 힘껏 소리를 질러대는 반면, 관찰자는 강둑에 조용히 앉아서 들어오는 경험에 따라 달라지는 마음의 흐름을 관찰한다. 아래 표에서 비평가와 관찰자의 특징을 대조해보고 각자가 주도권을 잡을 때 삶이 어떻게 달라지는지 파악해보라.

비평가	관찰자
안락한 삶을 즐기며, 고통보다는 즐거움을 좇는다	고통과 즐거움을 동등하게 바라본다
비교를 좋아한다	관찰하는 모든 것을 들려준다
끊임없이 판단을 내린다	현재에 머무른다
우리가 자신의 말에 귀를 기울이도록 우리 목소리를 모방한다	언제나 솔직하다
과장하고 왜곡한다	있는 그대로 보고, 치우치지 않는다

비평가의 목소리에 귀를 기울일수록
문제에 대한 창의적인 답을 찾으려는 마음이 제약을 받는다.

질문 : 나는 어떤 사람인가?

자신을 어떻게 보는가?

자신이 생각하는 모습과 다른 사람이 보는 자신의 모습은 다를 수 있다. 실제로 그렇다면, 우리는 남에게 보이고 싶은 모습을 연기하고 있었거나 혼자만의 망상에 빠져 있었을 가능성이 높다. 다음의 질문에 답하면서 혹시 겪고 있을지도 모르는 정체성 문제를 파악하고 자아를 보는 시각을 분명하게 다듬도록 한다.

Q 역할과 자신을 동일시하는가?

● 맡은 역할 중 (수행하는 일과 상관없이) 가장 중요한 역할이 자존감에 얼마나 기여하는가?
● 우선순위가 충돌하면서 몸은 하나지만 두 개 이상의 역할을 해내야 한다는 생각에 고민하는 일이 얼마나 자주 있는가?
● 주변 사람의 기대를 충족하기 위해 개인적인 희생을 얼마나 한다고 생각하는가?
● 삶에서 맡고 있는 역할이 다른 사람에게 보이고 싶은 모습에서 얼마나 중요한 부분을 차지하는가?

Q 성취와 자신을 동일시하는가?

● 지금까지 이루어낸 성취를 돌아보면서 힘을 얻는 일이 얼마나 자주 있는가?
● 집, 차, 여가 생활이 성공을 나타내는 상징물이라는 생각에 얼마나 동의하는가?
● 과거의 성취를 돌아보는 일이 다른 사람들 앞에서 당당한 태도를 유지하는 데 얼마나 도움이 된다고 생각하는가?
● 실패를 깊이 반성하면서 자신에게 실망하는 일이 얼마나 자주 있는가?

우선순위 돌아보기

오른쪽의 파이 모양 도표를 참고하여 자신만의 파이를 만들고 잘라본다. 조각이 클수록 정체성에서 차지하는 비중이 크다는 뜻이다. 세세하게 따질 필요 없이, 직관에 의지해서 그리도록 한다. 원한다면 소제목이나 세부항목을 바꾸어도 좋다.

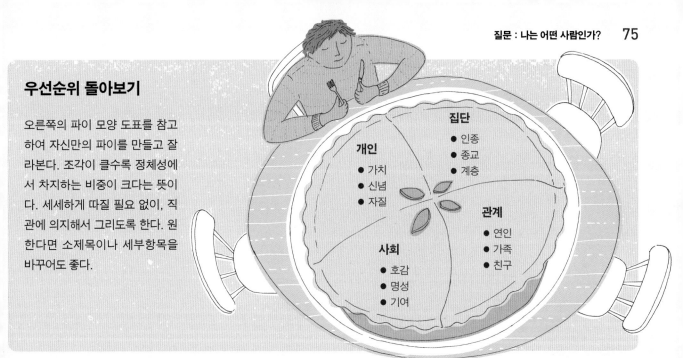

개인
- 가치
- 신념
- 자질

집단
- 인종
- 종교
- 계층

사회
- 호감
- 명성
- 기여

관계
- 연인
- 가족
- 친구

Q 문제와 자신을 동일시하는가?

- 해결해야 하는 문제 외에 다른 것은 아무것도 생각할 수 없다고 느끼는 일이 얼마나 자주 있는가?
- 문제도 삶의 일부라는 느낌을 얼마나 강하게 받는가?
- 아무 문제 없이 행복하고 안락하게 사는 자신의 모습을 상상하는 일이 얼마나 어렵게 느껴지는가?
- 안고 있는 문제가 익숙하며, 문제를 해결하면 삶이 허전할 것 같다는 느낌을 얼마나 강하게 받는가?

Q 가치와 자신을 동일시하는가?

- 중요하게 생각하는 가치에 대한 도전을 자신에 대한 도전으로 받아들이는 일이 얼마나 자주 있는가?
- 말과 행동만큼이나 신념으로도 평가받고 싶다는 생각을 얼마나 하는가?
- 자신의 가치관을 이해하지 못하는 사람은 진정한 자신의 모습을 모른다고 얼마나 강하게 믿는가?

더 나아가기

자기 분석 질문들을 이용해서 역할, 성취, 실망, 소중하게 생각하는 신념이라는 측면에서 자신을 어떻게 바라보는지 평가한다. 정체성을 이루는 다른 구성요소를 알고 있는가? 그렇다면, 그중 몇 개나 문제를 일으키고 있다고 보는가? 정체성이 과거에 뿌리를 두고 있다면 문제를 해결하기 위해 앞으로 어떤 방향으로 나아가야 하는지 생각해보라. 마음챙김 수행은 이 단계에서 도움이 된다.

가장 가까운 사람들
집에서 마음챙김한다는 것

집안일을 처리하고 더러운 곳을 깨끗하게 치우면 집에서 보내는 시간이 즐거워진다. 하지만, 무엇보다 중요한 것은 함께 사는 사람이다. 마음챙김의 자세로 동거인에게 다가가면 서로 마음을 여는 데 큰 도움이 된다.

집은 단순한 주거지가 아니다. 물론 함께 사는 사람이 더 중요하기는 하지만, 집은 선택을 내리는 일을 연습하는 환경이라는 점에서 의미가 있다. 마음챙김은 선택을 중요시한다. 따라서 집에 자신의 개성을 남기는 일은 판단력을 기르는 훈련이 된다. 또한 마음챙김은 현재 상황에 대한 민감성을 높이기 때문에, 주변 환경을 아름답게 꾸며서 만족을 얻으려 할 수도 있다. 어쩌면 집을 꾸민다는 행위를 함께 사는 사람에게 기쁨을 선사하는 일종의 관용으로 바라볼 수도 있겠다.

집은 사람과 마찬가지로 문제에 취약하다. 나름의 질병과 습관, 기분이 있기 때문이다. 마음챙김하면서 살고 있다면 이러한 요소가 눈에 들어오고 긍정적으로 반응하게 된다. 커튼을 세탁한다든지 삐걱대는 경첩을 손보는 등 필요한 조치를 할 때면, 손에 닿는 공구와 자재의 느낌을 받아들이면서 잠시 똑같은 일상에서 벗어나 현재에 머무르는 기회를 얻을 수 있다. 정원처럼 집도 꾸준히 관리해야 하지만, 시간을 많이 투자할 필요는 없다.

가정생활
여러분이 서로를 배려하는 부부든, 공간만 공유하는 룸메이트든 상관없다. 한 지붕 아래에서 사는 사람과 마음챙김 수행을 시작하면 함께 놀라운 경험을 하며 관계를 돈독하게 만드는 효과를 볼 수 있다.

아이가 있으면 즐거움은 배가 된다. 사고

정리정돈

잡동사니를 처리하는 일은 마음챙김 수행으로 제격이다.

● **정리**: 물건을 하나씩 살펴보면서 나타나는 생각에 주의를 기울인다. 버린다고 생각했을 때 어떤 느낌이 드는가? 과거를 회상할 수 있는 매개체를 잃어버리는 기분이 들 것이다. 어떠한 판단도 내리지 말고 나타나는 감정에 주의를 기울여라. 우리는 현재에 살고 있다는 사실을 되새겨보자. 과거를 너무 중요시하면 현재에 쏟을 힘이 부족해진다.

● **정돈**: 어수선하면 산만해진다. 쌓인 물건을 볼 때마다 해야 할 일이 생각나기 때문이다. 방을 말끔하게 치우면서 나타나는 변화를 관찰해보자. 마음이 차분해지고 결단력이 생기는 것을 확인할 수 있다. 과거의 잔해를 치우는 동안 기분이 한결 나아졌는가?

> "몸뿐만 아니라 마음에도 양식과 온기를
> 주지 않는다면 진정한 집이 아니다."
> 벤자민 프랭클린(미국의 정치가·작가, 1706~1790)

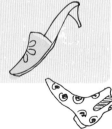

방식이 아직 굳지 않았기 때문이기도 하지만, 함께 마음챙김 명상을 하고 아이의 이야기를 귀담아들으며 공감하면서 건강한 성인으로 자라도록 도움을 줄 수 있다는 점에서도 큰 의미가 있기 때문이다. 우리는 가정생활에서도 다양한 방식으로 마음챙김을 실천할 수 있다. 가장 간단한 수행은 소유물을 당연하게 여기는 마음을 버리고 감사하는 마음을 가지는 것이다. 한 물건이 손에 들어오기까지 어떤 과정을 거치는지 생각해보자. '얼마나 많은 손을 거쳤을까? 어디서 일하는 누구일까?' 같은 맥락으로, 물건을 새로 살 때도 신중을 기하라. 무언가를 사지 않기로 결심하는 일은 쇼핑으로 기분 전환하는 것과 정반대의 행동이지만, 아주 큰 만족을 느낄 수 있다.

마음챙김 집안일 세 가지

간단한 마음챙김 수행으로 집안일을 활용하라. 선택한 일에 집중하면서 자신이나 감정에 대한 어떠한 판단도 내리지 않도록 한다. 긍정적인 자세로 작업에 임하고, 분노가 나타나면 호기심을 가지고 관찰하되, 휩쓸리지 마라.

낙엽 쓸기

선불교의 전통적인 마음챙김 수행이다. 움직이는 나뭇잎, 몸의 움직임, 호흡, 바스락거리는 소리에 차례로 주의를 기울인다. 생각이나 감정뿐 아니라 감각까지 전부 내려놓는다.

알아차림하며 침대 정리하기

움직일 때마다 몸 안에서 느껴지는 감각에 주목한다. 생각이나 감정, 혹은 집안 어딘가에서 들리는 소리를 알아차릴 때마다, 천천히 침대를 정리하는 일로 다시 주의를 돌린다.

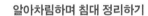

마음챙김하며 세탁하기

옷의 촉감과 서로 접히는 모양새를 자세히 살펴본다. 세탁기의 소리와 움직임에 주의를 집중한다. 1분 정도 모든 생각, 감각, 감정을 내려놓으면서 관찰하고 귀를 기울인다.

손아귀 안에

현실적인 행복을 직시하다

바라는 행복의 모습이 완전히 다른 인생을 살고 싶다는 공상에 뿌리를 두고 있다면, 현실로 이루지 못할 가능성이 높다. 행복을 추구하는 자세가 지나치게 진지해도 마찬가지다. 이럴 경우, 자신에게 행복이란 무엇인지 다시 한 번 생각해보는 것이 좋다. 어쩌면 행복이 늘 우리 곁에 있었다는 사실을 깨달을지도 모른다.

가끔 멈춰서 행복한지 판단하는 건 쉽지 않다. 호불호를 나누는 기준으로 지금까지의 경험을 평가해야 하기 때문이다. 나름의 잣대로 평가했는데 충분히 행복하지 않다는 것을 알아차렸다면, 행복하지 않다는 걸 지금껏 몰랐다는 뜻이 된다. 그렇다면 자신이 얼마나 행복한지 확인하는건 그 자체로 불행을 야기하는 것일까?

즐거움을 측정하다

먼저, 행복을 어떻게 측정할지가 문제다. 대부분의 사람들은 자신이 얼마나 행복했었는지, 남이 지금 얼마나 행복한지가 아닌, 이 정도면 만족스럽다고 생각하는 수준을 잣대로 삼는다. 일종의 정신적 비

행복을 오해하고 있지는 않을까?

진정한 행복이 지금까지 생각하고 추구하던 모습과 완전히 다를 수도 있지 않을까? 아래에 묘사한 행복의 형태는 어쩌면 조금 낯설지도 모른다.

진정한 행복이란

- 순간에 머무르면서 느끼는 즐거움
- 슬픔을 포함한 모든 감정에서 찾아볼 수 있는 고요함
- 말, 행동, 생각이 모두 일치할 때 나타나는 마음의 상태
- 의심이나 후회 없이 착실하게 앞으로 나아가는 일
- 좋은 의도를 가지고 한 행동이 맺은 결실

주변에서 보고
들은 것을 토대로,
우리는 행복한 삶을
단편적으로 상상한다.

교다. 이때의 문제는 삶이 너무 복잡하기 때문에 현재의 행복을 제대로 평가하지 못한다는 것이다. 우리는 보고 들은 이야기를 토대로 행복한 삶의 이미지를 창조한다.

핵심을 놓치다

행복에 대한 갈망은 올바른 인식을 차단하여 이미 가진 것을 볼 수 없게 만든다. 우리 나름대로 세운 행복의 기준에 닿으려고 애쓰는 과정에서 가치 있는 경험을 놓친다. 엄밀히 말하면, 이 경험에 인생을 바꾸는 통찰이 숨어 있음을 깨닫지 못하고, 마음에 들지 않는 부분이 바뀌기를 바라면서 저항한다고 할 수 있겠다. 게다가 인생의 아름다움과 경이에 감사하는 자세를 가졌을 때 발견하는, 현재의 순간에서 느끼는 행복도 찾지 못한다.

행복과 마음챙김을 동시에?

마음챙김은 우리를 행복하게 만드는 다음 선물들을 가져온다. 행복은 이러한 선물을 풍요롭게 하고, 더 큰 행복을 느끼도록 한다. 마음챙김하면 불행으로 가는 길로 샐 염려가 없다. 마음챙김은 과거에 대한 후회나 미래에 대한 불안을 생각하는 일에 빠지지 않도록 막기 때문이다.

돈독한 관계

분명한 생각

긍정적인 관점

건강

창의력

행복한 수행
선물을 기대하면서 마음챙김 수행을 하면 좌절만 맛볼 뿐이다. 매 순간을 선물로 생각하는 관점을 가져야 마음챙김을 통해 행복을 얻을 수 있다.

"마음을 고요하게 가라앉혀라.
온 우주가 복종할 것이다."

노자(중국의 사상가, BC 694 ~ BC 531)

크게 보다
삶의 의미를 찾아서

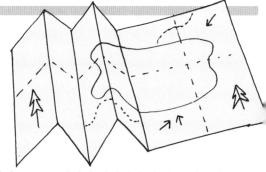

행복과 의미는 모두 그 개념이 모호하다. 많은 사람이 자신이 정말 삶에 충실한지, 최소한 그럴 가능성이라도 있는지, 가능성이 있다면 어떻게 행복과 의미를 찾을 수 있는지 혼란스러워하면서 골머리를 앓는 것도 당연하다. 언제나 그랬듯이, 마음챙김은 지도를 쥐어주고 나침반을 보는 방법을 알려준다.

더 나은 삶을 동경하고 있다면 '행복과 의미가 평생 못 이룰 목표라면 쫓을 이유가 없지 않은가?'라는 의문이 들지도 모른다. 좋은 집과 친구, 사랑스러운 자녀, 괜찮은 직장 등 많은 성취를 이뤘더라도 가끔은 마음의 공허함을 느낄 수 있다. 별 이유 없이 막연하게 인생이 불완전하다고 느낀다면, 마음챙김은 부족한 부분을 찾도록 돕는 길잡이가 될 것이다.

행복만으로 충분한가?

행복에 관해 생각할 때는 말의 함정에 빠지기 쉽다. 자신은 행복하다고 믿지만, 머릿속에서 불안하게 웅성거리는 소리가 들린다. 혹시 의미가 부족해서 그렇다고 결론지을지도 모른다. 세상 이치에 어떻게 적응해야 할지 알지 못하고, 언젠가 반드시 잃게 될 거라고 여기면서도 가진 것을 잃는다는 생각에 불안하기 때문이리라. 지금 가치 있게 여기는 것이 사라지면 무엇으로 빈자리를 메워야 할까? 이러한 생각은 사람들이 영적 목표를 추구하게 만든다. 종교 의식과 경전, 혹은 자유로운 형태의 영적 활동에서 삶의 목적을 찾는다는 뜻이다. 여기서 심오한 진리를 찾을 수는 있겠지만, 모든 사람이 목적을 이룬다고 확언할 수는 없다.

개념과 현실

우리는 작은 부분을 일반화해서 행복한 삶을 정의한다. 사랑하는 배우자가 있고, 돈을 많이 벌고 몸이 건강하므로 자신은 행복하다는 식이다. 이 과정에서 우리는 현실과 현재에서 한 걸음 멀어진다. 마음챙김은 어떤 판단도 내리지 않으면서 현재의 경험을 의식적으로 알아차린다는 뜻이다. 더 나아가, 행복의 개념에 지나치게 집착하지 않는 자세를 갖도록 권한다.

행복을 넘어서

삶이 불안하게 느껴진다면, 마음챙김 수행으로 불안을 받아들이고 익숙해질 수 있다. 불안을 깊이 들여다볼수록 행복은 희미해진다. 우리를 괴롭히는 질문, '더 높

완전한 사람, 될 수 있는 최선의 모습이 되고자 노력하고 있다면 누구나 동경할 만큼 의미 있는 삶을 살고 있다는 뜻이다.

은 목표가 없다는 게 문제인가, 생각보다 행복하지 않은 현실이 문제인가?' 역시 현재의 경험과 무관하다. 우리의 불안은 이런 말의 영역 너머에 있다. 사실, 말은 복잡한 상황에 지적 혼란을 일으켜 불안을 가중할 뿐이다. 마음챙김은 외부 상황에 기반을 두어야 하는 관념에 얽매이지 않고 오롯이 자신으로 존재하게 한다. 진정한 행복이 모습을 드러내는 공간을 만

든다고 할 수 있다.

마음챙김 명상을 하면 '인생의 의미란 무엇인가?'라는 질문은 다시 한 번 의식 너머로 사라지며, 현재에서 마음의 평온을 찾는 자신의 모습을 발견할 수 있다. 일정 시간 자아를 조용히 관조하는 마음챙김 수행을 하면 수용, 공감, 연민을 불러일으키기 시작한다. 인간의 고통은 누구에게나 잠재되어 있는 내면의 양식에 접

근하지 못하기 때문에 생긴다는 걸 이해하고, 그에 맞서려고 노력하는 이유가 도움이 되지 않는 관점에서 삶을 바라보기 때문임을 깨닫는다. 마음챙김의 시각으로 보면 모든 삶에는 나름의 의미가 있음을 받아들이게 되고, 소중한 사람을 포용하는 자세를 가질 수 있다. 우리는 특별한 존재가 되기 위해서가 아니라, 이미 그런 존재이기에 마음챙김을 수행한다.

황금 기둥

우리 존재에 진정한 의미를 부여하는 자질과 가치를 흔히 도덕적이며 만족스러운 삶을 살도록 지탱하는 순수하고 청렴한 황금 기둥에 비교하고는 한다. 하지만 많은 사람이 거짓된 의미를 중심으로 삶을 살아간다. 이는 잠깐은 현혹적일지 몰라도 결국 빛 좋은 개살구에 불과하다. 어떤 이들은 어느 정도 의미는 있지만 본질에는 미치지 못하는 가치를 좇는다. 마음챙김 명상은 깨어난 자아라는 신전에 황금 기둥을 세울 수 있도록 도와준다.

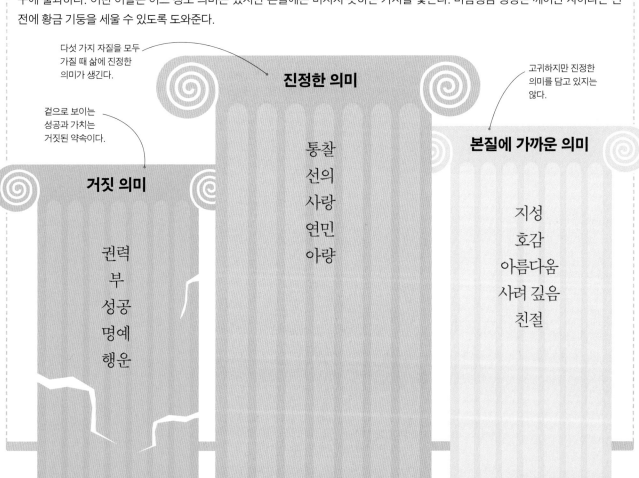

다섯 가지 자질을 모두 가질 때 삶에 진정한 의미가 생긴다.

겉으로 보이는 성공과 가치는 거짓된 약속이다.

진정한 의미

고귀하지만 진정한 의미를 담고 있지는 않다.

거짓 의미

권력
부
성공
명예
행운

통찰
선의
사랑
연민
아량

본질에 가까운 의미

지성
호감
아름다움
사려 깊음
친절

마음챙김 명상

물체에 집중하는 수행부터 몸과 호흡에 가까워지는 방법까지, 마음챙김의 핵심 명상 방법을 익히면 행복한 삶의 문이 열린다.

시작

명상 수행 입문

이번 장에서는 마음챙김 명상의 핵심 수행에 대해 알아본다. 수행 방법이 낯설거나 난해하지 않으며, 일상에 즉시 적용할 수 있을 만큼 쉽다는 사실을 알게 될 것이다. 마음챙김 여정은 바로 여기서 시작한다.

명상하면서 감각, 생각, 감정을 관찰하는 일은 아쿠아리움에 가서 유리 너머의 물고기를 바라보는 것과 비슷하다. 의자에 앉아 조용히 주시해보면, 유리 벽 너머에서는 오만가지 사건이 벌어지면서 혼란스럽지만, 아쿠아리움은 조용하다. 우리는 이제 그 어느 때보다 관찰자(73쪽 참고)가 된다. 마음챙김은 아무런 판단 없이

현재에 존재하는 일에 집중하기 때문에 내면의 비평가가 비집고 들어올 틈을 주지 않는다. 비평가가 몰래 들어왔다는 사실을 알아차리면, 그냥 무시하도록 한다. 관심을 주지 않으면 곧 사라지게 되어 있다. 정규 명상 수행은 하루에 한 번, 편한 시간에 명상하는 것으로 시작한다. 원하는 만큼 수행하면 되지만, 초심자는 5분

이나 10분이 적당하다.

일상 수행
명상에 관한 오해(오른쪽 상자)는 한 번쯤 들어보았을 것이다. 따로 의식을 치르거나 특별한 옷을 입거나 부적을 붙이거나 분위기 있는 음악을 틀거나 향을 피울 필요는 없다. 어느 시간에 얼마나 오랫동안

초심자를 위한 다섯 가지 조언

수행을 처음 시작할 때는 명상이 낯설고 막막하게 느껴질 수 있다. 다음의 다섯 가지 간단한 팁을 명심하면 아마 길을 개척하는 데 도움이 될 것이다. 명상 일기에 옮겨 적은 다음, 어떤 팁이 효과가 있었고 어떤 팁은 그렇지 않았는지 의견을 기록해두었다가 수행을 시작하기 전 읽어보는 시간을 가지자.

1
자신을 따뜻하게 대하라.
명상가들이 '자기 연민'이라고 부르는 너그럽고 자상한 자세를 가지도록 한다.

2
관찰하고 배울 준비를 해라.
명상에서 가져야 할 유일한 목적이다.

마음챙김 명상이 효과가 없어요. 계속 걱정하게 되는걸요.

자신에 대해 무언가 배운 게 있을 겁니다. 인내심을 가지고 계속 수행하세요.

극적인 효과는 없다
명상 수행을 시작한 지 몇 주 만에 눈에 띄는 효과를 본 사람도 있지만, 일반적인 상황은 아니다.

명상할지 계획하고 실행에 옮기기만 하면 된다. 명상을 매일 하는 것이 가장 좋지만, 여건이 되지 않는다면 최소한 이틀에 한 번은 수행하도록 한다. 호흡, 몸, 물체, 감각에 집중하는 다양한 핵심 수행을 선택해서 진행하면 되는데, 종류에 관해서는 다음 페이지에서 자세하게 다루도록 하겠다. 한 가지 명상을 2주 정도 수행하다가 다음 명상으로 넘어가는 과정을 거치면서 가장 잘 맞는 명상을 찾아보아도 좋다. 아니면 다양한 명상을 섞어서 프로그램을 짜도 된다(88~91쪽 참고). 선택은 여러분의 몫이며, 수행의 길에 옳고 그름은 없다.

명상에 관한 열 가지 오해

명상 수행을 잘못 이해하는 사람이 많다. 흔히 하는 오해는 다음과 같다.

1. 명상은 이완법이다.
2. 명상은 조용하고 아늑한 장소나 사찰에서 해야 한다.
3. 명상할 때는 완전히 몰입해야 한다.
4. 명상할 때는 마음을 완전히 비워야 한다.
5. 명상가는 높은 영적 경지에 있는 사람이다.
6. 명상가라면 바닥에 가부좌를 틀고 앉아야 한다.
7. 명상하려면 먼저 마음을 침착하게 가라앉혀야 한다.
8. 명상은 일종의 자기최면이다.
9. 명상가는 생각을 완전히 제어한다.
10. 명상은 효과가 제대로 나타나거나, 아예 나타나지 않거나 둘 중 하나다.

3

실수를 용서하라.
생각만큼 수행이 잘 안 되어도 기분 나빠하지 마라. 손해 본 것은 없다. 그냥 현재의 순간으로 자신을 다시 불러들이면 된다.

4

마음챙김 동료를 만들어라.
반드시 누군가와 명상 경험을 공유할 필요는 없지만, 동기부여도 되고 의지를 굳건하게 다지는 효과를 볼 수 있다.

5

자신에게 감사하라.
바쁜 와중에도 마음챙김하면서 명상할 시간을 내는 자신을 대견하게 여겨라.

마음대로 수정하기

수행 계획 작성

마음챙김 수행을 시작할 때, 자신이 정말 제대로 하는 것이 맞는지 불안할 수 있다. 여러분은 적당한 시간 동안 올바른 순서로 적절하게 명상하는지 걱정하지 않아도 된다. 마음챙김은 원칙이다. 원칙을 어기지 않는다면, 무한히 응용할 수 있다.

완벽한 마음챙김 수행으로 가는 길은 한 갈래가 아니다. 어떤 사람은 이번 장에서 다룰(오른쪽 상자 참고) 핵심 마음챙김 명상 한두 가지에 집중하고, 일부는 좋아하는 명상 몇 가지를 동시에 수행하며, 몇몇은 더 체계적인 프로그램을 따른다.

존 카밧진을 필두로 한 현대 마음챙김의 선구자들은 다양한 환자를 다루면서 얻은 경험을 바탕으로 8주 프로그램을 개발했다. '8주'라는 시간에 특별한 의미가 있는 것은 아니다. 단지 마음챙김 명상의 효과가 나타날 수 있을 만큼 충분히 긴 시간일 뿐이다. 8주 프로그램은 초심자에게 동기 부여가 될 만한 다채로운 경험을 제공하며 더 높은 단계의 수행에 필요한 기초를 닦는 역할을 한다.

발전을 위한 프로그램

90~91쪽에서 4주, 6주, 8주에 걸쳐 진행하는 세 개의 프로그램을 확인할 수 있다. 프로그램의 구성은 정석이라기보다

> 명상은 얼마나 오래 해야 하나요?

> 초심자라면 하루에 10~15분을 목표로 잡으세요. 처음에는 그 이상 집중하기가 쉽지 않습니다. 더 큰 효과를 보려면 20~30분 집중하는 것을 목표로 천천히 늘려가야 합니다.

내게 맞는 시간
아예 안 하는 것보다는 짧게 하더라도 매일 하는 것이 낫다. 아주 잠깐밖에 집중할 수 없더라도 자책하지 마라.

는 최대한 도움이 되는 방향으로 변형한 형태에 가깝다. 일단 프로그램 하나를 집중해서 파고들어 명상이 일상이 되는 수준에 이르면, 마음챙김을 어떻게 수행해야 할지 고민할 필요가 없다. 프로그램을 계속 따라가면 되기 때문이다. 바쁘거나 마음챙김을 쉬고 싶은 날에는 죄책감이나 불안을 느낄 것 없이 편하게 휴식하라. 수행하면서 마주치는 경험과 소요 시간을 고려해서 적절한 시간대에 명상하도록 한다.

명상 시간

명상 수행의 종류를 고르는 일과 마찬가지다. 원하는 주기로, 하고 싶은 시간만큼 수행하면 된다. 한 연구에서 8주 명상 프로그램에 참여해서 끝날 때까지 함께한 사람의 하루 평균 명상 시간을 조사한 결과, 23분이라는 수치가 나왔다. 참가자의 뇌를 조사해보니, 행복에 관련된 부위에서 훨씬 높은 수준의 활성화가 나타났으며 스트레스와 관련된 뇌 부위에서는 낮은 활성화가 나타났다. 이 결과는 하루에 20~25분 정도 명상하면 의미 있는 변화를 불러올 수 있다는 사실을 강하게 시사한다. 하지만 많은 사람이 마음챙김 명상을 매일 10분씩만 하더라도 스트레스 수준이 떨어지고 행복해진다는, 경험에 근거를 둔 주장을 펼치고 있다.

첫 프로그램을 마치고 나면 직접 계획을 짤 수 있을 만큼 마음챙김 수행을 잘 이해하게 될 것이다. 어쩌면 다른 명상을 중간에 끼워 넣으면서 프로그램 전체를 다시 한 번 반복해보고 싶다는 생각이 들지도 모른다. 아직 혼자 계획을 세울 수 없다고 생각하겠지만 지금까지 진행한 마음챙김 수행에서 효과를 보고 있다고 느낀다면, 기존의 계획에서 바꾸면 좋겠다고 느꼈던 부분을 수정하면서 계속 수행에 정진하도록 한다.

정규 수행

이 책에서는 다음의 마음챙김 명상에 대한 단계별 설명을 찾아볼 수 있다.

호흡 수행: 96~99쪽
몸-호흡 수행: 106~109쪽
물체 수행: 114~119쪽
바디 스캔: 120~125쪽
걷기 명상: 132~135쪽
자애 수행: 139~141쪽
산 수행: 144~147쪽

환경의 제약을 덜 받는 명상은 다음을 참고하라.

낙엽 쓸기: 22~23쪽
집안일: 76~77쪽

호흡 수행, 몸-호흡 수행은 기본기이므로 높은 단계로 나아가기 전에 먼저 익숙해지는 편이 좋다. 시간이 지나면 다른 수행에 흥미를 느낄 가능성이 크다. 예를 들어, 동정심이 많은 사람이라면 자애 명상에 끌릴 수 있다. 자연과 야외활동을 좋아한다면 산 명상을 가장 편하게 느낄 것이다.

바디 스캔처럼 수준 높은 수행에서는 불편한 감정을 마주할 수도 있다. 이런 상황이 벌어지면 너무 자신을 몰아붙이지 말고 뒤로 물러서는 시간을 가지고, 호흡 수행이나 몸-호흡 수행처럼 단순한 수행으로 돌아가자. 준비되었다는 생각이 들면 다시 높은 수준의 명상에 도전한다.

마음챙김 명상
세 가지 주 단위 프로그램

명상 프로그램을 따라가면 마음챙김 수행에 체계가 잡힌다. 프로그램은 달력과도 같다. 틀을 강제하는 게 아니라, 편리하게 이용할 수 있는 도구라는 말이다. 마음챙김 여정에 지침이 필요하다면 아래의 세 프로그램을 참고하자.

체계적인 과정을 원하는 사람을 위해 특별 고안한 8주 프로그램 하나와 조금 짧은 프로그램 두 개를 소개하겠다. 필요나 취향에 따라 프로그램을 단축하거나 연장해도 무방하다. 프로그램 중 하나라도 끝까지 해내고 나면, 앞으로 계속 일상에서 마음챙김 수행을 할 수 있다는 자신감을 가지게 될 것이다.

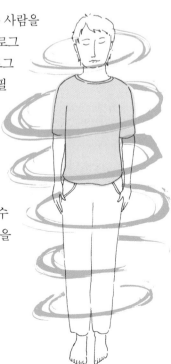

1   초심자를 위한 호흡, 몸 수행

4주
하루 10분으로 시작하여 하루 30분을 목표로

1주   **호흡 명상** 하루 10분. 식사 두 번, 집안일 2회, 30분 산책 2회에 마음챙김 적용하기.

2주   **호흡 명상** 하루 20분. **걷기 명상** 시도하기, 식사 두 번, 집안일 2회, 30분 산책 2회에 마음챙김 적용하기.

3주   **몸-호흡 수행** 격일로 20분. **걷기 명상**이나 **호흡 수행**과 번갈아가면서 실시. **물체 수행**, 마음챙김 대화 시도하기. 원한다면 마음챙김 식사, 집안일, 걷기 계속해도 좋음.

4주   **몸-호흡 수행** 하루 30분. 언제든지 **걷기 명상, 호흡, 물체, 산 수행** 중 하나로 대체하거나 추가로 진행해도 좋음. 활동과 대화에서 비정규 수행 계속하기.

2 초심자를 위한 호흡, 몸, 통찰 수행

6주

하루 10분으로 시작하여 하루 30분을 목표로

1주　**호흡 명상** 하루 10분. 하루에 최소 식사 두 번, 집안일 2회, 30분 산책 2회에 마음챙김 적용하기.

2주　**호흡 명상** 하루 20분. **걷기 명상** 시도하기, 하루에 최소 식사 두 번, 집안일 2회, 30분 산책 2회에 마음챙김 적용하기.

3주　**몸-호흡 수행** 격일로 20분. **걷기 명상**이나 **호흡 수행**과 번갈아가면서 실시. **물체 수행**, 마음챙김 대화 시도하기. 원한다면 마음챙김 식사, 집안일, 산책 계속해도 좋음.

4주　**바디 스캔** 하루 30분. 언제든지 **걷기 명상, 호흡, 물체, 산 수행** 중 하나로 대체하거나 추가로 진행해도 좋음. 활동과 대화에서 비정규 수행 계속하기.

5주　**바디 스캔** 하루 30분. 언제든지 **걷기 명상, 호흡, 물체, 산 수행** 중 하나로 대체하거나 추가로 진행해도 좋음. 활동과 대화에서 비정규 수행 계속하기.

6주　**바디 스캔** 하루 30분. 언제든지 **걷기 명상, 호흡, 물체, 산 수행** 중 하나로 대체하거나 추가로 진행해도 좋음.

바디 스캔 대신 **자애 수행** 시도하기. 활동과 대화에서 비정규 수행 계속하기.

3 완전한 호흡, 몸, 통찰 수행

8주

하루 10~30분으로 시작하여 최대 40분을 목표로

1주　**호흡 명상** 하루 10분. 하루에 최소 식사 두 번, 집안일 2회, 30분 산책 2회에 마음챙김 적용하기.

2주　**몸-호흡 수행** 격일로 20분. **걷기 명상**이나 **호흡 수행**과 번갈아가면서 실시. 최소 하루 식사 두 번, 집안일 2회, 30분 산책 2회에 마음챙김 적용.

3주　**몸-호흡 수행** 격일로 20분. **걷기 명상**이나 **호흡 수행**과 번갈아가면서 실시. 마음챙김 식사, 집안일, 산책 계속하기. **물체 수행**, 마음챙김 대화 시도.

4주　**몸-호흡 수행** 격일로 20분. **걷기 명상**이나 **호흡 수행**과 번갈아가면서 실시. **물체 수행** 시도하기. 최소 하루 식사 두 번, 집안일 2회, 30분 산책 2회에 마음챙김 적용.

5주　**바디 스캔** 하루 30분. 언제든지 **걷기 명상, 호흡, 물체, 산 수행** 중 하나로 대체하거나 추가로 진행해도 좋음. 비정규 수행 계속하기.

6주　**바디 스캔** 하루 30~40분. 언제든지 **걷기 명상, 호흡, 물체, 산 수행**으로 대체 가능. 비정규 수행 계속하기.

7주　**바디 스캔** 하루 30~40분. 한다면 하루나 이틀은 **걷기 명상, 호흡, 물체, 산 수행**으로 대체 가능. 대신 최소 바디 스캔 3회, **자애 수행** 2회 실시. 활동과 대화에서 비정규 수행 계속하기

8주　**바디 스캔** 격일로 30~40분. **자애 수행**과 번갈아가면서 실시. 원한다면 하루나 이틀은 **걷기 명상, 호흡, 물체, 산 수행**으로 대체 가능. 대신 최소 바디 스캔 3회, **자애 수행** 2회 실시.

조심스럽게 시작

명상의 기본

마음챙김 명상은 쉽고 간단하다. 조용한 방에 앉아서 단순한 지침에 따르면 된다. 명상에서 마주하는 모든 경험은 나중에 반성하는 시간을 가지는 동안 소중한 자원으로 바꿀 수 있을 것이다.

명상을 처음 시작하는 사람이 흔히 저지르는 실수는 확실한 목표를 정하는 것이다. 물론 삶에서 목표를 설정하고 진전 상황을 평가하는 행동은 바람직한 습관이다. 진로를 개척하거나 어떤 목표를 이루는 과정에서 추진력으로 작용하기 때문이다. 그러나 명상은 다르다. 목표를 생각하는 일, 다시 말해 명상의 목적지를 떠올리는 건 명상으로 얻는 경험에 안 좋은 영향을 미친다. 마음챙김은 목적 지향적인 활동이 아니며, 진정한 알아차림의 상태에 도달하려면 고정된 목표가 아닌 완전히 열린 태도가 필요하다. 마음챙김 명상은 판단하지 않고 의도적으로 순간

주의와 경험

마음챙김 상태에 들어가면 대부분 사람이 예전에 느껴보지 못한 자유를 경험한다. 마음챙김 명상을 수행할 때 여러분은 다음을 경험한다.

- 주의를 집중한다.
- 집중력을 잃지 않는다.
- 열린 태도를 가진다.
- 경험을 수용한다.
- 경험을 내려놓는다.

에 머무르는 알아차림의 수행이다.

앞으로 시작할 훈련은 본질만 보자면 상당히 쉬운 편이다. 사실 '훈련'이라는 표현에는 노력을 기울이고 기술을 익힌다는 의미가 있기 때문에 적확하다고 볼 수

생각에 자리 내주기

첫 번째 마음챙김 명상에서는 호흡에 초점을 맞춘다. 호흡이 몸에 들어가고 나오는 감각에 주의를 기울이는 과정에서 깊은 몰입 상태로 들어간다. 마음속에 떠오르는 단상을 떨쳐버리고 싶을 때마다, 천천히 호흡에 주의를 기울이면 쉽게 집중을 되찾을 수 있다. 호흡을 의식하는 동시에 호흡할 때마다 마음속으로 숫자를 세면 잡념이 나타날 여지를 줄일 수 있지만, 마음챙김 명상에서는 호흡을 세지 않는다. 마음에 생각이 나타날 자리를 남겨놓는 것이 도움이 되기 때문이다. 우리는 생각을 관찰하면서 내려놓을 수 있다.

목표를 생각하는 일, 다시 말해 명상의
목적지를 떠올리는 일은 명상으로
얻는 경험에 안 좋은 영향을 미친다.

없다. 우리가 해야 할 유일한 수고는 일단 시작하고, 언젠가 멈추는 날이 올 때까지 계속하겠다는 결단을 내리는 일이다. 명상에 잠겨 있는 동안에는 가벼운 마음으로 선택한 대상에 집중한다. 배워야 하는 기술 따위는 없다. 어쩌면 마음챙김을 잘못 수행하고 있을지도 모른다는 생각을 떠올린다면, 자신에 대해 판단하고 있다고 할 수 있다. 마음챙김의 핵심은 모든 판단을 내려놓는 데 있다. 마음이 집중하지 못하고 계속 방황하는 상황에 대한 걱정 역시 일종의 판단이다. 마음은 언제나 기억, 감각, 감정, 가정, 추측 등 오만가지 요소로 인해 흔들리면서 초점을 잃어버리므로 명상할 때 이러한 상황이 벌어진다고 해도 전혀 놀랄 일이 아니다. 모두 중요한 진리를 깨닫는 과정이며, 마음이 산만해졌다는 사실을 깨닫고 다시 집중하는 것 역시 수행이다.

마음챙김에서는 명상하는 동안 주의를 흐트러뜨리는 생각, 감정, 감각이 나타나면 알아차린 다음 그대로 내려놓으라고 가르친다. 알아차림은 명상의 핵심이며, 자기 이해로 가는 문을 열어준다. 내려놓는다는 말은 마음속에서 갑작스럽게 떠오르는 모든 것에 휩쓸리거나 응하지 않는다는 뜻이다. 여러분은 비평가가 아니라 관찰자다. 관찰자는 관찰만 하면 된다.

생각 쓸기

생각을 내려놓는다는 개념이 난해하다면 비유로 이해해보자. 눈이 오는 날 정원에 서 있다고 생각하라. 바닥에 눈이 쌓이면 부드럽게 빗자루로 쓸어낸다. 눈이 멈추기 전까지는 계속 정원을 쓸어야 한다. 여러분은 눈과 싸우는 것이 아니라 정원을 청소하고 있을 뿐이다. 눈을 마음대로 제어하거나 눈의 존재를 부정하지 않는다. 오히려 인정하고 있다. 눈이 쌓이지 않도록 계속 쓰는 내내 초연한 자세로 눈의 존재에서 편안함을 느낀다.

호흡에 집중하라.
마음속에 스쳐 가는 단상을 알아차리고,
내려놓아라.

몸의 준비
앉아서 알아차림하기

앉아서 명상을 하면 몸은 편안하면서도 마음이 깨어 있는 상태를 유지할 수 있다. 거의 모든 초심자는 바닥보다는 의자에 앉아서 수행하는 쪽을 선호한다. 수행은 운동과 다르다는 사실을 기억하자. 발이나 다리로 하는 것이 아니라, 마음으로 하는 것이 중요하다.

마음은 과거와 미래를 끊임없이 오가지만, 몸은 언제나 현재에 머무른다. 따라서 마음챙김 수행을 시작하는 가장 안정적인 방법이 몸의 감각에 집중하는 일이라는 사실은 크게 놀랍지도 않다. 몸은 현재의 순간으로 우리를 계속 잡아끌고 있다. 몸의 초대에 응하는 일은 첫 번째 마음챙김 명상의 기초이자 나중에 배울 모든 명상에서 언제든 돌아갈 수 있는 베이스 캠프와 같은 역할을 한다. 대부분의 사람들은 앉은 자세로 마음챙김 수행을 시작하는데, 익숙하고 편하며, 어디서든 할 수 있을 뿐 아니라 긴장을 풀면서도 맑은 정신을 유지하는 데 도움이 되기 때문이다.

준비
먼저 편한 옷으로 갈아입거나 불편한 벨트나 소매 단추를 풀고 방해받을 일 없는 조용한 장소를 찾는다. 곧은 등받이가 있는 의자(98쪽 참고)에 앉거나 바닥에 방석을 깔고 가부좌를 튼다. 다음 지침을 따라 편안하고 오래 유지할 수 있는 자세를 찾아보자. 그리고 자신을 산이라고 생각

하라. 차분하고 안정적이며 묵직하고 위엄 있다. 명상 수행을 시작하기 전, 앞으로 마주칠 감각의 유형을 미리 경험하는 시간을 가져보자. 몸의 모든 부위에 차례대로 주의를 기울인다. 다음의 느낌을 알아차릴 수 있는가?

- **앉은 자세**_ 발과 다리에 전해지는 바닥과 의자의 압박
- **일부 근육의 긴장**_ 호흡할 때마다 달라지는 긴장
- **가슴, 갈비뼈, 배의 움직임**_ 몸에 드나드는 공기의 소리와 감각
- **감정과 기분의 영향**_ 불쾌하거나 나른한 기분
- **몸의 욕구**_ 피로, 허기, 갈증

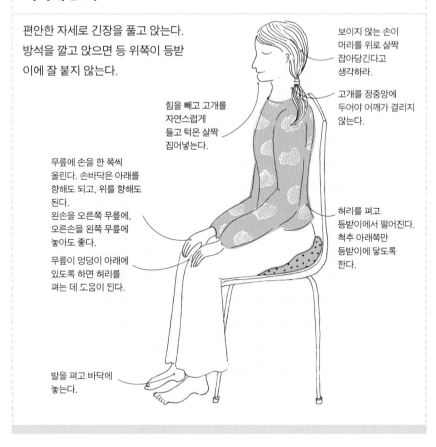

의자에 앉기

편안한 자세로 긴장을 풀고 앉는다. 방석을 깔고 앉으면 등 위쪽이 등받이에 잘 붙지 않는다.

보이지 않는 손이 머리를 위로 살짝 잡아당긴다고 생각하라.

고개를 정중앙에 두어야 어깨가 결리지 않는다.

힘을 빼고 고개를 자연스럽게 들고 턱은 살짝 집어넣는다.

무릎에 손을 한 쪽씩 올린다. 손바닥은 아래를 향해도 되고, 위를 향해도 된다. 왼손은 오른쪽 무릎에, 오른손은 왼쪽 무릎에 놓아도 좋다.

무릎이 엉덩이 아래에 있도록 하면 허리를 펴는 데 도움이 된다.

허리를 펴고 등받이에서 떨어진다. 척추 아래쪽만 등받이에 닿도록 한다.

발을 펴고 바닥에 놓는다.

바닥에 앉기

요가를 한 경험이 있거나 몸이 유연해서 의자보다 바닥에 앉아서
하는 것이 더 좋다면 방석을 깔고 앉도록 한다. 아래는 흔히 하는
세 가지 명상 자세다.

연꽃

연꽃 자세에서는 양발을 반대쪽
허벅지에 올리고 가부좌를 튼다.
유연성이 좋아야 하므로 무리하
지 말고 무릎이나 관절에 불편한
느낌이 들면 즉시 중단한다.

반연꽃

연꽃을 간단하게 바꾼 자
세다. 한쪽 발만 반대쪽 허
벅지에 올리면 된다.

발바닥이 위를
향하게 두고
바라보는 방향이
대칭을 이루도록
한다.

연꽃 자세와 마찬가지로 골반을
열어야 한다. 유연성이 부족하다면
연꽃 자세보다 쉽겠지만 그래도
초심자에게는 까다롭다.

버미즈(Burmese) 자세

다리를 교차하고 발을 바닥에 붙
인다. 가능하면 무릎이 바닥에
닿도록 한다.

손을 어딘가에
올려놓도록 한다.
그렇지 않으면
어깨가 팔의 무게를
지탱해야 하므로
긴장이 쌓이게 된다.

엉덩이 올리기
맨바닥보다는 방석에 앉아야 엉덩이가
올라가고 무릎이 바닥에 가까워진다.
안정감과 지지됨을 느낄 수 있을 것이다.

왼발 뒤꿈치는
오른쪽 다리에
걸친다.

명상이 끝나고 다음
명상으로 넘어갈
때마다 다리 위치를
반대로 바꾼다.

몸은 언제나 우리를
현재로 초대하고 있다.
이제 초대에 응할 때다.

편하게 호흡하기

차근차근 시작하는 마음챙김 호흡 수행

우리는 항상 숨을 쉬지만, 호흡을 의식하는 일은 거의 없다. 이번 명상에서는 모든 방해요소를 알아차리고 내려놓으면서 호흡에 주의를 기울여본다. 마음이 방황하는 것은 자연스러운 일이므로, 여유를 가지고 주의가 흐트러졌다는 사실을 인정하도록 한다.

산을 오르거나 감정이 격해질 때처럼 평소와 다르게 호흡하는 상황에서는 숨을 쉬는 행위를 의식할지도 모른다. 하지만 평상시 마음은 호흡을 의식하는 대신 다른 무언가에 몰두하고 있다. 끊임없이 이어지는 호흡은 마음챙김 명상에서 주의를 기울이기 아주 좋은 대상이다. 호흡을 이용하면 언제든지 현재에 머무를 수 있다.

긴장을 풀고, 그냥 부딪혀라

얼마나 길게 명상해야 하는지에 대한 고민은 넣어두도록 한다. 평소 행위양식에 익숙하므로 명상을 처음 시도할 때는 완전히 다른 상태인 존재양식으로 보내는 5분이 아주 긴 시간처럼 느껴진다. 명상의 효과가 정말 나타날지, 앞으로도 계속 수행을 이어갈 수 있을지, 자신과는 맞지 않는 일이 아닌지 등의 고민으로 집중에 어려움을 겪을지도 모른다. 마음이 방황하는 것은 아주 자연스러운 현상이며, 이제 막 시작한 사람이 호흡에 계속해서 집중한다는 건 극히 드문 일이다. 실망하지 말고 계속하라. 존 카밧진이 입문자에게 남긴 충고를 기억하자. 명상을 즐길 필요는 없다. 그냥 헌신하라. 때가 되면 효과를 볼 수 있을 것이다.

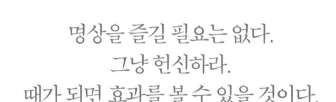

명상을 즐길 필요는 없다.
그냥 헌신하라.
때가 되면 효과를 볼 수 있을 것이다.

호흡에서 느껴지는 것

우리는 온종일 숨을 쉰다. 잠잘 때도 의식만 할 수 없을 뿐, 호흡은 멈추지 않는다. 마음챙김 명상에서 호흡에 초점을 맞출 때는 단순히 숨을 '쉬는' 일이 아니라, 오가는 호흡을 '알아차리는' 일에 집중해야 한다. 둘은 상당한 차이가 있다. 알아차리는 행위는 의식의 영역에서 나타나는 모든 것에 거리를 두면서 그대로 받아들이는 마음챙김 명상 수행의 기본이기 때문이다. 호흡에 집중하면 공기의 흐름, 근육의 움직임, 압박감, 콧속의 간지러운 느낌과 (아래 참고) 같은 다양한 감각을 경험할 수 있다. 집중하고 싶은 감각을 하나 골라서 이번 명상이 끝날 때까지 주의를 기울여보자.

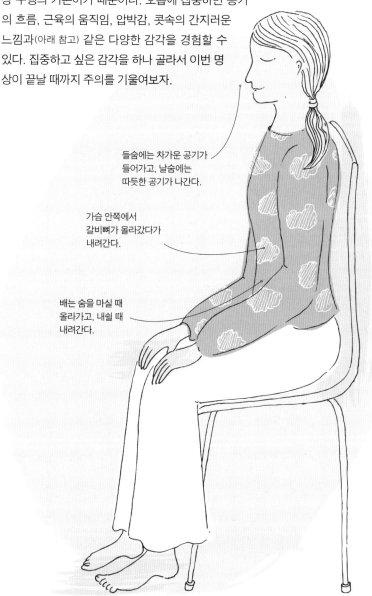

들숨에는 차가운 공기가 들어가고, 날숨에는 따뜻한 공기가 나간다.

가슴 안쪽에서 갈비뼈가 올라갔다가 내려간다.

배는 숨을 마실 때 올라가고, 내쉴 때 내려간다.

방해요소와 불편한 느낌 다루기

마음이 방황하더라도 걱정하지 마라. 자신을 비판할 필요는 없다. 천천히 주의를 다시 호흡으로 돌리기만 하면 된다. 마음이 방황하고 있다는 사실을 알아차리고 대처하는 행동 자체가 마음챙김이다. 마음을 호흡으로 다시 돌려놓으면 높은 성취감을 느낄 수 있다.

마음챙김 명상에서 주의를 흐트러뜨리는 요소는 생각과 감정만이 아니다. 무릎과 등에서 고통이나 긴장이 나타나면 자세가 불편해진다. 이런 상황에서는 다음 두 가지 선택지 가운데 하나를 고를 수 있다.

불편한 느낌이 크지 않다면

그대로 앉아 있어라. 대신 감각이 어디서 나타나는지, 얼마나 강하게 느껴지는지 알아차려 본다. 습관적으로 좋은 감각과 나쁜 감각, 혹은 좋지도 싫지도 않은 감각으로 꼬리표를 붙이지 않도록 주의한다. 감각을 '초심자의 마음'으로 관찰하는 연습을 해보라. 친절하게, 호기심을 가지고 수용한다. 명상하는 동안 감각이 계속 변할 수도 있다.

불편한 느낌이 크다면

마음챙김하면서 자세를 고친다. 감각에 반응하면서 빠르게 움직이려 하지 마라. 대신, 판단하지 않는 태도를 유지하고 마음챙김 명상의 흐름이 깨지지 않도록 천천히 움직여라.

계속 ▶

5분 마음챙김 호흡 명상

초심자에게는 좋은 출발점이, 마음챙김 명상 프로그램의 첫 1주 동안에는 주춧돌이 되는 마음챙김 수행의 기본 명상이다.

1

안락의자 대신, 등받이가 고정되어 있는 의자를 선택한다. 높이를 조절할 수 있다면 더욱 좋다. 발바닥이 바닥에 닿도록 높이를 맞추고 몸을 앞으로 약간 기울여서 척추 아래쪽 일부만 등받이에 살짝 닿게 한다.

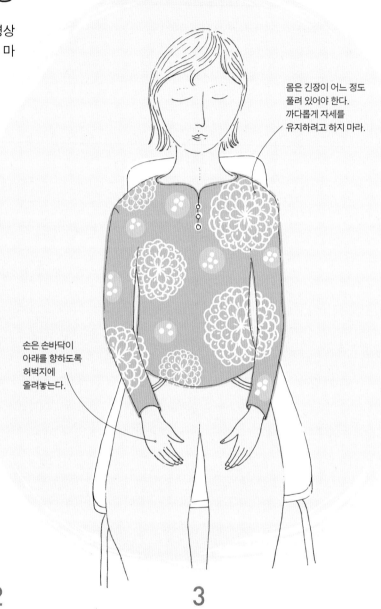

몸은 긴장이 어느 정도 풀려 있어야 한다. 까다롭게 자세를 유지하려고 하지 마라.

손은 손바닥이 아래를 향하도록 허벅지에 올려놓는다.

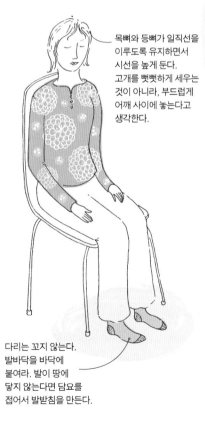

목뼈와 등뼈가 일직선을 이루도록 유지하면서 시선을 높게 둔다. 고개를 뻣뻣하게 세우는 것이 아니라, 부드럽게 어깨 사이에 놓는다고 생각한다.

다리는 꼬지 않는다. 발바닥을 바닥에 붙여라. 발이 땅에 닿지 않는다면 담요를 접어서 발받침을 만든다.

2

눈은 감아도 좋고, 시선을 아래로 두고 바닥이나 발에서 약 1미터 위의 허공을 초점 없이 응시해도 상관없다. 손은 허벅지 위에 편하게 올려놓는다.

3

몸을 이완하고 마음을 가라앉힌다. 계속 정신을 맑게 유지하면서 무엇이 느껴지는지 알아차리도록 한다. 처음 몇 차례 시도했을 때 몸의 긴장이 풀리지 않고 지침을 따라할수록 명상이 어려워진다고 느끼면, 4단계로 넘어가라.

4

이제 호흡에 주의를 기울인다. 들숨과 날숨이 가장 분명하게 느껴지는 곳에 집중한다. 올라가고 내려가는 하복부의 움직임을 관찰해도 되고, 코로 들어가고 나가는 공기의 감각에 몰입해도 좋다.

원한다면 배에 손을 올려도 좋다. 숨을 들이쉬고 내쉴 때 몸의 움직임을 쉽게 느낄 수 있다.

수행에 관하여

효과 마음챙김의 핵심 수행이다. 언제든지 현재의 순간으로 돌아가는 수단이자, 마음챙김 명상에 입문하는 사람에게 좋은 수행이다.

주기 정규 수행 첫 주에 매일 실시한다. 첫 주가 지나면 발전된 형태인 몸-호흡 명상으로 넘어간다(106~109쪽 참고).

시간 5분 명상으로 시작해서 준비되었다고 생각하면 10분으로 늘린다.

"호흡하면서 호흡하고 있다는
사실을 자각하라.
그것이 바로 호흡의 마음챙김이다."
소렌 고드해머(마음챙김 콘퍼런스 '위즈덤 2.0'의 창립자)

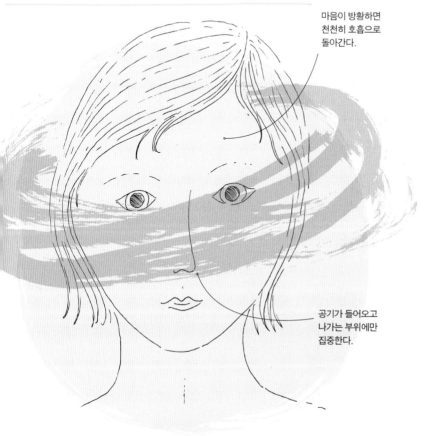

마음이 방황하면 천천히 호흡으로 돌아간다.

공기가 들어오고 나가는 부위에만 집중한다.

5

호흡을 본능에 맡겨라. 일부러 깊게 숨을 쉬려고 하지 마라. 당신은 평소 당연하게 생각했던 일, 태어났을 때부터 지금까지 인생의 일부였던 자연의 과정에 정신을 집중하고 있다.

6

마음챙김 호흡을 5분 정도 진행한 뒤, 눈을 뜨고 주변을 살펴본다. 수행 시간을 맞추기 위해 타이머를 설정하는 사람도 있지만, 알람이 언제 울릴지 의식하게 된다는 이유로 타이머를 쓰지 않는 사람도 있다. 선택은 본인의 몫이다.

내면의 구름

생각 내려놓기

우리는 하늘에 떠가는 구름처럼 마음속에서 돌아다니는 생각을 볼 수 있다. 마음챙김 명상을 하는 동안에는 이러한 생각의 존재를 알아차리고 나타나는 경험을 있는 그대로 받아들이지만, 정신적인 에너지를 쏟아서 힘을 실어주지는 않는다.

마음챙김 명상은 의도적으로 한 가지 대상에 주의를 기울이는 행위를 수반하며, 그중에는 마음속을 스쳐가는 생각을 관찰하는 일도 포함되어 있다. 생각은 종종 우리를 강하게 끌어당기면서 이들의 이야기에 주의를 기울이게 만든다. 명상하다 보면 문득 언젠가부터 집중하려는 대상에서 초점이 벗어나 있었다는 사실을 알아차리는 경험을 하게 될 것이다. 돌아보면 자신도 모르는 사이 생각에 휩쓸려버린 것이다. 생각에 빠져 있었다는 사실을 자각하는 순간에는 이미 생각에서 벗어나 있다. 순간적으로 생각과 거리를 벌리거나, 자신도 모르는 사이에 생각의 영역에서 걸어 나오기 때문이다. 생각에 빠져 있다가 깨어나는 경험을 했다면 자축해도 좋다. '깨어나는' 순간은 명상에 열중하는 동안 끊임없이 문을 두드리는 생각이라는 방문객을 있는 그대로 바라보는 기회를 제공한다. 물론 생각의 유혹에 넘어간 것은 자의가 아니었겠지만, 생각에서 벗어나는 행동을 했다는 사실은 대단하다고 할 수 있다.

밝은 구름과 어두운 구름

어떤 생각은 희미하고 성긴 구름처럼 마음속을 가볍게 스쳐 지나간다. 10분 전에 누군가와 나눈 일상적인 대화에 대한 생각이 여기에 속한다. 하지만 다른 생각은 감정과 뒤얽혀 있다. 이런 생각은 삶의 심각한 문제와 관련이 있으며 오만 가

생각과 자신을 동일시하지 마라

대부분의 생각, 특히 다루기 어려운 생각은 독특한 특징이 있다. 마치 생각이 곧 자신이라는 기분이 들게 만든다는 것이다. 아래처럼 부정적인 생각과 자신을 동일시하는 행동은 자존감을 심하게 훼손한다. 마음속을 스쳐 지나가는 자기 선언과도 같은 생각에서 자신을 분리하고 판단 없이 관찰하면, 사실이 아니라 있는 그대로의 생각으로 바라볼 수 있다. 마음챙김 명상 프로그램에서 이러한 과정을 반복하면 생각이 가진 현혹시키는 힘은 점점 약해진다. 사람은 그 사람이 가진 생각이 아니다. 그냥 그 사람일 뿐이다.

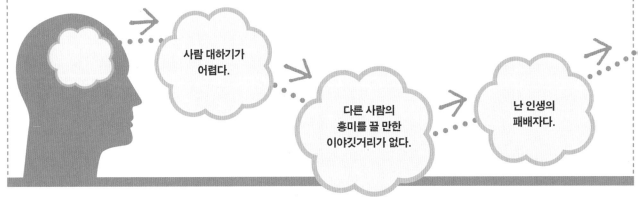

사람 대하기가 어렵다.

다른 사람의 흥미를 끌 만한 이야깃거리가 없다.

난 인생의 패배자다.

생각의 굴레에서 탈출하기

명상하는 동안 떠오른 생각이 끝없이 꼬리를 물고 이어지면 마음이 계속 방황할지도 모른다. 생각의 굴레(아래 참고)가 나타나더라도 굳이 따라갈 필요는 없다. 그냥 다시 호흡에 주의를 기울이면서 생각에서 빠져나온 다음에 거리를 두고, 생각을 있는 그대로의 생각으로 관찰할 수 있기 때문이다.

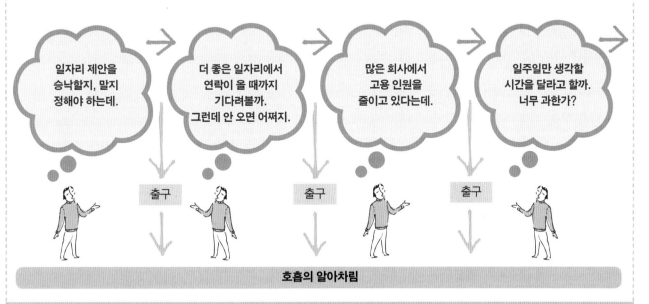

일자리 제안을 승낙할지, 말지 정해야 하는데.

더 좋은 일자리에서 연락이 올 때까지 기다려볼까. 그런데 안 오면 어쩌지.

많은 회사에서 고용 인원을 줄이고 있다는데.

일주일만 생각할 시간을 달라고 할까. 너무 과한가?

출구 출구 출구

호흡의 알아차림

지 불안과 공포를 일으킨다. 감정 섞인 생각은 잘 떠내려가지 않는 묵직한 구름이라고 할 수 있다. 하지만 명상에서는 두 종류의 구름에 똑같은 방식으로 접근한다. 들려주는 이야기에 휩쓸리지 않으면서 생각을 관찰한 다음, 다시 집중하고자 하는 대상으로 천천히 돌아가면 된다.

생각을 알아차리고
'깨어나는' 순간이
곧 마음챙김의 순간이다.

코끼리 없애기

● 코끼리를 생각하라.

● 이제 코끼리를 생각하지 마라.

● 당연히 코끼리에 대한 생각은 사라지지 않는다.

● 생각에 반응하면 생각을 없앨 수 없다.

● 코끼리를 없애려면, 발가락을 움직이면서 어떤 감각이 느껴지는지 관찰하라.

● 발가락 생각을 하는 동안 무관심에 토라진 코끼리는 조용히 사라진다.

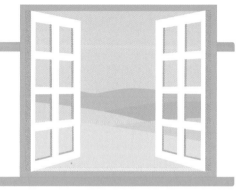

내면의 바람

감정 내려놓기

생각이 구름이라면 감정은 바람이다. '생각'이라는 구름은 '감정'이라는 바람이 부는 대로 흘러간다. 마음챙김 명상에서는 감정과 느낌을 경험의 일부로 받아들이면서 거리를 벌린다.

감정은 특정 상황에서 의사와는 상관없이 나타나는 반응이다. 전부터 관계가 흔들리고 있던 배우자가 다른 사람과 농담을 나누며 웃는 모습을 보면 격렬한 질투심을 느낄 것이고, 이웃집 정원에서 일요일 아침 7시부터 공사를 한다면 쿵쾅대는 소음과 톱질 소리에 짜증이 치솟을 것이다. 감정은 종종 크게 왜곡되면서 유발 원인과 거의 상관이 없어지기도 한다. 머리로는 배우자에게 느끼는 질투가 근거 없고, 두 사람이 아무 관계도 아니라는 사실을 알고 있다. 또한 감정은 끈질기게 남아 있다는 특징이 있어서, 가끔은 자극이 사라진 지 한참 뒤에 나타나기도 한다. 다음날 문득 이웃이 일요일에 저지른 만행이 떠오르면서 분노할 수도 있는 것이다.

원래 집중하던 대상으로 돌아가기

감정을 밀어내거나 감정에서 달아나려고 할 수도 있다. 잠깐의 안도감을 느낄 수는 있겠지만, 길게 봤을 때 도움이 되는 접근법은 아니다. 술, 약, 음식과 같은 것에 의존해서 감정을 가라앉히기도 하지만 이는 미봉책일 뿐이고 몸에도 해롭

감정 수용

우리는 회피하면서 감정을 외면하는 대신, 명상으로 지금의 경험을 있는 그대로 바라보는 방법을 배울 수 있다. 그러면 지금 겪고 있는 고통을 연민으로 바라보면서 주의를 기울이거나 통찰한 사실을 바탕으로 현명한 결정을 내리는 힘이 생긴다. 여기서 필요한 것은 감정의 수용이다. 감정을 밀어내는 게 아니라, 나타나는 느낌을 알아차려야 한다는 뜻이다. 감정을 느끼는 자신을 책망하는 자세와는 정반대다. 그보다는, 자기 연민의 태도로 느낌을 억누르지 않으면서 열린 태도로 받아들이는 일에 가깝다.

어떻게 해야 감정보다
강해질 수 있나요?

감정을 이길 수는 없습니다.
감정을 열린 태도로 바라보세요.
그러면 감정과 거리를 두면서 있는
그대로 바라볼 수 있는 정신의
공간이 생깁니다.

감정적 반응
반응하지 않고 연민의 자세로 알아차리는 태도는
격렬한 감정을 다루는 데 도움이 된다.

감정을 회피하고 억누르고
벗어나려는 행동은 고통을
키우고 삶을 온전하게 살지
못하도록 방해할 뿐이다.

다. 회피는 고통을 키우고 삶을 온전하게
살지 못하게 방해한다. 마음챙김은 회피
대신 수용(왼쪽 상자 참고)을 선택한다. 감
정을 자세히 들여다보고 인정하면서 판
단 없이 받아들인다는 뜻이다. 호흡에 집
중하는 마음챙김 명상에서는 생각을 다
룰 때 사용한 방법(100~101쪽)으로 감정
에서 벗어나 알아차린 다음, 호흡으로 다
시 주의를 돌리면서 현재에 머무른다.

감정에서 배우기
감정에 초점을 맞추고 집중하는 마음챙
김 명상(138~141쪽)을 진행해도 좋다. 감
정을 어느 정도 받아들이는 경지에 이르
면 감정의 원인을 파악할 수 있는데, 자
신을 알아보는 방법으로 명상을 활용할
수 있다. 이러한 유형의 통찰은 자기 이
해를 깊이 하는 데 도움이 된다.

감정과 느낌은 어떻게 다른가

동물원 사육사가 뱀을 만져보라고 권하고 있다고 상상해보라. 정반대의 두 감정이 동
시에 나타날 것이다. 바로 흥분과 공포다. 두 감정을 동시에 느끼면서, 신중하게 뱀에
손을 가져간다. 공포는 감정이고, 신중해야겠다는 생각은 느낌이다. 아래의 표를 보
고 감정이 느낌과 어떻게 다른지 알아보자.

감정	느낌
호불호를 알려준다	어떻게 행동할지 알려준다
경험에 어떻게 반응할지 알려준다	감정에 반응하라고 지시한다
즉시 일어난다	길고 안정적이다
저항하기 어렵지만, 순식간에 사라진다	절제할 수 있고 오래 간다
예시	**예시**
불안	걱정
즐거움	행복
분노	비통함
슬픔	우울

뭐가 어때서?

판단 내려놓기

일상에서 행위양식에 따를 때는 마음이 모든 것에 꼬리표를 붙인다. 좋고 싫음, 옳고 그름, 중요한 것과 사소한 것, 급한 일과 여유 있는 일 등으로 말이다. 반면, 마음챙김 명상과 같은 존재양식을 따르는 동안에는 판단을 내리는 일이 벌어지지 않는다.

마음속 감정을 모두 수용하기는 어렵다. 예술이나 운동으로 극찬을 받는 친구에게 시샘과 분노를 느끼고 있다고 생각해 보자. 이때 느끼는 분노는 불편한 감정이다. 이 불편함은 단순히 화가 났다는 사실 자체가 아닌 옹졸한 짓을 하고 있음을 자각했기 때문이다. 지금 느끼는 시샘이 무의미하다는 것을 알기 때문에 그런 감정을 느끼는 자신을 나쁘게 보는 것이다. 여러분도 이런 파괴적인 감정 패턴에 빠질 수 있다. 기분이 나쁘다는 사실 때문에 다시 기분이 나빠지는 악순환 말이다. 불안을 느끼면 자신감이 떨어지고 그러면서 더 불안해지는 불안의 무한궤도를 경험했을 수도 있다. 우울 역시 마찬가지다.

명상과 관찰

마음챙김 명상은 아무 판단 없이 현재 경험에 주의를 기울인다. 어느 수준 이상으로 해낸다면, 증오와 파괴에 찬 자기 판단의 굴레를 벗어날 수 있다. 이때 취하는 태도는 수용이다. 질투와 분노를 알아차리고 인정하지만, 이런 감정을 느꼈다는 사실을 두고 자책하지는 않는다.

명상을 시작했다면 비판단의 영역으로 발을 디딘 것이다. 분노를 느끼며 고통스러워하는 자신을 사랑하는 친구라고 생각하고 연민의 태도로 살펴보라. 관찰 과정에는 어디서 어떻게 시샘과 분노가 나타났는지 확인하는 일이 포함되어 있다. 순수하게 정신의 영역에서 나타났는가? 혹시 몸에서도 무언가 느끼고 있지는 않은가? 근육에 긴장이 느껴지는가? 느껴진다면 어디인가? 심장이 평소보다 빠르게 뛰거나 덥고 얼굴이 달아오르는가? 지금처럼 시샘하는 이유가 친구의 것이 내 것이었으면 하는 갈망 때문인가? 이제 몸의 감각을 관찰하며 감정이 어떻게 나타나는지 확인하면 감정에 대한 생각에 휩쓸리지 않도록 해준다. '왜'가 아닌 '무엇'에 집중하라. 지금의 느낌을 나

명상하는 동안 아주 격렬한 감정이 나타나요. 있는 그대로 받아들이기가 힘듭니다.

감정은 당신보다 작습니다. 아무리 커도 당신을 채울 수는 없어요. 그냥 지나갈 뿐이죠.

관점
기억하라. 느끼고 생각하는 것이 자신은 아니다.

는 무엇으로 받아들이는가? 이 느낌과 나는 어떤 관계일까?

이러한 명상을 진행하면서 우리는 방어적인 태도를 버리고 자신을 돌보게 된다. 우리가 자신을 돌보고 있다는 사실을 어떻게 표현할 수 있을까? 경험하는 현재의 순간에 주의를 기울이기만 하면 된다. 마음챙김하면서 자신에게 오롯이 주의를 기울이는 건 스스로에게 선물을 주는 것이나 다름없다.

무엇이든 좋다

호기심을 가지고 자신의 감정에 우호적인 태도로 주의를 기울이면 수용력을 키우기가 더 수월하다. 일단 해보고 도움이 된다고 생각하면 "나는 이런 감정을 느껴도 괜찮아." 또는 줄여서 "그래도 괜찮아."라고 속으로 말해보자. 정신적으로 편안함과 온기를 주는 표현으로, 마음속으로 짓는 친절한 미소라고 할 수 있다. 이 방식을 사용하면 불쾌한 느낌에 대한 혐오감을 악순환을 유발하지 않는 창의적인 반응으로 대체할 수 있다.

시샘이 무의미하다는
것을 알고 있다는
사실이 자신을 나쁘게
바라보도록 만든다.

판단의 굴레

부정적인 감정은 의식의 일부이며 판단의 굴레에서 생명을 유지한다(아래 그림). 마음챙김하면서 감정을 친근하게 받아들이면 기분이 나쁘다는 이유로 다시 기분이 나빠지는 악순환에서 벗어날 수 있다.

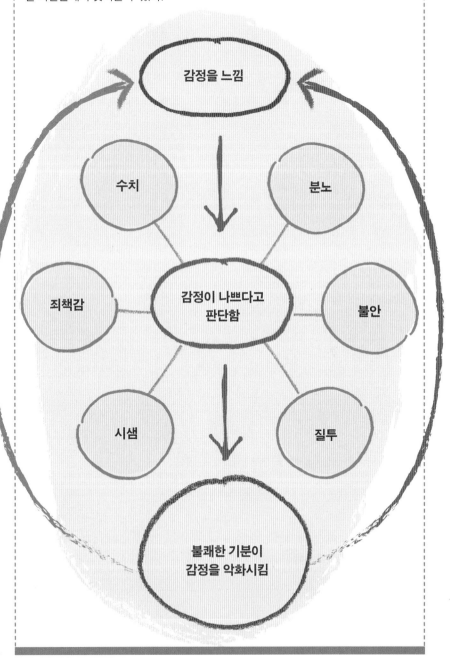

나는 현재에 산다

차근차근 시작하는 몸-호흡 수행

우리가 주의를 기울이지 않았을 뿐이지, 몸의 감각은 관심을 기울이기만 하면 언제나 느낄 수 있다. 아마 셔츠 소매가 손목에 쓸리는 감각을 유심히 관찰해본 적은 없을 것이다. 하지만 이러한 감각에 주의를 기울이는 경험은 마음챙김 수행을 하는 동안 현재에 머무르는 일을 도울 뿐 아니라, 초점을 맞추는 대상으로 삼기에도 더할 나위 없이 좋다.

간단한 마음챙김 명상을 수행할 때는 편안하면서도 빈틈없이 알아차리는 상태에서 몸의 감각에 주의를 기울인다. 허리를 펴고 고요하고 흔들림 없는 자세로 편안히 앉아 마음으로 신체 감각을 살펴보도록 한다.

감각의 흥망성쇠

다음 페이지에서 살펴볼 명상은 특정 순서를 따라 신체 부위에 주의를 기울이는 과정이 포함되어 있지만, 하나도 빠짐없이 따라가야 한다는 강박은 가질 필요가 없다. 훈련의 핵심은 마음을 어지럽히는 방해요소에 대처하는 방법을 깨우치는 것이다. 몸의 감각에 천천히 주의를 기울이면 감각이 나타나며, 초점을 다른 곳으로 돌리면 사라졌다가 곧 다시 나타나는 모습을 확인할 수 있다. 많은 사람이 언뜻 보면 제멋대로 나타났다가 사라지는 것 같은 감각을 어떻게 다루어야

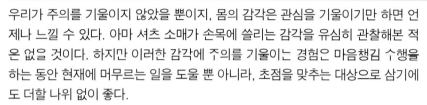

할지 고민한다. 이미 살펴본 신체 부위가 다시 주의를 끌어당기기 시작하면 어떻게 해야 할까? 신경 쓰지 마라. 어떤 부위에서 아무런 감각이 느껴지지 않아도 마찬가지다. 없는 감각을 억지로 느끼려 하는 건 우리 목적에 부합하지 않는다. 그냥 찾을 수 있는 감각에 주의를 기울이면서 완전히 수용하는 일에 집중하라. 그 외의 기대 같은 것은 모두 내려놓는다.

감각을 찾아냈다면 바꾸려 하지 말고 처음 발견한 그대로 놓아두어라. 자신이 몸의 감각을 기록하는 '지도 제작자'라고 생각하라. 긴장이 느껴지는 부위, 무감각한 부위, 세월의 흐름이 느껴지는 부위, 마음대로 움직일 수 없는 부위를 포함해서 발견한 모든 것을 완전히 수용하도록 한다. 경험하는 것을 바꾸고 싶다는 기대는 버려라. 없는 경험을 만들어내려고 애쓰지 말고, 지금 실제로 존재하는 것에 집중하라. 짧은 경험일지라도 감각을 있는 그대로 인식하는 일은 우리를 안정시키는 효과가 있다.

어떤 느낌인가?

신체는 감각의 고향으로, 지금 소개할 명상은 그 고향의 지도를 그리는 데 도움을 준다. 명상이 끝나면 자신에게 다음의 질문을 해보자. 답하는 동안 자기 비판적인 태도를 취하지 않도록 주의한다.

이번 연습의 목표는 자신을 평가하고 분석하는 것이 아니라 어떤 경험을 했는지 말로 표현하는 데 있다. 그리고 이 과정에서 유익한 정보를 얻을 수 있다.

- 생각이 나타났을 때 호기심을 가지고 부드럽게 알아차린 다음, 내려놓을 수 있었는가?

- 감정이 나타났을 때 몸에서 감정을 어떻게 느끼는지 알아차리기 위해 신체 감각에 주의를 기울일 수 있었는가?

- 몸의 감각과 호흡의 움직임에 집중하는 시간이 일상생활에서 감각과 호흡의 움직임에 주의를 기울이는 데 도움이 되었는가?

다섯 가지 장애물의 극복

전통적인 명상 수행에서는 마음의 눈을 가리고 완전히 집중하지 못하게 막는 다섯 가지 장애물(아래 참고)을 '오개(五蓋)'라고 부른다.
성인의 마음에서 흔히 나타나는 경험이다. 명상의 대상으로 삼아 친절하게 다가가면 오개에 압도당하는 일을 막을 수 있다. 아래의
단계를 참고하라.

3
수면개
몽상에 빠짐,
집중력 상실,
혼침

2
진에개
판단하고,
악감정에 휩싸이며,
현실을 부정함

4
도회개
몸과 마음의 불안,
동요

**장애물을 알아차리고
분류한다.**

1
탐욕개
더 많은 것을 바라고 감각의
쾌감에 유혹당함

수용한다.

5
의개
"내가 제대로 하고 있는 걸까?"
"내가 왜 이걸 하고 있지?"
"효과가 있을까?" 따위의 의심

호기심을 가지고 관찰한다.
오개로 인해 나타나는 감각과 감정,
그리고 생각(충동적으로 행하고 싶은
행동까지)을 살펴보라.

길을 닦다
어떤 경우에는 알아차리는 것만으로도
길에서 장애물을 걷어내고 생각을
분명하게 할 수 있다.

자신과 떼려야 뗄 수 없는
존재가 아니라 **순식간에
사라지는 무언가라고 생각하고
오개를 관찰하라.**

계속 ▶

몸–호흡 명상

이번 연습 역시 마음챙김 수행의 기본이다. 96~99쪽에서 소개한 초심자용 호흡 명상과 신체의 감각을 둘러보는 과정을 합친 형태라고 보면 된다.

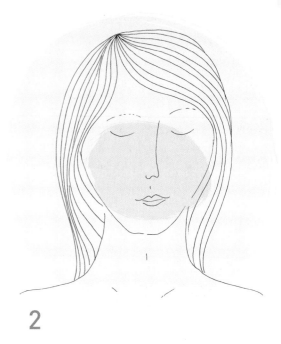

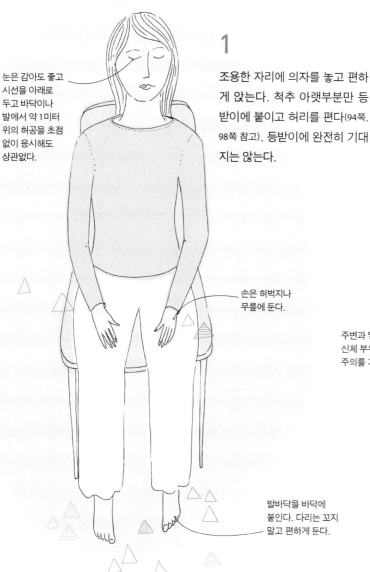

눈은 감아도 좋고 시선을 아래로 두고 바닥이나 발에서 약 1미터 위의 허공을 초점 없이 응시해도 상관없다.

손은 허벅지나 무릎에 둔다.

발바닥을 바닥에 붙인다. 다리는 꼬지 말고 편하게 둔다.

1

조용한 자리에 의자를 놓고 편하게 앉는다. 척추 아랫부분만 등받이에 붙이고 허리를 편다(94쪽, 98쪽 참고). 등받이에 완전히 기대지는 않는다.

2

몸을 이완하고 마음을 가라앉힌다. 계속 정신을 맑게 유지하면서 무엇이 느껴지는지 알아차리도록 한다. 처음 몇 차례 시도했을 때 몸의 긴장이 풀리지 않고 지침을 따라도 불안이 느껴지더라도 걱정하지 마라. 그냥 1분 정도 들어오고 나가는 호흡에 주의를 기울이다가, 천천히 초점을 몸으로 옮기면 된다.

주변과 닿아 있는 신체 부위의 감각에 주의를 기울인다.

3

주변과 닿아 있는 신체 부위에 주의를 기울인다. 의자를 누르는 허벅지나 오금, 바닥에 닿은 발바닥도 좋다. 잠시 어떤 감각이 느껴지는지 자세히 관찰하는 시간을 가진다. 길게 살펴볼 필요는 없고, 몇 초 정도 주의를 기울이면서 대략적으로만 알아보면 된다.

4

이제 한쪽 발에 주의를 기울인다. 발가락부터 시작해서 발바닥과 발뒤꿈치를 거쳐 발등으로 간다. 반대편 발도 같은 순서로 빠르게 살펴본다.

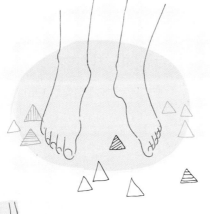

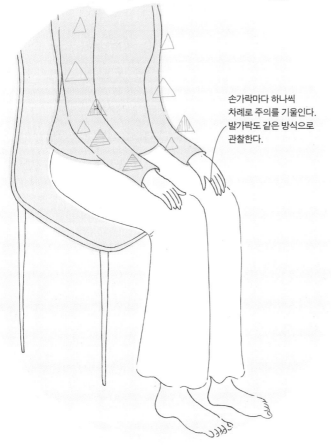

손가락마다 하나씩 차례로 주의를 기울인다. 발가락도 같은 방식으로 관찰한다.

수행에 관하여

효과 기본 호흡 명상에서 한 단계 나아간 마음챙김 핵심 수행이다. 언제든지 현재의 순간으로 돌아가는 수단이기도 하다. 호흡에 집중하지만, 알아차리는 범위는 더 넓다.

주기 정규 수행 2주 차, 혹은 3주 차에 매일 실시한다.

시간 최소 10분간 수행하며 점차 늘려 간다. 15분이 가장 적당하다.

5

같은 방식으로 다리를 살펴본다. 한 쪽씩 관찰한 다음, 골반, 엉덩이, 어깨로 올라가면서 상체의 모든 부위에 주의를 기울인다.

6

이제 손과 팔의 감각을 관찰한다. 손끝부터 시작해서 팔을 타고 어깨로 올라간다. 목과 머리도 같은 방식으로 관찰한다. 1분에서 2분 정도, 호흡에 집중하며 몸 전체에서 느껴지는 감각을 알아차린다.

7

호흡에 주의를 기울인다. 숨을 들이쉬고 내쉴 때 배나 코에서 느껴지는 감각에 집중하라. 배에 손을 올리면 호흡이 들어오고 나가는 감각을 느끼는 데 도움이 된다. 마음챙김 호흡을 5분 정도 진행한 뒤, 눈을 뜨고 주변을 살펴본다.

뇌에서는 무슨 일이 벌어지는가?

명상의 과학

명상을 하면 할수록 뇌 기능이 향상된다! 과학자들은 명상과 뇌 기능 사이의 상관관계를 조금씩 밝혀내고 있다. 지금까지 알아낸 사실 중에서 중요한 발견 몇 가지를 알아보면 마음챙김 명상 프로그램의 초기 단계에서 의욕을 끌어올리는 데 큰 도움이 될 것이다.

약 2,000년 동안 사람들은 명상으로 엄청난 심리적 효과를 볼 수 있다는 사실을 알고 있었지만, 관련된 신경 메커니즘은 현대 과학기술이 발전한 최근에 와서야 밝힐 수 있었다. 연구자들은 뇌에서 나타나는 전기 펄스의 주파수를 측정하는 기술과 활성화된 뇌 부위를 시각화하는 장비를 사용해 마음챙김 수행의 효과를 조사했다. 발견한 사실 중 핵심은 명상하는 동안 뇌의 정보처리 속도가 평소보다 줄어든다는 것이다. 이러한 단기적인 변화 외에도 명상은 교묘하게 뇌를 재설계하며 여러 신경망을 약화하거나 강화하면서 자아감과 공감, 스트레스를 느끼는 부위에 영향을 미친다. 과

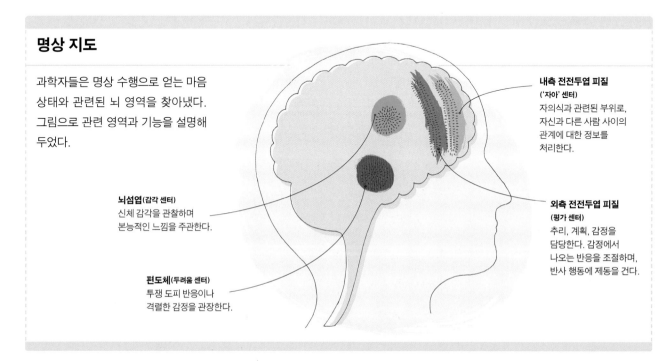

명상 지도

과학자들은 명상 수행으로 얻는 마음 상태와 관련된 뇌 영역을 찾아냈다. 그림으로 관련 영역과 기능을 설명해 두었다.

내측 전전두엽 피질
('자아' 센터)
자의식과 관련된 부위로, 자신과 다른 사람 사이의 관계에 대한 정보를 처리한다.

뇌섬엽(감각 센터)
신체 감각을 관찰하며 본능적인 느낌을 주관한다.

외측 전전두엽 피질
(평가 센터)
추리, 계획, 감정을 담당한다. 감정에서 나오는 반응을 조절하며, 반사 행동에 제동을 건다.

편도체(두려움 센터)
투쟁 도피 반응이나 격렬한 감정을 관장한다.

학은 명상가들이 경험에서 느낀 변화를 객관적인 사실로 증명하기도 했는데, 그중 하나가 명상하는 사람은 그렇지 않은 사람보다 상황을 있는 그대로 받아들일 뿐 아니라 위협, 위험, 불편에 대한 반응성이 낮으며 본능에 휘둘리는 빈도가 적다는 것이다. 명상은 감각과 감정에 대한 우리의 반응에 영향을 미치며, 명상

훈련을 마친 뒤에도 예전보다 더 큰 연민과 공감으로 다른 사람을 바라보게 한다. 중요한 뇌의 변화 몇 가지를 아래 상자에 간단하게 정리해두었다.

지구력

변화는 반영구적이며, 수행을 계속해야 장기간 유지할 수 있다. 꾸준히 명상하지

않는다면 뇌는 얼마 가지 않아 예전의 모습으로 돌아간다(신경가소성, 다시 말해 요구되는 수행 능력에 맞게 변화하는 뇌의 성질을 보여주는 예의 하나다). 명상을 반복해서 수행하면 새로운 구축한 신경망을 튼튼하게 다지면서 마음챙김으로 얻는 뇌 기능 발달 효과를 삶에 적용할 수 있다.

명상의 효과

마음챙김 수행은 뇌가 두려움과 감각을 처리하는 방식을 바꾼다.
관련된 뇌 영역과 기능을 그림으로 정리해두었다.

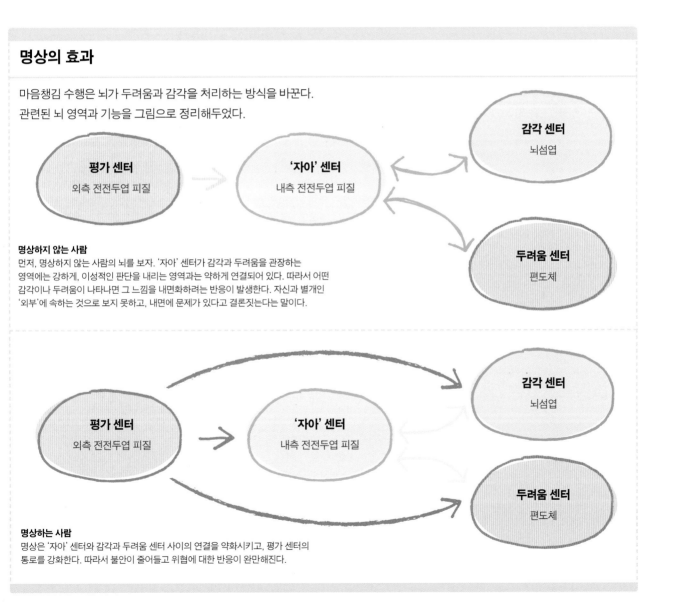

명상하지 않는 사람
먼저, 명상하지 않는 사람의 뇌를 보자. '자아' 센터가 감각과 두려움을 관장하는 영역에는 강하게, 이성적인 판단을 내리는 영역과는 약하게 연결되어 있다. 따라서 어떤 감각이나 두려움이 나타나면 그 느낌을 내면화하려는 반응이 발생한다. 자신과 별개인 '외부'에 속하는 것으로 보지 못하고, 내면에 문제가 있다고 결론짓는다는 말이다.

명상하는 사람
명상은 '자아' 센터와 감각과 두려움 센터 사이의 연결을 약화시키고, 평가 센터의 통로를 강화한다. 따라서 불안이 줄어들고 위협에 대한 반응이 완만해진다.

마음챙김의 자세로
호기심을 가지고 다정하게
감각에 주의를 기울이면
고통의 악순환을 깨뜨리는 데
도움이 될 수 있다.

안녕, 이파리야.
안녕, 동전아 물체 명상

특정 물체에 온 마음을 집중하는 명상은 현재에 머무르면서 경험하는 감각을 풍요롭게 받아들이기 좋은 수단이다. 이따금 수행하면 몸-호흡 명상의 효과를 극대화할 수 있으며 기분 전환에도 좋다.

자기 몸에 초점을 맞추고 마음챙김 명상을 한다 해도 스스로 한계를 정하거나 편협한 사고방식에 갇힐 위험은 없다. 어떤 평가도 내리지 않는 태도로 자기 몸에만 몰두하니 말 그대로의 의미에서는 자기중심적이라고도 할 수 있겠다. 하지만 삶은 나를 중심으로 펼쳐지고, 모든 생각과 지각, 행동의 주체는 자신이다. 우리가 느끼는 감각은 좋은 일이든 나쁜 일이든 삶에서 벌어지는 일을 비추는 거울과도 같으므로 몸에 집중하는 것을 피상적이라고 할 수는 없다. 근육에서 긴장이 느껴진다면 자존감이나 생활 방식, 혹은 인간관계에 문제가 있을 수도 있다는 의미다. 모든 감각은 마음챙김에서 자세히 살펴볼 만한 가치가 있다.

하지만 몸 이외의 대상에 주의를 기울이는 마음챙김 수행도 있다. 초라하든 아름답든, 자연물이든 인공물이든, 어떤 물체라도 좋다. 이 명상의 목적은 객관적인 아름다움이나 역사적 가치를 감상하는 것이 아니라, 특정 방향으로 치우치지 않은 태도로 감각에 주의를 기울이는 데 있다. 물체 명상에서는 다섯 가지 감각을 하나씩 이용하면서 특정 물체의 모든 특징을 자세히 뜯어본다. 과일을 대상으로 한다면, 직접 먹어보면서 명상을 마쳐도 좋다. 새로운 경험을 할 수 있을 것이다. 존 카밧진은 건포도로 MBSR 프로그램 수강생들이 물체 기반 명상을 하게 했다. 그가 아주 흔하고 평범해서 거의 눈여겨보지 않는 물체를 선택한 건 명상이 일상에서 마주하는 세상을 자세히 관찰하는

행위 그 이상도, 이하도 아니라는 사실을 강조하기 위해서다. 명상은 삶과 더 긴밀한 관계를 맺는 과정일 뿐이다.

인식의 향상

물체 기반 명상을 하는 동안 물체의 색, 형태, 냄새, 질감 등을 꼼꼼히 관찰하면 신체 외의 사물을 인식하는 수준이 향상된다. 또한 한 가지 물체에 집중하는 과정에서 더 이상 모든 것을 당연하게 여기지 않게 되기 때문에 세상을 대하는 관점이 바뀐다. 그래서 마음챙김하면서 사물을 새로운 시각으로 바라보게 한다.

사소한 것도 집중해서 인식하라.
차를 한 잔 하는 것도 명상이 될 수 있다.

감각의 영역

현상을 대상으로 삼는 명상은 오랜 역사를 가지고 있다. 동양에서는 주로 촛불에 집중하는 명상 수행을 했다. 하지만 마음챙김은 다섯 가지 감각을 전부 이용하므로, 만지거나 맛볼 수 있는 물체를 사용하면 훨씬 풍부한 경험을 할 수 있다. 체리처럼 작은 과일로 간단하게 명상해보라. 느껴지는 모든 감각을 주의 깊게 관찰하도록 한다. 아마 살펴볼 부분이 아주 많다는 사실에 깜짝 놀랄 것이다.

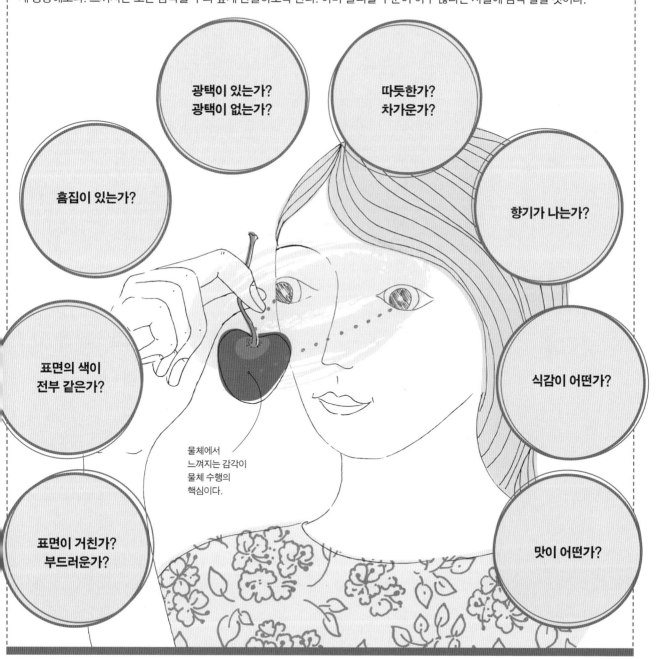

광택이 있는가?
광택이 없는가?

따뜻한가?
차가운가?

흠집이 있는가?

향기가 나는가?

표면의 색이
전부 같은가?

식감이 어떤가?

물체에서
느껴지는 감각이
물체 수행의
핵심이다.

표면이 거친가?
부드러운가?

맛이 어떤가?

계속 ▶

이파리 지각하기

이번 명상의 핵심은 아름다움을 느끼는 것이 아니다. 오감을 열고 물체에서 지각할 수 있는 특징을 모두 받아들이는 것을 목표로 삼아라. 그렇다고 해서 아름다움을 아예 감상하지 않는다는 뜻은 아니다. 오히려 주변 환경을 생생하게 받아들이면서 평소에 미처 알아차리지 못했던 아름다움까지 느낄 수 있을 것이다.

> **명상에 사용하는 물체**
> 자연물은 좋은 명상 대상이다. 돌멩이, 결정, 자갈, 도토리, 솔방울, 호두, 잔가지, 깃털, 밀 이삭, 꽃, 과일, 채소로 명상해보라.

1

마당이나 공원에 떨어진 이파리를 주워서 손바닥에 올린다. 피부에 닿는 이파리의 감촉을 느껴본다. 이파리에서 손에 닿아 있는 부분과 그렇지 않은 부분을 관찰하라.

느껴지는 모든 감각을 관찰한다. 기분 좋은 감각이든 그렇지 않은 감각이든, 차분하게 바라보아라.

이파리를 손바닥에 올려놓고 무게를 느껴본다.

2

이제 이파리를 엄지와 다른 손가락 사이에 끼운다. 온도를 느껴보자. 따듯한가, 차가운가? 부분마다 온도 차이가 있는가? 잡고 있는 동안 이파리가 따듯해지거나 차가워지는 것을 느낄 수 있는가?

3

이파리의 질감에 집중한다. 거친가, 부드러운가? 날카로운 부분이 있는가? 가장자리와 중심 부분은 촉감이 어떻게 다른가? 단단한가, 무른가? 촉촉한가, 건조한가? 잎자루의 촉감은 어떤가?

바깥에 있다면 이파리가 바람에 어떻게 휘어지는지 주시하라.

4

눈으로 이파리의 윤곽을 따라간다. 형태와 크기에 주의를 기울인다. 이파리를 돌리면서 다양한 각도에서 살펴보아라. 보는 각도에 따라 형태가 어떻게 변하는지 관찰한다.

수행에 관하여

효과 비정규 마음챙김 수행이다. 본 명상에 들어가기 전에 준비 명상으로 진행해도 좋다. 일상에서 마주치는 사물에 대한 선입견을 없애는 해독제 역할을 한다. 물체를 지각하는 신체 감각에 초점을 맞춘다.
주기 정규 명상과 함께 수행하거나 프로그램에 신선한 변화를 주는 용도로 사용해도 좋다.
시간 단순한 물체를 대상으로 15분 정도 명상한다.

5

이파리 윗면의 색깔을 관찰한다. 부위별로 색이나 음영이 다르게 나타나지는 않는가? 자세히 살펴보자. 산등성이처럼 솟아오른 부분, 잎맥, 무늬가 보이는가? 흉터가 남아 있지는 않은가? 윗면의 모든 부분을 꼼꼼하게 살펴보자. 잎자루까지 관찰하고 나면, 뒤집어서 아래쪽도 같은 방식으로 들여다본다. 아랫면은 윗면보다 어두운가, 밝은가? 어떤 특징이 있는가?

6

이제 이파리를 코 바로 아래에 대고 어떤 냄새가 나는지 살펴본다. 냄새가 느껴진다면, 알고 있는 다른 냄새와 비교하지 말고 있는 그대로 음미한다. 부분마다 나는 냄새가 다른가?

코에서 이파리의 냄새를 느끼는 부위가 어디인지 알아차려 본다.

계속 ▶

동전 지각하기

동전과 같은 인공물은 자연물보다 아주 오래 존재하며, 만지고 있노라면 어떤 삶을 살아왔는지 궁금해지기도 한다. 하지만 마음챙김 명상에서는 이러한 생각을 버려야 한다. 오로지 물체 자체에만 집중한다. 색깔, 형태, 질감, 촉감, 심지어 냄새까지 말이다.

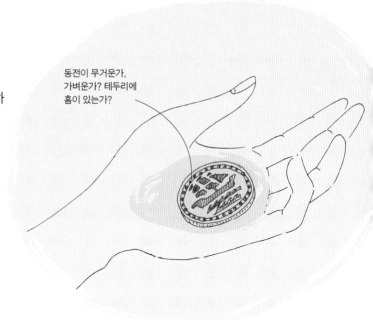

동전이 무거운가, 가벼운가? 테두리에 홈이 있는가?

명상에서 사용하는 물체

원하는 인공물을 가지고 본 명상을 시도하라. 한눈에 들어올 만큼 작아야 하며, 눈을 찌푸리지 않고 볼 수 있을 정도로 큰 특징이 있어야 한다. 단추, 열쇠, 우표, 보석 정도가 적당할 것이다.

수행에 관하여

효과 비정규 마음챙김 수행이다. 본 명상에 들어가기 전에 준비 명상으로 진행해도 좋다. 일상에서 마주치는 사물에 대한 선입견을 없애는 해독제 역할을 한다. 물체를 지각하는 신체 감각에 초점을 맞춘다.
주기 정규 명상과 함께 수행하거나 프로그램에 신선한 변화를 주는 용도로 사용해도 좋다.
시간 단순한 물체를 대상으로 15분 정도 명상한다.

1

동전을 고른다. 금액이 크거나 특별한 의미가 있을 필요는 없다. 지갑이나 주머니에서 아무 동전이나 꺼내면 된다. 동전을 손바닥에 올린다. 피부로 동전을 느껴본다. 동전에 대한 생각은 하지 않는다. 보고 느끼는 것에 어떠한 꼬리표도 붙이지 말고, 그냥 관찰만 하도록 하자.

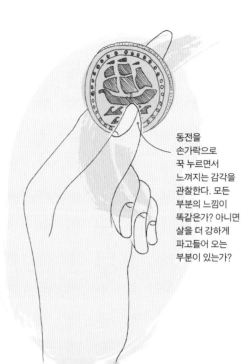

동전을 손가락으로 꾹 누르면서 느껴지는 감각을 관찰한다. 모든 부분의 느낌이 똑같은가? 아니면 살을 더 강하게 파고들어 오는 부분이 있는가?

2

엄지와 다른 손가락으로 동전을 잡는다. 온도를 느껴보자. 따뜻한가, 차가운가? 잡고 있는 동안 동전이 따뜻해지거나 차가워지는 것을 느낄 수 있는가?

3

동전의 질감에 주의를 기울인다. 표면이 매끄러운가, 도드라진 부분이 있는가? 테두리는 어떠한가? 옆면을 따라 홈이 나 있는가? 홈이 있다면 얇은가, 두꺼운가?

4

동전의 형태와 크기에 주의를 기울인다. 동전을 돌리면서 달라지는 모습을 관찰한다. 동전의 색깔을 살펴보자. 표면에 광택이 있는가, 없는가? 부위별로 색이나 음영이 다르게 나타나지는 않는가? 표면과 가장자리는 얼마나 닳아 있는가?

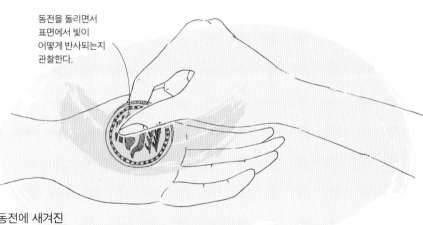

동전을 돌리면서 표면에서 빛이 어떻게 반사되는지 관찰한다.

5

(동전에 앞뒷면 구분이 있다면) 앞면을 자세히 살펴본다. 동전에 새겨진 인물은 젊은가, 늙었는가? 아니면 중년인가? 어떤 옷을 입고 있는가? 눈에 띄는 특징이 있는가? 동전의 인물이 누구인지 떠올리려고 하지 마라. 이름이 저절로 떠올랐더라도 상관은 없다. 그냥 계속 동전을 바라보면서 나타난 생각이 다시 사라지도록 내버려둔다.

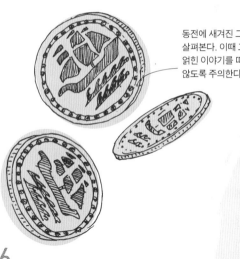

동전에 새겨진 그림을 살펴본다. 이때 그림에 얽힌 이야기를 떠올리지 않도록 주의한다.

6

동전을 뒤집어서 뒷면도 같은 방식으로 살펴본다. 무엇이 보이는가? 어떤 방식으로 새겨져 있는가? 보이는 그대로 받아들인다. 새겨진 상징에서 무언가를 연상하지 않도록 한다.

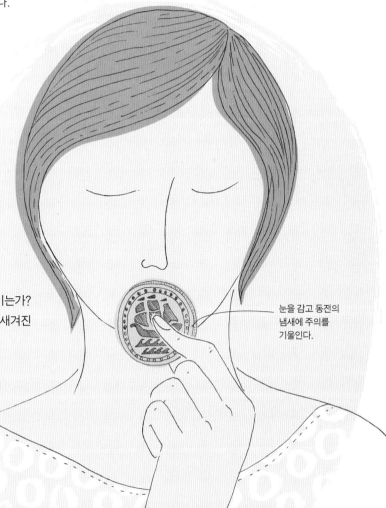

눈을 감고 동전의 냄새에 주의를 기울인다.

7

동전을 들어 올려 코로 냄새를 맡아본다. 냄새가 느껴진다면 알고 있는 다른 냄새와 비교하거나 왜 이런 냄새가 나는지 생각하지 말고, 그냥 냄새 자체에 집중한다.

바디 스캔 기초

신체적 자기 인식

마음챙김 수행의 핵심이자 놀라울 정도로 심신이 안정을 주는 명상이다. 여러분이 해야 할 일은 신체 부위에 차례대로 주의를 기울이면서 느껴지는 감각이나 감정을 알아차리는 것이다. 몸과 마음이 조화를 이루는 효과를 누릴 수 있다.

편안한 자세 찾기

바디 스캔 명상은 앉거나 서서 해도 상관없지만, 대부분은 침대나 매트 위에 누워서 진행한다. 처음에는 30분 이상 가만히 누워 있는 일이 어렵게 느껴질 수 있다. 춥다면 가벼운 이불을 덮어도 좋다. 천천히 몸을 움직이면서 편한 자세를 찾아보자.

맑은 정신 유지하기

바디 스캔은 몸을 이완하는 운동이 아니다. 하지만 바디 스캔 도중에 졸음이 쏟아질 수도 있으니, 설사 잠이 들더라도 자책하지는 마라. 베개를 베거나 눈을 계속 뜨고 있으면 졸음을 쫓는 데 도움이 되며, 졸릴 때는 앉아서 수행하면 정신을 맑게 유지할 수 있을 것이다.

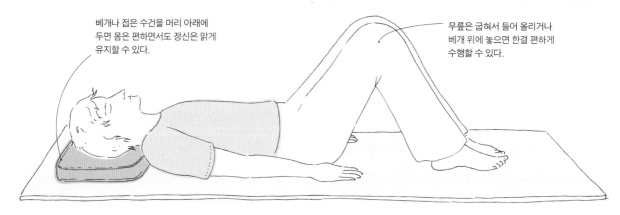

베개나 접은 수건을 머리 아래에 두면 몸은 편하면서도 정신은 맑게 유지할 수 있다.

무릎은 굽혀서 들어 올리거나 베개 위에 놓으면 한결 편하게 수행할 수 있다.

바디 스캔 마음챙김 명상을 수행하는 동안에는 손전등을 비춰 동굴 벽을 살펴보듯이 모든 신체 부위를 하나씩 주의 깊게 관찰하면서 광활한 인식을 얻게 된다. 마음은 멀티태스킹이 불가능하므로 몸 전체를 한 번에 인식할 수는 없다. 따라서 부위를 나누어 하나씩 살펴보아야 한다. 초점을 옮겨가는 과정에서 두근거림, 긴장, 묵직함, 화끈거림, 뻣뻣함 같은 순수한 신체 감각을 마주하고, 몸 안에 존재하는 감정의 존재를 알아차리게 된다. 판단을 내리거나 반응하지 않으면 감각이 천천히 누그러지는 모습을 확인할 수 있다. 꾸준히 수행하면 한곳에 오래 주의를 기울이는 능력을 향상하는 데 도움이 된다. 또한 호기심을 가지고 몸을 다정하게 보살펴주는 행동은 자기 연민을 발달시키는 효과도 있다.

핵심 수행

바디 스캔은 다양한 마음챙김 프로그램(90~91쪽)의 핵심 수행이다. 보통 호흡 수행이나 몸-호흡 수행 다음 순서로 진행하게 된다. 일주일 내내 하루에 두 번 수행하는 일정으로 시작하라. 물체 명상 같은 비정규 수행을 하면서 쉬어가는 날에도 빼놓지 않는다. 스트레스나 피로 때문에 바디 스캔을 진행하기 어려운 날도 있을 것이다. 그럴 때는 아무런 판단도 내리지 말고 휴식을 취했다가 다음날 다시 훈련을 재개한다.

> 바디 스캔은 몸과 마음의 영양제다.
> 피곤하거나 의욕이 없을 때 시도하라.
> 다시 타오르는 의지를 느끼면서
> 기분이 좋아질 것이다.

몸에 호흡 불어넣기

신체 부위를 하나씩 주의 깊게 관찰한다. 숨을 들이쉴 때마다 호흡이 지금 관찰하는 곳으로 들어갔다가, 내쉴 때 빠져나온다고 생각하라. 호흡하면서 해당 부위에서 느껴지는 감각이 천천히 진정된다고 상상한다. 물론 실제로 벌어지는 일은 아니지만 이런 식으로 과정을 시각화하면 바디 스캔 과정에서 몸과 마음이 더 조화롭게 어우러지는 경험을 하는 데 도움이 된다.

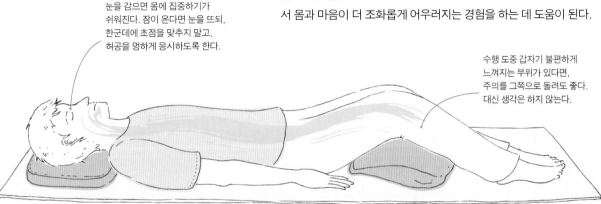

눈을 감으면 몸에 집중하기가 쉬워진다. 잠이 온다면 눈을 뜨되, 한군데에 초점을 맞추지 말고, 허공을 멍하게 응시하도록 한다.

수행 도중 갑자기 불편하게 느껴지는 부위가 있다면, 주의를 그쪽으로 돌려도 좋다. 대신 생각은 하지 않는다.

계속 ▶

바디 스캔 명상

바디 스캔은 세션당 최소 30분, 가능하면 45분 정도는 완전히 집중해야 하는 명상이다. 다른 마음챙김 수행과 마찬가지로, 아무 판단 없이 현재의 경험에 주의를 기울이는 것이 가장 중요하다.

이롱
수행하다보면 아무런 감각도 느껴지지 않는 부위가 있을 텐데, 아주 자연스러운 현상이니 신경 쓰지 않아도 된다. 이런 부위를 찾으면 한 번 호흡하는 동안 잠시 살펴보면서 감각이 느껴지지 않는다는 사실을 다시 한 번 알아차린 다음, 다른 부위로 넘어간다.

1

다리를 약간 벌리고 눕는다. 원한다면 무릎을 세워도 좋다. 눈을 감는다. 눈을 뜨는 쪽이 더 편하다면 언제든지 떠도 된다. 매트나 침대에 닿은 신체 부위의 감각에 주의를 기울이면서 몸의 무게를 느껴본다.

일정하게 오르내리는 복부에서 느껴지는 호흡의 감각에 2분이나 3분 정도 주의를 기울인다.

2

준비되면 왼쪽 발가락으로 초점을 옮긴다. 발가락을 하나씩 자세히 관찰하라. 닿아 있는 다른 발가락, 따듯함이나 서늘함, 따끔거림과 같은 모든 감각을 의식한다. 이제 왼쪽 발의 다른 부위에 주의를 기울여본다. 발바닥, 발볼, 뒤꿈치, 발등, 발 측면, 발목 순서로 관찰한다.

3

이제 왼쪽 정강이와 종아리, 무릎, 허벅지에 주의를 기울인다. 하나씩 자세히 살펴보는 시간을 30초 정도 가진다. 종아리와 허벅지는 모든 방향을 전부 살펴보아야 한다.

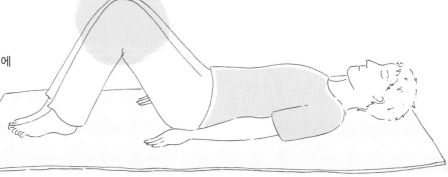

4

빠짐없이 살펴보았다면 왼쪽 다리에서 오른쪽 다리로 초점을 옮긴다. 지금까지 했던 대로 발가락을 하나씩 살펴본 다음, 발바닥, 발볼, 뒤꿈치, 발등, 발 측면, 발목으로 넘어간다. 전부 관찰했다면 오른쪽 종아리, 무릎, 허벅지로 올라가라.

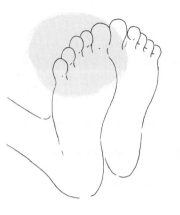

수행에 관하여

효과 몸-호흡 명상 다음 단계인, 핵심 마음챙김 수행이다. 몸과 마음을 하나로 모으는 효과가 있다. 수행 프로그램을 짜서 꾸준히 실시하면 스트레스 완화에 큰 도움이 된다.
주기 최소 일주일 동안 하루 두 번씩 수행한다. 원한다면 세션을 합쳐서 하루에 한 번 길게 수행해도 좋다. 일주일에 하루 정도는 쉬거나 물체 명상으로 대체해도 된다.
시간 신체 부위 하나당 30초씩 살펴보려면 최소한 30분은 투자해야 한다. 45분이 가장 적당하다.

5

같은 방법으로 사타구니, 생식기, 엉덩이를 포함한 골반 근처를 관찰한다. 준비되면 상체 쪽으로 이동한다. 아랫배와 등 아래쪽을 살펴보자. 호흡에 따른 배의 움직임에 주의를 기울인다.

몸 이곳저곳에 배어 있는 감정에 주의를 집중한다.

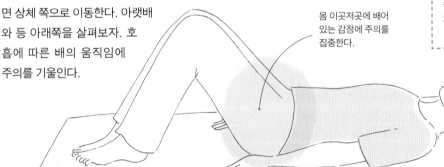

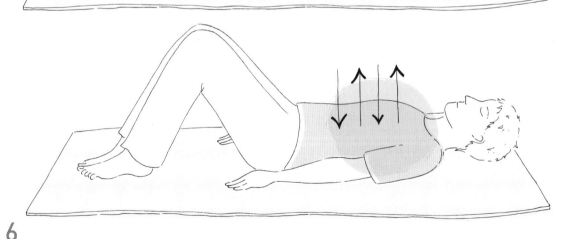

6

가슴과 등 위쪽에 초점을 맞춘다. 호흡하면서 오르내리는 갈비뼈의 움직임에 주목하라. 심장 박동을 느낄 수 있다면 가만히 귀를 기울여본다. 수축과 팽창을 반복하는 폐에 집중하라.

계속 ▶

팔과 어깨 근육의 긴장을
느껴본다. 고통이 느껴진다면
연민으로 받아들여라.

9

눈과 눈꺼풀을 인식한다. 마찬가지로 많은
감각이 느껴지는 부위다. 눈을 깜박이는 행
동을 의식하고 양쪽 눈에서 느껴지는 감각
의 차이를 알아차린다. 코에 주의를 기울이
면서 들숨과 날숨을 느껴본다.

7

왼쪽 팔로 주의를 돌려서, 발가락과 같은 방
법으로 손가락을 관찰한다. 손바닥, 손목,
손등, 손날을 살펴보자. 왼쪽 팔을 타고 올
라가면서 하박, 팔꿈치, 상박, 어깨를 주시
한다. 같은 방식으로 오른쪽 손가락, 손, 팔,
어깨를 둘러본다.

8

목과 목구멍에 주의를 기울인다. 30초 정도 살펴
본 다음, 턱과 입으로 향한다. 몸 안에서 관찰할 수
있는 대부분의 감각이 몰린 곳이다. 입술이 서로
닿으면서 느껴지는 부드러움과 끈적임을 관찰한
다. 축축한 감각을 관찰하면서 입술의 경계를 찾
는다. 혀가 이와 입천장에 닿는 기분을 느껴보자.

턱 근육에 주의를 기울인다.
코와 귀에서 느껴지는
따뜻하거나 차가운 감각을
알아차린다.

불편한 감각 다루기

초점을 옮기면서 몸을 살펴보는 동안
아마 불편한 감각을 마주하게 될 것이
다. 호기심을 가지고 수용하는 자세로
편견 없이 바라보도록 노력하라. 옆의
그림은 마음챙김하면서 감각을 알아
차리는 경험이 습관으로 자리 잡은 회
피 반응을 어떻게 바꾸는지를 나타낸
것이다. 현재의 경험에 다정하게 눈을
맞춰라. 그러면 감각이 영원하지 않다
는 사실을 알 수 있다.

우리는 좋은 일을 갈망하며 현실로
일어나기를 바라고, 피하고 싶은
일은 혐오하면서 실제로 일어나지
않기를 바란다.

바디 스캔은 나타나는 감각을 있는
그대로 놓아두고, 몸에 연민 어린 관심을
주는 과정에서 수용의 자세를 함양하는
수행이다. 나중에는 자신의 몸뿐 아니라
다른 사람도 있는 그대로 받아들일 수 있다.

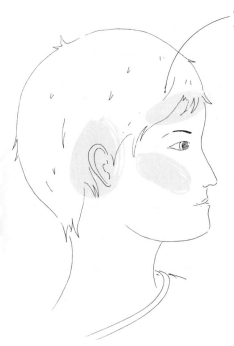

이마와 얼굴 근육의
긴장을 느낀다.

11

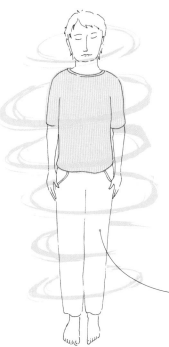

같은 방식으로 모든 신체 부위를 관찰한다. 전부 살펴보았다면 몇 분 동안 몸 전체를 하나로 인식하면서 숨을 불어넣는 것으로 수행을 마무리한다. 숨으로 생명을 불어넣는다고 생각하면서 반복되는 들숨과 날숨을 느껴라. 천천히 명상에서 빠져나온다. 고요하고 평화로운 상태에서 완전한 한 사람으로서의 자신을 느껴본다.

몸을 살펴보는 동안
고생한 자신에게
감사의 인사를 건네라.

10

귀, 볼, 관자놀이, 이마, 뒤통수, 정수리, 피부에 닿는 머리카락을 차례대로 살펴본다.

꾸준한 비판단
다른 마음챙김 명상과 마찬가지로 마음속에 나타나는 잡념이나 감정, 그리고 귀에 들리는 소리를 알아차리고 내려놓는다. 그리고 천천히 몸에서 느껴지는 감각에 다시 집중한다. 바디 스캔을 마친 뒤, 마음챙김 일기에 경험한 내용을 기록한다.

이러한 고통이 나타나는 이유는 지금 이 순간을 있는 그대로 받아들이지 않기 때문이다. →
보통 무의식의 영역에 속하는 갈망과 혐오는 몸의 감각으로 모습을 드러낸다. →
우리는 불편한 감각은 피하고 기분 좋은 감각만 찾는다. 이러한 행동은 갈망과 혐오에 힘을 실어주며, 고통을 키운다.

↓

어떠한 판단도 내리지 않고 불편한 감각을 인식하는 수준에 이르면 고통과 새로운 관계를 맺게 되는데, 가끔은 감각 자체를 바꾸는 현상을 유발하기도 한다. ←
몸에서 나타나는 스트레스 반응을 관찰하면서 고통을 수용하고 기꺼이 맞이하는 자세를 기른다. 스트레스는 영원하지 않으며, 시간이 지나면서 변한다는 사실을 이해한다. ←
호기심을 가지고 다정한 태도로 마음챙김하면서 감각에 집중하는 바디 스캔은 고통스러운 현실과 씨름하는 굴레를 깨뜨릴 수 있다.

세상이 변한다!

모든 감각에 집중하기

감각은 자아와 외부 세계를 잇는 접점으로, 주변에서 들어오는 정보를 받는 필터 역할을 한다. 살아가면서 많이 의존하는 감각인 시각과 청각을 이용해 현실에 머무르되, 가끔은 다른 세 감각도 사용하는 시간을 가지도록 한다.

오감에 집중하면서 주변 환경을 받아들이는 동안에는 현재에 오롯이 머무를 수 있다. 감각에 주의를 기울이면 마음은 생각이나 감정은 물론이고, 과거나 미래도 떠올리지 못한다.

균형 맞추기

마음챙김 여정을 시작해서 바디 스캔에서 신체 감각을 살펴보는 과정을 거치고 나면, 모든 감각을 동원해 자신을 다시 한 번 알아보는 시간을 가지는 것이 좋다. 바디 스캔은 신체 부위를 자세히 살펴보면서 내면의 감각(오감과 크게 상관이 없는)에 집중하는 명상이다. 반면, 육체를 넘어 주변을 둘러싼 환경으로 관찰 범위를 넓히는 수행은 다섯 감각으로 떠나는 여행이라고 할 수 있다.

지금부터 설명할 두 가지 수행을 통해 현재를 알아차리면서 감각을 하나씩 훈련하라. 일상에서 모든 감각에 주의를 기울이는 일에 익숙해지도록 한다. 능률을 떨어뜨리는 잡념을 떨쳐내고 싶을 때 감각에 집중하면 마음을 바로잡는 데 큰 도움이 된다.

추억을 되살리는 냄새

후각 기관은 냄새를 둘레 계통이라고 부르는 뇌 구조에 전달한다. 둘레 계통은 기분, 기억, 감정을 제어하는 데 중요한 역할을 하는 부위다. 냄새를 맡으면 관련 기억이 떠오르는 이유가 여기에 있다. 소나무 숲 향기를 맡으면, 어렸을 때 캠핑을 떠났던 추억이 떠오르는 식이다. 강한 냄새가 나는 장소에서 새로운 무언가를 학습하면 나중에 같은 냄새를 맡았을 때 더 쉽게 기억을 떠올릴 수 있다. 또한 냄새는 과거의 감정을 불러오는데, 조향 업계에서는 이를 이용해 욕망, 활기, 평온 같은 느낌이 들게 하는 향수를 생산한다. 우리는 후각 자극을 간단한 마음챙김 명상에 활용할 수 있다. 자신에게 강한 영향을 미치는 냄새를 하나 생각해보자. 무엇이 떠오르는가? 기억인가, 과거와는 상관없는 감정인가? 자기 탐구 정신을 가지고 냄새가 무엇을 불러일으키는지 자세히 관찰하라.

"많이 먹을수록 맛이 덜하며 적게 먹을수록 맛이 좋다."
중국 격언

오감 명상

감각 하나에 2분씩, 총 10분 동안 수행하는 명상이다. 언제 어디서 실시해도 상관없고, 원한다면 서서 해도 좋다. 낯선 장소에서 수행하면 주변에서 느껴지는 감각에 집중하기 쉽다. 비교적 분명한 감각인 시각과 청각에만 의존하는 동안 놓치고 있었던 다른 감각에도 주의를 기울이는 시간을 가지면서 훨씬 풍부하게 세상을 받아들이는 경험을 할 수 있다.

촉각

먼저 피부에 닿은 옷의 감촉에 초점을 맞추었다가, 다른 주변 환경까지 느껴본다. 팔을 뻗어서 사물을 만져보라. 집중할 만한 대상을 찾았다면 눈을 감고 자세히 관찰한다.

시각

주변을 둘러본다. 이제 깊이와 거리 개념은 버리고, 세상을 2차원으로 인식한다. 색, 그림자, 형태, 세부 사항에 집중하라. 사물의 경계를 특히 주의해서 살펴본다.

냄새

느껴지는 냄새가 있다면 주의를 기울여보라. 뚜렷하게 나는 냄새가 없다면 꽃이나 음식처럼 적당한 물건을 코 가까이 댄다. 상황상 아무 냄새도 맡을 수 없다면 코에서 냄새를 감지하는 부위를 머릿속으로 시각화하며, 냄새를 맡는 능력이 있다는 사실에 감사하는 시간을 가진다.

청각

눈을 감고 귀를 연다. 근처에서 들리는 소리와 멀리서 들리는 소리, 모두에 집중한다. 소리의 높이와 크기를 가늠한다. 몸 바깥에서 나는 소리뿐만 아니라 몸 안에서 나는 소리에도 주의를 기울인다. 소리가 변하고 희미해지는 과정을 자세히 관찰한다.

미각

먼저 입안의 맛을 보면서 시작한다. 이제 사과나 다른 과일을 입에 넣고 맛을 음미하라. 현대 마음챙김 수행의 선구자인 존 카밧진은 건포도로 미각 명상을 수행했다.

번화가의 감각

하나 이상의 감각을 활용할 수 있는 번잡한 장소를 찾아라. 붐비는 카페는 다양한 소리를 들을 수 있으며, 봄의 정원은 많은 냄새를 맡을 수 있다. 자리를 잡고 앉아서 감각의 창으로 무엇이 쏟아져 들어오는지 주의를 기울인다.

"진정으로 새로운 것을 발견하려면⋯
새로운 시각을 가지는 방법밖에는 없다."

마르셀 프루스트(『잃어버린 시간을 찾아서』를 쓴 프랑스의 소설가, 1871~1922)

내면의 롤러코스터

감정이 드러나는 순간

마음챙김 수행 도중에 난입하여 마음을 뒤흔드는 감정은 초원을 가로지르는 한 마리 야생마와도 같다. 감정이 들려주는 이야기에 휩쓸리지 않고, 주의를 기울이면서 관찰하면 현재의 순간에 머무르는 데 도움이 된다.

중압감, 피로, 근육의 긴장, 움츠러든 어깨 같은 특정 신체 감각은 마음의 상태를 대변한다. 자신이 활력이 없고 자존감이 떨어지며 모든 일을 삐딱하게 받아들인다고 생각한다면, 이러한 신체 증상은 자아상을 부정적인 방향으로 강화한다. 다시 말해, 안 좋은 반응이 반복되는 불행의 굴레에 갇히게 된다는 뜻이다. 마음의 창인 감각을 알아차리는 일은 악순환을 멈추고 만족스러운 인생을 살기 위해 몸을 우리 편으로 만드는 전략이다.

감정 관찰

마음챙김 명상을 수행하다보면, 감정이 신체의 감각이 아니라 원초적인 느낌의 형태로 나타난다는 사실을 알게 된다. 바디 스캔(120~125쪽)을 수행할 때 흔히 관찰할 수 있는데, 이는 자아의 가장 깊은 영역까지 파헤치는 긴 명상이기 때문이다. 바디 스캔 명상을 수행하는 사람 대부분은 지금까지 의식의 영역 밖에 숨어 있었지만, 자신의 행동과 태도에 뚜렷한 영향을 미쳤을 법한 감정을 마주하게 된

다. 마음챙김은 이러한 감정을 자기 연민과 수용의 태도로 바라보는 요령을 알려준다. 우리는 이러한 불청객을 문전박대하는 대신, 호기심을 가지고 대한다. 묵은 감정을 친절하게 환영하는 일에 익숙해지면, 의식의 영역에 들어오는 감정을 레드 카펫까지 깔아놓고 맞이한 다음, 스스로 사라지는 모습을 구경할 수도 있다. 감정을 관찰하는 수행은 자아 탐색의 첫 시작이기도 하다.

부정적인 패턴 해소하기

깊숙이 자리잡은 감정적 반응에 뿌리를 내리고 굳어진 생각이나 행동 패턴에서 벗어나는 일은 쉽지 않다. 마음을 굳게 먹고 의지로 감정을 억누르는 방법은 좋은 선택이 아니다. 의식의 영역에 있는 감정과 정면으로 부딪치면 이들의 힘을 키워주는 역효과가 날 수 있다. 우리에게 필요한 무기는 새롭고 향상된 형태의 마음챙김 사고방식이다. 현재의 순간에 머무르는 훈련을 거듭하고 경험에 판단을 내리는 대신, 수용하는 자세를 가지면 더욱 안정된 상태를 유지할 수 있으며 감정에 무의식적으로 반응하는 빈도가 줄어

마음챙김하며 감정에 집중하기

한 송이 꽃을 감상하듯이 느껴지는 감정을 살펴본다. 최대한 집중하면서 모든 특징을 관찰하라.

감정이 여러분을 있는 그대로 보려 한다고 상상하라. 불편하지 않은 선에서 최대한 가깝게 다가가자. 가까이 접근할수록 감정이 격렬해질 수 있는데, 자연스러운 현상이니 놀라지 않아도 된다. 감정에 압도당했다면 나중에 다시 시도해보도록 한다. 경험한 내용은 마음챙김 일기에 기록하라.

> 마음챙김 수행의 경지가 높아질수록
> 어려운 감정도 차분하게 잘 받아들일 수 있다.

든다. 마음챙김이 조종간을 잡으면 자동 조종장치는 저절로 꺼지기 마련이다.

수용감

지금 겪는 감정적인 어려움을 있는 그대로 받아들이라는 말은 부정적인 메시지에 하염없이 귀를 기울이라는 뜻과는 거리가 멀다. 오히려 열린 태도를 가지고 감정을 맞이하라는 뜻에 가깝다. 마음챙김의 시각에서 보면, 부정적인 감정은 우리를 비판하는 현수막을 목에 걸고 다니지 않으며, 긍정적인 감정 역시 우리를 찬양하는 구호를 외치지 않는다. 마음챙김 명상을 하는 동안에는 마음을 열고 부정적인 감정과 긍정적인 감정 모두를 똑같이 받아들이도록 한다.

나름의 속도 찾기

존재조차 몰랐던 내면의 까다로운 감정을 하루아침에 찾아내라는 말이 아니다. 수면 위로 떠오르는 감정을 마주하는 일이 버겁다고 느끼면, 받아들이기 어렵다는 느낌 역시 내면에서 보이는 경치의 일부가 된다. 단지 연민을 가지고 끄집어낸 까다로운 감정을 그대로 받아들이고 원래 집중하던 대상으로 돌아가라. 깊은 곳에 숨어 있던 괴로움과 마주쳤을 때, 우리는 얼마나 빠르게 받아들일지 선택할 수 있는 능력이 있다. 서두르지 않아도 좋다. 현재에 머무르면서 있는 그대로를 경험하는 일이 가장 중요하기 때문이다. 지금 이 순간 내키는 만큼만 내면의 감정 상태를 들여다보고 관찰하라.

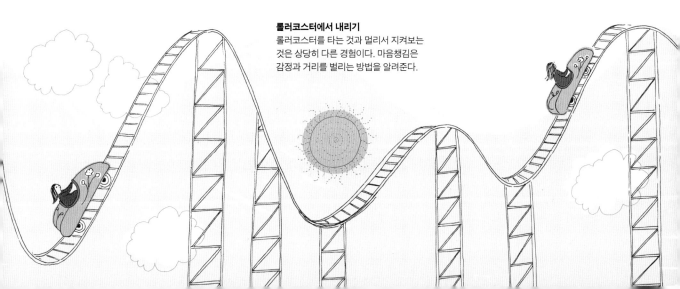

롤러코스터에서 내리기
롤러코스터를 타는 것과 멀리서 지켜보는 것은 상당히 다른 경험이다. 마음챙김은 감정과 거리를 벌리는 방법을 알려준다.

한 걸음씩 차분하게
차근차근 시작하는 걷기 명상

몸의 움직임을 느끼는 일 역시 순수한 감각에 마음챙김을 적용하는 명상이다. 그중 걷기 명상은 선불교에서도 역사를 찾아볼 수 있는 유서 깊은 정규 수행이다. 그렇지만 반드시 계획을 세워서 실시할 필요는 없으며, 일상에서 틈틈이 해도 효과를 볼 수 있다. 직장에 출퇴근하는 것이 하루 일과의 전부라고 할지라도 아예 걷지 않는 사람은 거의 없기 때문이다.

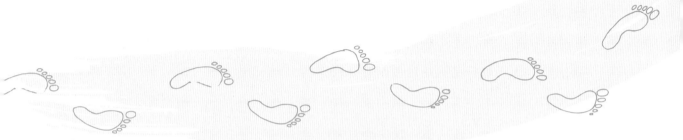

걸으면서 알아차림하다

마음챙김 걷기에는 특별한 기술이 없다. 서두르지 말고 일정한 속도로 편하게 걸으면 된다. 잡념이 떠오르면 땅에 닿는 발의 감각에 주의를 기울이면서 마음을 가라앉힌다. 옆의 간단한 활동을 시도하면서 수행에 약간의 변화를 주도록 한다. 걷기 명상의 수준을 높이고 주변을 생생하게 느끼며 자신과 주변 환경에 대한 인식을 끌어올리는 기분 전환 시간이라고 생각하라.

초점 옮기기

신체 감각과 주변 세상을 번갈아가면서 관찰한다. 보이는 경치, 들리는 소리, 근처의 사물을 더듬을 때 느껴지는 감촉, 코로 들어오는 냄새 순서로 주의를 기울인다.

날씨 산책

기온에 맞는 옷을 입고 나가서 모든 감각을 동원해 날씨를 느껴본다. 발밑에서 뽀득거리는 눈, 짙은 구름을 뚫고 내리쬐는 햇빛, 무지개의 다채로운 색깔, 얼굴로 떨어지는 빗방울에 주의를 기울인다.

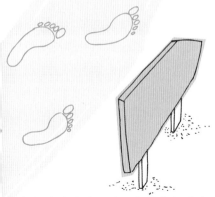

현재에 머무르면서 걸음을 옮기고
신체 감각에 주의를 기울여라.
걷기 명상은 언제 어디서든 수행할 수 있다.

호흡과 달리 걷기는 학습한 것이다. 하지만 오래전에 배웠기 때문에 터득했다기보다는 타고난 반사 작용처럼 느껴진다. 걸을 때는 보통 자동조종장치가 작동한다. 비행기처럼 목적지를 향해 간다는 사실을 생각해보면 무의식 상태를 자동조종장치에 비유해도 그럴싸하다. 걷는 동안 우리는 누군가와 이야기를 나누거나

해결해야 할 문제, 마음속 걱정을 떠올린다. 사실, 많은 사람이 산책 시간을 마음을 환기하고 해결책을 찾는 때로 꼽는다. 마음챙김에서 하는 걷기는 상당히 낯설다. 의식적으로 문제를 떠올리면서 해결책을 갈구하지 않고, 문제에 대한 생각이 저절로 떠오르더라도 건드리지 않고 내버려둔다. 걷는 동안에는 신체 감각에 주

의를 기울이면서 현재에 머무른다. 걷기 명상은 형식에 구애받지 않고 할 수 있으며, 장볼 때나 모임에 나가는 길에도 할 수 있다. 몸-호흡 명상 프로그램에 넣어서 미리 시간을 정해놓고 마음챙김 걷기를 하러 나가는 식으로 해도 된다. 걷기 명상을 다른 명상과 함께 진행하여 수행을 다채롭게 만드는 것도 좋다.

노랫길

새가 노래하는 봄에는 교외로 산책하러 나가라. 새마다 울음소리가 다르다는 사실을 생각하면서 걷는 동안 소리가 조금씩 달라지는 것을 느껴본다. 새소리에 주의를 기울이다 보면 마음의 이야기는 잘 들리지 않는다.

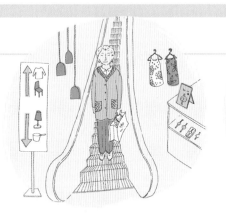

매장 걷기

백화점에 가서 에스컬레이터를 타라. 꼭대기 층까지 올라가면서 전시된 제품을 다양한 각도로 관찰한다. 주변 사람을 주시하고 들리는 대화에 귀를 기울여라.

사방에서

주변과 떨어져 있는 건물로 향한다. 공원에 있는 박물관이나 교회 정도가 좋다. 어떤 특징이 있는지, 관찰 지점에 따라 시야가 어떻게 변하는지 자세히 살펴보면서 건물 주변을 돌아본다.

계속 ▶

마음챙김 걷기 명상

본 명상은 실내와 실외를 가리지 않고 수행할 수 있다. 넓은 공간이 필요하지도 않다. 원을 그리며 걷거나 앞뒤로 왔다 갔다 하면 된다. 걸리적거리는 가구는 없는 편이 좋다. 카페트를 깔아둔 곳이나 푹신한 장소에서 실시할 경우, 맨발로 걸으면 감각을 더 예민하게 만들 수 있다.

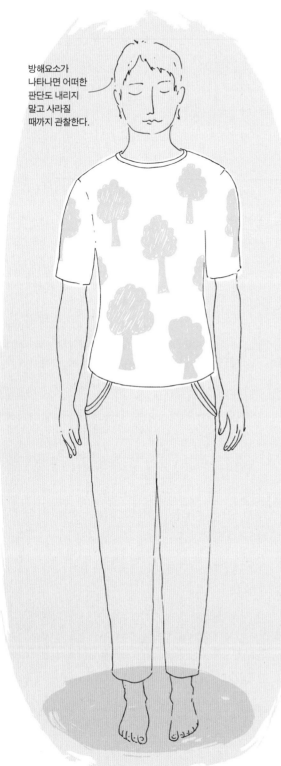

방해요소가 나타나면 어떠한 판단도 내리지 말고 사라질 때까지 관찰한다.

1

팔을 양옆으로 늘어뜨리고 똑바로 선다. 땅에 닿아 있는 발의 감각을 의식한다. 자신이 한 그루의 나무라고 상상해도 좋다. 우직하고 장엄하며 높게 솟아 있다고 생각하라. 조금씩 움직이면서 가장 편하게 느껴지는 자세를 찾는다.

2

1분이나 2분 정도 호흡에 집중한다. 준비되면 발에 주의를 기울인다.

수행에 관하여

효과 몸-호흡 마음챙김 명상을 움직임이라는 새로운 차원으로 확장한다.

빈도 재량에 맞게 실시한다. 효과가 좋다면 매일 수행해도 무방하다. 몸-호흡 명상이나 바디 스캔을 진행하면서 가끔 변화를 주는 식으로 사용해도 좋다.

시간 10분 정도가 가장 적합하다. 원한다면 더 길게 해도 상관없다.

3

체중을 한쪽 발에 싣는다. 무게중심이 된 발을 아래로 누르고 반대쪽 무릎을 이완하면서 다리를 앞으로 뻗는다. 몸을 흔들면서 균형을 잡고 앞으로 뻗는 발의 뒤꿈치와 발볼이 바닥을 스치는 감각에 주의를 기울인다.

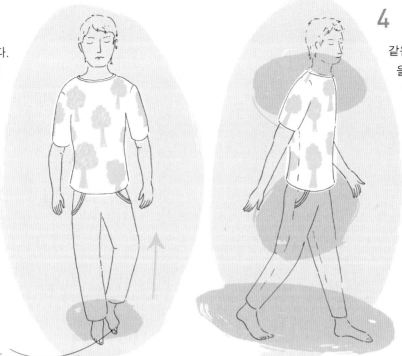

느껴지는 모든 감각을 알아차리면서 천천히 움직인다.

4

같은 방식으로, 반대쪽 발을 앞으로 내디딘다. 다리, 발, 상체가 움직이면서 나타나는 감각과 바닥에 닿는 부분에서 느껴지는 압박감에 주의를 기울인다.

5

천천히, 신중하게 걸으면서 나타나는 감각에 집중한다. 반복해서 나타나는 감각이 무엇인지, 변하는 감각이 있다면 어떻게 변하는지 관찰하라. 계속 앞으로 걷거나 수행하는 장소에 맞춰 방향을 바꾸며 돌아다닌다.

> **응용**
> 호흡에 맞추어 걷는다. 발을 내디디면서 숨을 내쉬고, 반대쪽 발을 앞으로 뻗을 때 숨을 들이쉰다. 호흡의 리듬으로 걷는 속도를 조절한다. 걸으면서 바디 스캔을 수행해보자. 걷는 동안 발부터 시작해서 정수리까지 올라가며 신체 부위를 하나씩 인식하면 된다.(120~125쪽 바디 스캔 참조)

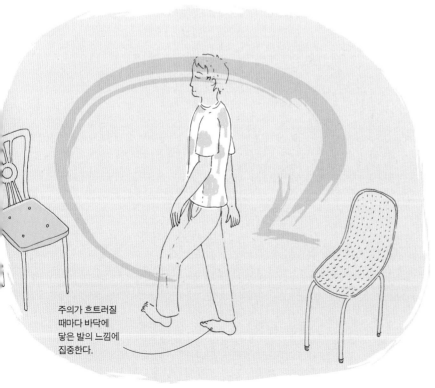

주의가 흐트러질 때마다 바닥에 닿은 발의 느낌에 집중한다.

"먼 곳에 집중하느라
가까이 있는 것을 놓치지 마라."

에우리피데스(고대 그리스의 극작가, BC 480 ~ BC 406)

연민의 파도

자애 명상

불교 수행에서 피생된 자애 명상은 자기 연민으로 시작한다. 먼저 자신의 모든 결점을 받아들인 다음, 긍정의 에너지를 천천히 넓히며 다른 사람까지 수용하는 수행이다. 따스한 감정을 만들어내는 과정에서 다른 사람과 우리가 느끼는 행복이 커지게 된다.

다른 사람을 살갑게 대할 수 없고, 따스한 감정을 표현하기가 어려우며, 분노나 증오와 같은 감정이 마음속에서 고개를 들려고 한다는 사실을 눈치챘다면 무언가 조치를 해야 할 때가 되었다는 뜻이다. 직장 상사 같은 특정 관계인 사람만 싫을 수도 있고, 사람 자체에 환멸을 느낄 수도 있겠다.

이런 식으로 마음이 차갑게 식으면 다른 사람에 대한 연민의 감정을 자극하여 다시 따뜻하게 데워야 한다. 불교에서 타인을 차별 없이 사랑하는 자세를 기르기 위해 실시하는 전통 수행인 자애 명상에서 도움을 받을 수 있겠다. 매주, 혹은 공감 능력이 떨어졌다고 느낄 때마다 자애 명상을 하라. 인내, 아량, 관대, 너그러움, 친절과 같은 자질을 향상할 수 있다.

마음 명상

자애 명상을 하는 동안, 우리는 부정적인 사고 습관에서 벗어나 삶을 보람차게 느끼도록 도와주는 낙관적인 인생관을 가지려 애쓴다. 그리고 이러한 과정에서 일종의 내적 치유를 경험하고, 다른 사람이 경험하는 일을 자신이 겪는 것처럼 받아들이는 자세인 공감을 습관화한다. 공감은 연민과 동정을 구분 짓는 것이다. 동정은 단순히 걱정하는 태도와 그 표현이지만, 연민은 더 심오한 의미가 있다. 다른 사람의 곤경을 깊이 있게 이해하며 난관에 부딪히는 원인이 되었던 결점과 실수까지 용서하는 단계가 연민이다.

자애는 다른 사람의 문제를 자신의 것처럼 받아들이는 연민에서 더 나아간 개념이다. 타인의 기쁨, 성취, 장점, 행운을 포용하려는 노력이 있어야 하기 때문이다. 자애는 정신에 치중한 '통찰' 명상의 반대 개념인 '마음' 명상이다. 정규 수행이 아니라 다정한 감정을 유발하는 요령이라고 생각하고 활용하라. 집, 지역 사회, 직장 등 마주치는 모든 사람에게 자애를 베풀 수 있을 것이다.

거의 모든 불행은 타인을 희생해서
행복을 거머쥐려는 바람에서 온다.
이러한 행동을 하는 건 언젠가 자신에게
고통으로 돌아온다는 사실을 모르기 때문이다.

넓어지는 원

자애 명상을 수행할 때, 아래처럼 처음에는 자신에게 초점을 맞추었다가 점차 가까운 사람부터 시작해서 싫어하는 사람까지 범위를 넓혀간다. 사람마다 지인을 분류하는 기준이 다르므로 아래의 예시는 참고만 하도록 한다. 자신에게 사랑을 보내기가 어렵다면(자기 비판적인 사람일 경우) 먼저 사랑하는 배우자나 친구에게 집중하면서 명상을 시작한 다음, 초점을 자신에게 옮긴다.

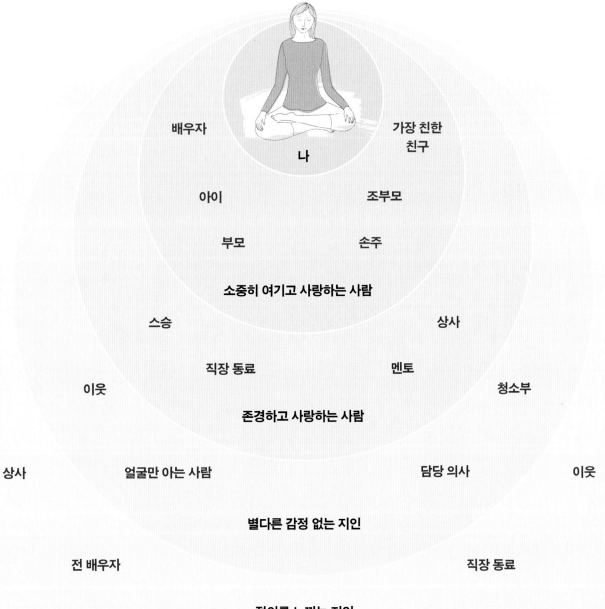

배우자

가장 친한
친구

나

아이   조부모

부모   손주

소중히 여기고 사랑하는 사람

스승   상사

직장 동료   멘토

이웃   청소부

존경하고 사랑하는 사람

상사   얼굴만 아는 사람   담당 의사   이웃

별다른 감정 없는 지인

전 배우자   직장 동료

적의를 느끼는 지인

계속 ▶

자애 명상

자애 명상은 자세에 구애받지 않으므로 다른 마음챙김 명상에서 편하게 느꼈던 자세로 앉아 수행하면 된다. 상당한 정신력이 필요하기 때문에 피곤할 때는 수행하기 어렵다.

1

등을 곧게 펴고 편하게 앉는다. 발바닥은 바닥에 붙이고, 다리는 꼬지 않는다. 눈을 감고 긴장을 풀어준다. 방해요소는 모두 내려놓는다.

척추를 '반듯하게' 세운다.
등받이에 기대지 않는다.

수행에 관하여

효과 개방성과 공감 능력을 향상하고 다른 사람과의 유대감을 높이는 데 도움을 준다.
빈도 최소 일주일에 한 번 수행한다. 어떤 사람에게 부정적인 감정을 느끼거나 자기 집착에 빠질 때 실시하면 좋다.
시간 30분이 가장 좋다.

2

마음속으로 다음과 같이 말하면서 자신을 위한 자애의 소원을 빈다. '자신을 사랑하는 경험을 하기. 행복하고 건강하게 평화로운 삶을 살 수 있기를.' 조용히 되뇌면서 말에 담긴 진심을 느낀다. 자신을 향한 따스한 감정이 솟아날 때까지 똑같이 혹은 살을 더 붙여서 반복한다(같은 느낌으로 더 많은 소원을 빌면 된다).

3

진심으로 사랑하는 사람에게 자애를 담아 소원을 빈다. 이번에는 얼굴을 보고 이야기한다고 생각하라. 예를 들면, '사랑하는 딸아, 자신을 사랑하는 경험을 하기를 빈다. 행복하고 건강하게 평화로운 삶을 살아라.' 같은 식이다. 다시 한 번 되뇌면서 말에 담긴 따뜻한 진심을 느끼도록 한다. 원한다면 이번 단계에서 여러 사람을 대상으로 하거나 따로 빌고 싶은 소원을 자세히 말해도 좋다.

4

사랑하고 존경하는 사람에 대해 자애의 소원을 빈다. 인생에서 중요한 교훈을 알려준 사람이나 힘든 시기에 도움을 주었던 사람을 떠올리자. 마찬가지로 빌고 싶은 소원을 말하면 되지만, 3단계에서 빌었던 그대로 반복하는 것이 가장 좋다.

5

좋지도 싫지도 않은 사람에게 자애를 보낸다. 이름을 알면 이름으로 부르고, 직위만 알면 직위로 부른다. 호칭은 중요하지 않다.

6

싫어하는 사람이나 나를 화나게 했던 사람에게 자애를 보낸다. 처음에는 부정적인 감정이 느껴질 테지만, 명상을 계속하다보면 점차 사라진다.

나침반
따뜻한 감정을 모든 인류에게 보내면서 자애 명상의 규모를 확대할 수 있다. 동서남북을 기준으로 지구를 네 구역으로 나누고 하나씩 떠올리면서 자애 명상을 해라. 원한다면 명상하는 동안 자애를 보내는 방향으로 자세를 틀어도 좋다. 현재 사는 도시나 나라의 사람에게만 집중해도 상관없다.

"들어라, 아니면 너의 혀가
너를 귀먹게 하리라."

북미 원주민 속담

상상 마음챙김

산이 되는 방법

이번 명상에서는 상상력이 필요하다. 하지만 서로 아무 관계없는 상상을 마구 떠올리는 공상과는 다르다. 상상하는 동안 의식하면서 현재에 머물러야 한다. 마음챙김하면서 상상의 나래를 펼치는 활동은 감수성을 높이는 데 도움이 된다.

상상력이란 오감으로 감지할 수 없는 정신의 이미지를 만드는 능력이다. 우리는 일어나지 않기를 바라는 미래의 사건을 속으로 그려볼 때가 있다. 이때 상상력은 불안을 증폭한다. 또한 현실로 일어났으면 하는 일을 떠올리기도 한다. 망상(실제로 일어나지 않는다면)이나 예상이 여기에 들어간다. 마음챙김하는 도구로 감각을 이용할 수 있었듯이, 상상 역시 마찬가지다.

공상은 보통 마음챙김의 영역과는 거리가 멀다. 현재에 머무르거나 집중해서 무언가를 알아차리는 일 없이 혼탁한 정신 상태로 잡념에 빠지기 때문이다. 하지만 마음만 먹으면 자애 명상(138~141쪽)에서 했던 것처럼 상상을 펼치는 동안 현재의

순간에 집중할 수 있다. 다음 페이지에서 감각적 경험이 아닌 상상에서 마주하는 경험에 초점을 맞추면서 현재의 순간에 차분하게 머무르는 수행법을 익혀보자. 바로 산이 되는 명상이다.

차분하고 흔들림 없이

산은 든든하고 장엄하며, 변덕스러운 날씨에도 흔들림이 없다. 이번 명상은 내면에서 산과 같은 힘과 안정성을 찾는 데 도움을 준다. 비바람이 아무리 강해도 산을 흔들 수 없듯이, 마음속에 부는 폭풍이 사납다 한들 우리 존재의 본질에는 어떠한 영향도 미칠 수 없다는 사실을 상기

하는 수행이기도 하다. 산 명상이 마음챙김 수행에서 꽤 유명해진 이유는 무게중심을 낮추고 가만히 앉아 있는 사람의 자세가 산이 우뚝 서 있는 모습을 연상시키기 때문이다. 머리를 산꼭대기, 팔과 허벅지를 산비탈이라고 생각해보자.

공감에 뿌리를 두는 명상이므로 상상력을 키우는 것이 중요하다. 결국 공감이란 내가 다른 사람이라면 어떻게 느낄지 상상하는 능력이기 때문이다. 산 명상 같은 공감적 사고는 특정 목적을 가지고 집중하면서 상상력을 발휘하는 예시라고 할 수 있다.

산처럼 굳센
산이 날씨에 상관없이 묵묵하게 서 있는 것처럼, 우리는 좋고 나쁜 생각과 느낌을 똑같이 바라보는 태도를 함양할 수 있다.

이미지의 힘

상상력의 힘을 이해하고 싶다면 기억을 떠올려보라. 일어났던 일을 생생하게 그려보면 과거의 사건을 더 쉽게 되짚을 수 있다. 상상의 물체에 집중하는 일은 명상에서 흔히 볼 수 있는 과정이다.

시각화 유형

명상에서 흔히 사용하는 시각화의 종류는 다음과 같다.

- 별이나 석양처럼 떠올린 물체에 집중하기.
- 평온한 호수처럼 떠올린 경치에 집중하기. 마음을 가라앉히고 불안을 완화하는 데 도움이 된다.
- 산이나 새와 같은 다른 무언가가 되었다고 상상하기. 자신을 다른 물체에 비유하는 과정에서 내면의 자질을 찾는 데 도움이 된다.
- 미래에 일어났으면 하는 사건 상상하기. 많은 사람이 창의력을 발휘해 미래를 생생하게 그리면서 동기 부여를 받는다.

"상상력은 지식보다 중요하다.
지식에는 한계가 있지만,
상상력은 세상 전부를 끌어안는다."
알베르트 아인슈타인(상대성이론을 발견한 물리학자, 1879~1955)

계속 ▶

마음챙김 산 명상

산을 원하는 만큼 세밀하게 상상한다. 경치를 눈앞에 그려
내는 과정보다 산의 힘을 내면으로 가져오는 일이 더 중요
하다는 사실을 명심하라. 떠올린 산과 하나가 되면, 가까이
붙어 있는 다른 산의 모습도 그려본다. 처음에 떠올린 산만
큼 자세하게 상상할 필요는 없다.

1

의자에 편하게 앉는다. 등받이에 기대지
않고 허리를 반듯하게 편다. 손은 허벅지
나 무릎에 올려놓는다. 발바닥은 바닥에
붙이고 눈을 감는다.

자리에 차분하게
앉아서 의자가 몸을
밀어내는 감각에
주의를 기울인다.

2

1분이나 2분 정도 마음챙김하며 호흡한다.
마음이 탁 트인 하늘이라고 생각해도 좋다.
곧 하늘 아래로 산을 그려볼 것이다.

3

눈앞에 산을 그려낸다. 최대한 자세하게 떠올
려라. 침엽수가 우거진 산비탈은 온통 초록색
이다. 중턱에는 바위 지대와 골짜기가 있고,
그 위부터 정상까지는 눈과 얼음으로 덮
여 있다.

계속 집중하면서
산의 상을 점점
선명하게 떠올린다.
형태와 작은
특징까지 전부
놓치지 않는다.

자연 되기

상상 속에서는 무엇이든 될 수 있다. 산 명
상을 대체할 수 있는 수행은 다음과 같다.
호수 명상 거대한 호수가 되었다고 생각
한다. 감정이라는 날씨는 표면에만 영향
을 미칠 뿐, 깊은 곳은 전혀 흔들리지 않
는다.
나무 명상 날씨가 아무리 궂어도 이파리
만 흔들릴 뿐 몸통과 가지는 절대 휘어지
지 않는다. 고민이 이파리라고 생각하고
자연스럽게 땅에 떨어지는 모습을 상상
하라.

4

땅을 딛고 선 장엄한 산을 완전히 그려낸다. 몇 분 정도 계속 산을 관찰한다. 이제 산을 내면으로 불러들이면서 산과 하나가 되는 모습을 상상하라.

산과 하나가 되는 동안 주변 날씨가 계속 변하는 모습을 관찰한다.

수행에 관하여

효과 자애 명상(138~141쪽)처럼 상상력을 높이는 데 도움을 주므로 인간관계와 창의성에 큰 영향을 미친다. 정신력을 기르고 감정에 흔들리지 않으며 내면의 힘을 발현하도록 유도하는 명상이기도 하다. 한 자리에 가만히 앉아 있는 일이 어려운 초심자에게 도움이 된다.

빈도 가끔 실시하면서 마음챙김 수행 프로그램에 변화를 주어도 되고, 스트레스를 받거나 어려운 일에 직면할 때마다 해도 좋다.

시간 20분 정도가 좋지만, 더 오래 해도 상관없다.

5

비바람이 휘몰아치고 폭풍이 불어도 고요하고 평온하게 자리를 지키는 산이 되었다고 상상하라. 바위, 얼음, 눈으로 이루어진 난공불락의 요새에서 격변하는 날씨를 관찰한다.

6

내면의 모든 문제와 문제에 얽힌 감정을 산의 날씨 패턴이라고 생각하며 바라본다. 끊임없이 변하는 소용돌이에 휘말리지 말고 아무 판단도 내리지 않으면서 안전한 거리에서 관찰하라. 준비되면 산의 힘을 그대로 가지고 일상으로 돌아가는 모습을 그려본다. 필요할 때면 언제든지 사용할 수 있는 내면의 도구 상자라고 생각하라.

현재에 머무르는 습관

항상 마음챙김을 유지하는 자세 기르기

모든 일은 마음챙김하며 할 수 있다. 명상은 물론이고, 깨어나는 순간부터 잠자리에 들 때까지 마음챙김을 일상에 아로새기고 현재의 순간을 더 가치 있게 살 가능성을 찾는 일은 아주 높은 가치가 있다.

마음챙김에서 '수행'이라는 말이 나오면 보통 명상을 가리킨다. 하지만 마음챙김에서 기르고자 하는 핵심 소양인 현재에 대한 인식은 명상을 하지 않을 때도 수행할 수 있으며, 수행해야만 한다. 정규 명상 수행을 하는 시간 외의 일상에서 낙엽을 쓸거나 버스 정류장까지 걸어가거나 심지어 마라톤을 하는 동안 의식적으로 자신의 행동을 알아차리기 위해 노력하라는 뜻이다. 배우자나 아이와 대화를 나눌 때 마음챙김 명상에서 배운 대로 주의를 기울여도 좋고, 원한다면 현재의 순간에 집중하는 취미를 만드는 것도 괜찮은 생각이다. 음악(감상이나 연주), 새 관찰, 미술, 사진과 같은 여가 활동은 마음챙김 수행을 접목하기 쉽다. 언뜻 보기에는 마음챙김으로 평범한 경험을 의미 있게 바꿀 수 있다. 이쯤에서 떠오르는 의문은, 모든 일에 마음챙김을 적용하는 삶이 과연 얼마나 현실적이냐는 것이다. 살면서 마주치는 순간순간을 목적의식을 가지고 전부 의식하는 일이 실제로 가능할까? 애초에 바람직하기는 할까?

현실 확인

간단하게 말하면, '불가능'하다. '목적의식'이라는 단어가 들어 있을 때에 한해서는 말이다. 우리는 다양한 목적을 가지고 살아가며, 자신의 경험에 주의를 기울이는 일도 목적 중 하나다. 살다보면 현재보다 과거나 미래에 머무르고 싶을 때가 상당히 많다. 예를 들면, 사무실에 앉아 휴가를 떠난 동료에 대한 기억을 떠올리거나 동료가 복직했을 때 어떤 식으로 업

자동 마음챙김

자동조종장치를 버리고 마음챙김을 기본 설정으로 맞춰라. 주의력과 관찰력이 큰 폭으로 향상되고 완전히 깨어나는 경지에 오를 수 있다. 이러한 마음챙김 태도가 몸에 배려면 오랜 시간 정규 수행과 비정규 수행을 거쳐야 하지만, 다음과 같은 마음챙김 '씨앗'을 심어도 삶을 어느 정도 의미 있게 바꿀 수 있다.

수시로 **마음챙김하면서 호흡하라**. 줄을 서서 대기하거나 약속 상대를 기다릴 때 같은 쉬는 시간이나 회의 시작 전 자투리 시간처럼 이전에 하던 작업과 다른 일을 하기 직전에 수행하면 좋다.

한 시간에 1분, 혹은 2분 정도는 **마음챙김하자고 다짐하라**. 텔레비전을 볼 때 프로그램과 프로그램 사이나 광고가 나오는 시간에는 의식하면서 마음챙김을 해본다.

같은 곳으로 가는 다른 길

다음의 세 가지 마음챙김의 길은 마음챙김 성향을 일깨우는 데 도움을 준다.

1
정규 수행
계획하여 수행하는 마음챙김
명상

2
비정규 수행
일상에서 수행하는 마음챙김
세션

3
자신만의 신호
평범한 일상에서 마음챙김
상태로 들어가는 관문

모두를 수용하는 태도
자동 마음챙김

무를 처리해야 하는지를 주제로 나누었던 대화를 곱씹을 수도 있다. 마음챙김은 "난 오늘 네 생각을 하고 있었어." 같은 표현을 하지 못하게 하는 수행이 아니다. 마찬가지로, "잘 생각해봤는데 말이야." 같은 문장을 금지하지도 않는다.

태도의 문제

마음챙김 프로그램을 따라가다보면, 규칙적인 명상 수행이 점점 몸에 익으면서 자연스럽게 정규 명상을 일상으로 삼고 싶다는 생각이 들게 된다. 또한 정규 명상을 하지 않을 때도, 예를 들면 음악을 듣거나 요리를 하거나 정원 손질을 하는 동안에도 형식을 갖춘 수행은 아니지만, 시간을 정해서 마음챙김해야겠다고 다짐할 가능성이 크다.

시간이 흐르면 명상으로 인식의 눈이 열리면서 어떤 일을 하던 간에 지금까지와는 격이 다른 집중력을 발휘한다. 행위 양식으로 있는 시간이 줄어들고 존재양식으로 있는 시간이 늘어난다. 바로 마음챙김이 자연스러운 삶의 태도가 되었을 때 나타나는 변화다.

자신에 대한 부정적인 생각뿐 아니라 고통이나 몸에서 느껴지는 불편함, 혹은 표면으로 떠오르는 **모든 감정을 알아차린다.**

마음챙김 일기를 쓰면서 수행 진척 상황을 확인한다. 명상과 비정규 마음챙김 세션에서 마주한 모든 경험을 기록한다.

명상은 마음챙김 수행의
출발점에 불과하다.
모든 일상에 명상을
접목할 수 있다.

갑자기 요가

바디 스캔을 넘어서

요기를 이느 정도 할 줄 안다면, 요가 수행에 마음챙김을 적용하는 것으로 자기 인식의 차원을 추가하여 훨씬 깊이 있는 경험을 할 수 있다. 요가 경험이 없다면, 마음챙김 바디 스캔의 연장선으로 생각하라. 마음챙김하면서 간단한 자세에 도전하면 되겠다.

많은 사람이 마음챙김 수행을 다시 내면 깊은 곳에 잠자고 있는 온전함과 자기 인식으로 돌아가는 과정으로서 경험한다. 신체 감각에 집중하는 건 새로운 연결을 만드는 것이 아니라 원래 이어져 있던 감각에 다시 주의를 기울이는 과정이다. 바디 스캔(120쪽~ 125쪽)을 수행할 때는 연민을 가지고 몸의 모든 부위를 자세히 관찰한다. 몸은 특별한 신전이 아니라, 우리의 집이다.

앞에서 연습한 바디 스캔은 감각에 집중하면서 몸과 마음이라는 두 차원을 하나로 통합하는 수행이다. 통합의 개념은 요가에도 있다. 요가라는 말은 "굴레로 옭아맨다"라는 뜻으로, 몸과 마음의 조화를 말이나 소에 채우는 굴레에 빗댄 것이다.

해와 달 요가

요가는 약 5,000년 전 고대 인도에서 시작된 수행으로, 더 높은 경지의 명상을 하기 위해 몸을 단련하는 과정이자 정화의 길로 접어드는 전환점이다. 난해한 의미를 뺀 현대 서구의 요가는 몸을 이완시켜 긴장을 풀어주고 약한 근육을 강화하거나 팽팽해진 근육을 느슨하게 만들며 몸과 마음의 균형을 맞추거나 하나로 통합

하는 법을 가르치는 운동이다. 서양에서 가장 흔히 하는 하타 요가는 태양을 뜻하는 '하'와 달을 뜻하는 '타'에서 유래한 이름이다. 하타 요가는 두 천체의 힘을 하나로 모으면서 모두의 내면에 있는 남성과 여성의 기운을 방출하도록 유도한다. 오래전부터 전해지는 아사나(자세)로 신체의 모든 체계를 자극하여 근력과 유연성을 향상하며 소화를 촉진하고 호르몬 균형을 맞추며 예민해진 신경을 달랜다.

요가를 하면 인식 수준이 높아지면서 감정과 생각의 모호한 패턴을 꿰뚫어보는 힘이 생기며, 자기 이해는 자신의 온전함과 지혜를 완전히 깨닫는 경지에 도달하게 한다. 이러한 요가 수행과 마음챙김 명상 메커니즘은 분명히 유사한 부분이 있다.

마음챙김 융합

요가가 힌두교에 뿌리를 두고 몰입 상태로 들어가기 위한 수단으로써 호흡을 강조하는 반면, 불교에서 갈라져 나온 마음

> 마음챙김은 요가 수행을 더 깊이
> 받아들이고 수행에서 얻는 경험을
> 삶 전체로 확장하는 수단이다.

마음챙김 요가

최근 몇 년 동안 프랭크 주드 보키오나 신디 리를 포함한 많은 요가 지도자들이 하타 요가의 아사나 수행에 마음챙김을 적용하면 어떤 효과를 낼 수 있는지를 알려왔다. 마음챙김 요가는 정규 수행에서 삶 전체를 아우르는 마음챙김 수행으로 발전하는 과정과 정확히 똑같은 방법으로 매트 위뿐만 아니라 일상생활에서도 통찰력을 발휘하도록 유도한다.

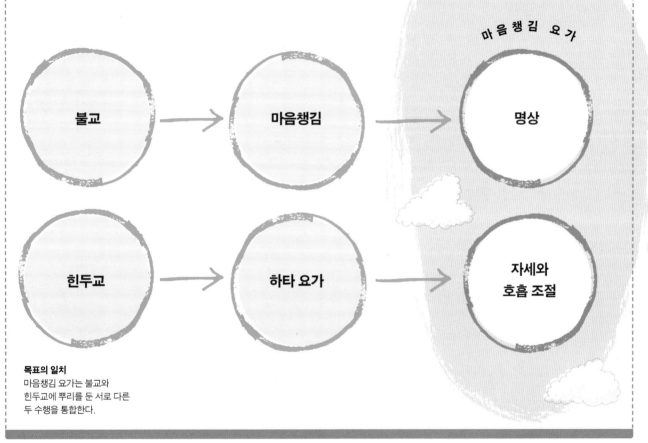

목표의 일치
마음챙김 요가는 불교와
힌두교에 뿌리를 둔 서로 다른
두 수행을 통합한다.

챙김은 호흡뿐 아니라 의식의 영역에서 마주치는 모든 경험에 집중하여 무엇이 나타나든 집착하거나 거부하지 않고 함께 머무를 수 있다. 서로 다른 두 길은 마음챙김 자세라는 교차로에서 합류한다. 간단한 요가 자세에 마음챙김을 적용한 수행은 바디 스캔(120~125쪽)의 연장선으로써 새로운 영역의 감각을 느낄 수 있다.

일부 요가 수행에 꾸준히 제기되었던 한 가지 비판은 신체 수행을 지나치게 강조한다는 지적이었다. 더 어려운 자세를 할 수 있다는 사실이 자랑거리가 되기 시작했기 때문이다. 마음챙김과 간단한 아사나의 융합은 몸과 마음의 조화를 통해 온전한 인간으로 거듭나는 요가의 기존 목표를 좇는다. 바디 스캔으로 이러

한 경지에 도달하는 일은 작은 진전일 뿐이지만, 바라건대 마음챙김 요가를 많은 것을 이루는 시작점으로 삼았으면 한다.

계속 ▶

쉬운 요가 자세 네 가지

다음의 기본 요가 자세를 두세 번 시도하면서 몸의 감각에 주의를 기울인다. 허리나 목에 문제가 있거나 관절염 환자, 혹은 임신부라면 먼저 요가 지도자와 상담한다.

산 자세

산처럼 허리를 펴고 반듯하게 선다. 몸과 정신 건강에 도움이 된다.

1

팔을 양옆으로 내리고 앞을 본다. 어깨는 힘을 뺀 상태를 유지한다.

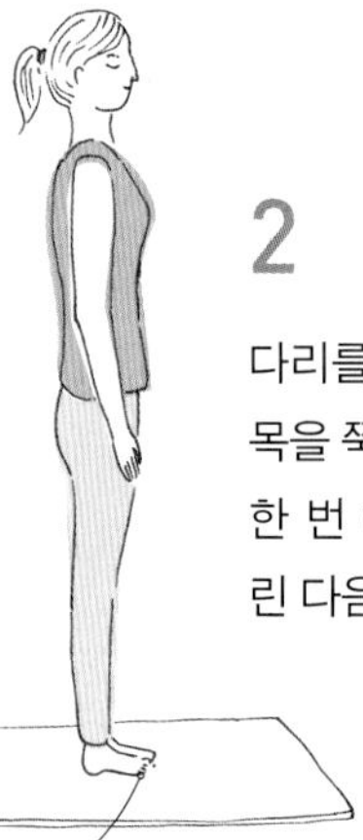

발가락을 펼치고 바닥으로 힘주어 누른다.

2

다리를 곧게 펴고 척추와 목을 쭉 뻗는다. 심호흡을 한 번 하고 팔을 들어 올린 다음, 완전히 펴준다.

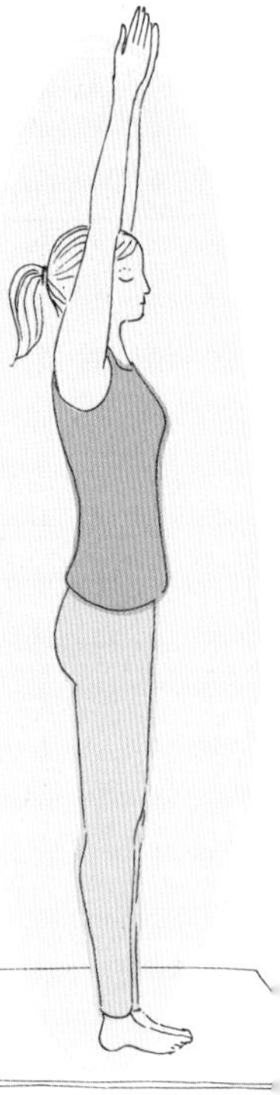

마음챙김하는 움직임

모든 스트레칭이나 움직임은, 심지어 편의점에 가서 맨 위 선반에 있는 시리얼을 꺼내려 손을 뻗는 행동조차 마음챙김 한다면 요가가 된다. 다리를 들어 올리거나 쭉 뻗어주는 스트레칭, 팔을 들어 올리고 내리는 운동, 머리 위로 팔을 올려서 유지하는 자세를 포함하여 다양한 동작을 하는 동안 바디 스캔을 수행할 수 있다.

의자 자세

하체의 힘을 키우고 등을 늘인다.

견갑골을 뒤로 바짝 당긴다.

1

발이 정면을 향하게 서서 다리를 골반 넓이로 벌린다. 숨을 깊게 들이쉬고 팔을 머리 위로 올린다. 손바닥은 완전히 붙이거나 서로 마주 볼 수 있게 약간 떨어뜨린다.

2

숨을 내쉬면서 의자에 앉듯이 엉덩이를 내려 자세를 낮춘다. 불편하지 않을 만큼 내려가면서 척추를 쭉 편다. 6회나 8회 정도 깊게 호흡하는 동안 자세를 유지하다가 처음으로 돌아간다. 몇 차례 반복한다.

무릎은 옆이 아니라 앞을 보도록 한다.

아기 자세

허벅지와 엉덩이를 천천히 풀어주는 자세다. 엄마 뱃속의 아기처럼 마음이 가라앉는 기분을 느낄 수 있다.

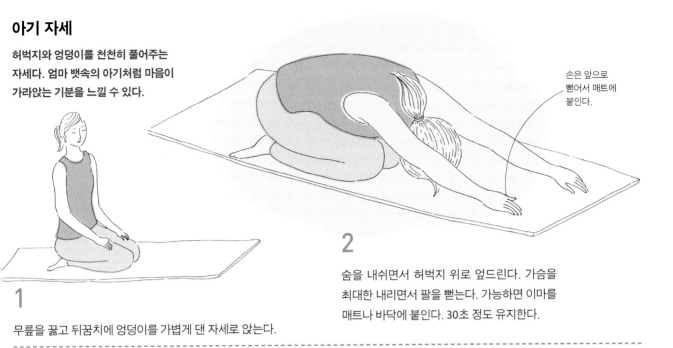

손은 앞으로 뻗어서 매트에 붙인다.

1

무릎을 꿇고 뒤꿈치에 엉덩이를 가볍게 댄 자세로 앉는다.

2

숨을 내쉬면서 허벅지 위로 엎드린다. 가슴을 최대한 내리면서 팔을 뻗는다. 가능하면 이마를 매트나 바닥에 붙인다. 30초 정도 유지한다.

코브라 자세

상체와 허리를 이완하고 팔과 어깨의 근력을 향상한다.

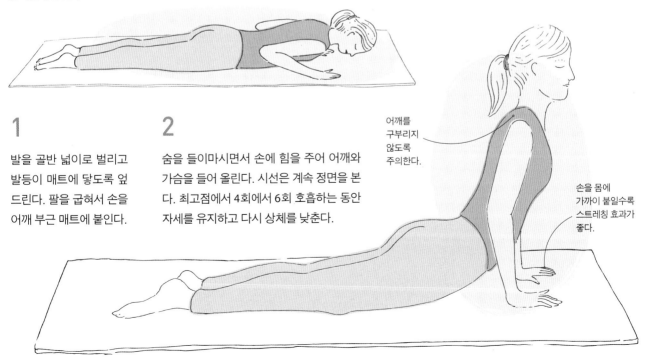

1

발을 골반 넓이로 벌리고 발등이 매트에 닿도록 엎드린다. 팔을 굽혀서 손을 어깨 부근 매트에 붙인다.

2

숨을 들이마시면서 손에 힘을 주어 어깨와 가슴을 들어 올린다. 시선은 계속 정면을 본다. 최고점에서 4회에서 6회 호흡하는 동안 자세를 유지하고 다시 상체를 낮춘다.

어깨를 구부리지 않도록 주의한다.

손을 몸에 가까이 붙일수록 스트레칭 효과가 좋다.

마음챙김과
삶의 기술

마음챙김의 자세로 일상을 살아가면
안정, 자신감, 행복, 만족스러운 인간관계를 얻을 수 있다.

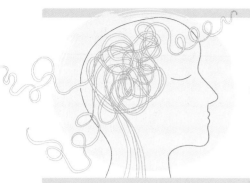

꼬여버린 이야기
넓은 관점에서 스트레스 바라보기

스트레스는 격렬한 신체 증상과 불안한 생각을 유발하며 삶의 모든 측면에 영향을 미친다. 마음챙김은 스트레스를 유발하는 생각에 거리를 두고, 객관적인 시각에서 바라볼 수 있도록 도와준다.

행복을 오염시키고 인간관계를 끊으며 즐거움을 말살하는 스트레스는 우리 내면의 파괴 공작원이다. 심장병, 소화불량, 우울증처럼 건강에 위협이 되는 질병을 유발하기도 한다. 특히 인간관계나 재정 상태에 문제가 생기거나 큰 병에 걸렸을 때처럼 힘든 시기를 겪을 때 번성하고, 실직이나 이혼, 혹은 어떻게 할 수 없는 상황에 놓일 때 영향력이 강해진다. 자신이 맡은 역할을 잘 수행하고 있는지에 대한 의심이 스트레스의 주원인이다.

진단
스트레스는 흔히 '투쟁 도피 반응'이라고 말하는, 위협에 맞서 싸우거나 달아나는 선택을 효과적으로 하기 위해 진화된 자기 보호 매커니즘이다. 스트레스 신호는 아드레날린, 코르티솔을 비롯한 호르몬을 분비시키고, 이들은 다음 행동을 수월하게 만들기 위해 근육에 공급되는 혈액량을 늘리려고 심박수를 높이는 등 다양한 신체 반응을 일으킨다. 스트레스를 받으면 배가 '뒤틀리는' 것 같은 이유도 필요한 곳에 혈액을 보내기 때문이다.

진실, 혹은 거짓 방아쇠
스트레스 반응의 기원은 인류 진화의 역사에서 먼 옛날로 거슬러 올라간다. 오늘날은 생명의 위협을 느낄 상황이 거의 없지만, 본능은 아직 그 대처법을 기억하고 있다. 스트레스 체계는 관계나 경력에 문제가 생길 때도 발동한다. 내면의 생각(아래 상자 참고)이 원인일 수도 있고, 모욕이나 무시 등 자존심이 상할 때 투쟁 도피 반응이 활성화되면 나타나기도 한다.

마음챙김은 스트레스 요인이 정말 실재하는지 판단해주므로 상황을 정확하게 파악할 수 있다. 가령, 동료에게 화가 났다면 분노가 스트레스를 유발한다. 마음챙김의 자세를 일상에 적용할 수 있다면, 분노가 치밀어 오른다는 사실을 알아차릴 수 있다. 그리고 이는 자기반성을 유도한다. '정말 동료의 행동 때문에 화가

매듭공예

내면의 스트레스는 큼직한 매듭과도 같다. 현재의 순간에 머무르면서 자기반성의 자세를 가지면 매듭을 풀면서 묶여 있던 가닥들을 있는 그대로 뜯어볼 수 있다. 주관적인 평가 없이 내면의 스트레스 요인을 관찰하면 모든 가닥에 마음챙김의 태도로 반응할 수 있다.

내면의 스트레스	마음챙김 반응
능력 밖의 일이지만 받아들이기 어려움	수용
비관적인 관점	가능성 인식
부정적인 자아상	객관적인 자기 대화
비현실적인 기대	맡은 역할이나 사회의 압박에 무심

좋은 스트레스와 나쁜 스트레스

때에 따라 적당한 스트레스는 좋은 영향을 미치기도 한다. 우리를 자극하여 난관을 극복하고 한계를 뛰어넘게 하기 때문이다. 우리는 이러한 과정을 겪으면서 내면의 힘을 발견하고 회복력을 향상시킨다. 하지만 '투쟁 도피 반응'이 계속 일어나거나 만성이 되면, 항상성이 깨지면서 체력을 갉아먹고 시야를 좁히며 내면의 힘을 움츠러들게 하는 독성 스트레스를 유발한다. 마음챙김은 이러한 상황에 대처하는 가장 좋은 방법이다.

났을까? 다른 이유가 있지는 않을까? 혹시 예전에 실망했던 게 원인은 아닐까?' 일단 진짜 감정을 찾아서 파악하고 나면, 더 이상 동료에게 화가 나지 않는다.

신중한 스트레스 반응

우리는 스트레스에 반추, 기억, 감정이 들어간 논리(타당하든 그렇지 않든)로 반응한다. 불에 기름을 끼얹는 격이다. 반면, 마음챙김에서는 왜 스트레스를 받는지 설명하거나 어떻게 대처할지 결정하는 대신, 지금 당장 일어나는 현상 자체에 주의를 집중한다. 급하게 뛰는 심장이나 긴장한 근육에 초점을 맞추는 식이다. 몸에 집중하면 불안은 빠르게 사라지고, 스트레스 반응이 오래 지속되지 않기 때문에 또 다른 요인이 나타나더라도 스트레스가 중첩되지 않는다. 현재라는 베이스캠프로 복귀하여 다음에 나타날 스트레스에 대처할 준비를 하는 셈이다.

스트레스를 유발하는 피드백

원인이 결과를 낳고, 그 결과가 다시 원인을 강화하는 상황을 피드백 고리라고 부른다. 스트레스에도 피드백 고리가 있다. 초기 스트레스 요인이 신체 증상과 불안한 생각을 유발하면 상황에 따라 스트레스를 피하거나 맞서 싸우려는 반응이 나타난다. 이러한 반응을 방치하면 스트레스를 강화하는 결과를 낳는다(아래 그림 참조). 피로와 불면증 같은 신체 증상 역시, 또 다른 부정적인 피드백 고리를 악화한다. 다음 페이지에서는 마음챙김을 적용해서 악순환을 깨는 방법을 알아보도록 하자.

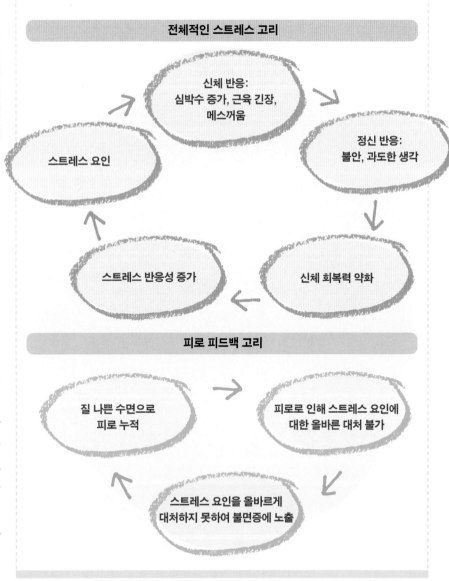

내면의 평온
스트레스를 푸는 방법

마음챙김에서는 스트레스 자체를 없애는 접근법을 사용하지 않는다. 대신, 스트레스를 유발하는 생각, 감정, 감각을 알아차리는 시각을 길러준다. 인식의 질이 높아지면 우리는 더 다양한 선택지를 찾아서 스트레스에 대한 조치를 할 수 있다.

닥쳐오는 마감일, 좌절감, 부담스런 기대는 상당히 강한 스트레스 요인이며, 형편없는 자아상에서 비롯된 문제 역시 마찬가지다. 이때 우리는 스트레스를 정체성의 일부처럼 느낄 수 있다. 심할 경우에는 스트레스를 받는 상황이 정상이고, 없는 상황이 비정상이라고 여기기도 한다. 하지만 스트레스가 불면증이나 집중력 결핍과 같은 증상을 일으키기 시작하면 삶의 효율이 떨어지는 결과를 가져온다. 이 정도 수준에 이르면 행복이 성취할 수 없는 신기루처럼 느껴질 뿐 아니라 인간관계 유지를 포함해서 하는 일마다 실패로 돌아간다. 실패의 비참함은 기분을 나쁘게 만들며 우리는 또 다른 자멸의 피드백 고리(157쪽 참고)에 빠진다.

스트레스 대처 전략
스트레스에 대처하려면 먼저 이해해야 한다. 어려운 결정을 미루거나 폭음, 폭식과 같은 행동으로 문제를 회피하려는 습관이 있는지 파악하고 바꿔라. 옆 페이지의 스트레스 지도를 보면 스트레스 증상을 파악하는 데 도움이 될 것이다. 가족이나 친구에게 의견을 구하며 자신

을 폭넓게 이해하는 과정을 거치면 의미 있게 사용할 수 있다. 주변 사람에게 손을 벌리는 일이 자립적이지 않다고 생각할 수도 있지만, 이는 공감의 가치를 과소평가하는 태도다. 마음챙김 수행은 인간관계를 밀접하게 바꿔줘서 스트레스를 받을 때 사랑의 에너지를 끌어올 수 있는 든든한 조력자 집단을 만들어준다. 다른 사람에게 다가가는 건 사용할 수 있는 재원을 높이는 행위이며, 문제 해결에 도움을 준다.

또 다른 핵심 대처법으로는 감정이 격해질 때 침착함을 되찾는 법(130~131쪽)과 있는 그대로의 사실에 근거하여 상황을 이성적으로 평가하는 법이 있다. 감정이 어떻게 경험을 과장하거나 은닉하면서 판단력을 흐리는지 이해하는 과정은 자기 인식의 일부로, 마음챙김 명상은 여기서도 도움이 된다. 감정이 만드는 부정적인 생각(기분에 근거한 인지)은 스트레스 회로의 원동력이다. 생각을 통해 해결하려는 습관에 의존하거나 원하지 않은 감정을 떠올린 자신을 비판하는 대신, 마음챙김하면서 감정에 주의를 기울이면 스트레스 회로의 동력원을 빼앗을 수 있다.

실용적인 스트레스 관리 방법

마음챙김을 통한 자기 이해 과정을 거치면 스트레스가 인생에 미치는 악영향을 줄이기 위해 고안된 몇 가지 상식에 가까운 접근법을 실행에 옮기기가 쉬워진다.

- 거절해야 할 때 거절하면 불필요한 스트레스를 피할 수 있다. 스트레스를 주는 사람이나 상황은 미리 피하라. 우선순위를 매겨서 생산적인 일에 시간을 투자하라.

- 스트레스를 유발할 수 있는 상황에 놓이면 마음챙김 호흡 수행을 해라. 빠르게 효과가 나타나므로 대처하는 데 도움이 된다(96~99쪽).

- 규칙적으로 운동한다. 오늘날에는 위협을 받으면 투쟁이나 도피가 아니라 유산소 운동을 하는 편이 낫다. 최근에 운동하지 않았거나 건강상의 문제가 있다면 의사와 상담한다. 자주, 길게 산책하고 걷는 동안 마음챙김을 실시한다.

- 충분한 수면을 취한다. 피곤하면 이치에 맞지 않은 생각을 하면서 스트레스 수치가 올라간다. 잠자리에 들기 전에는 강한 자극을 피한다.

- 건강한 식습관을 가져라. 영양을 골고루 섭취하면 스트레스에 잘 대처할 수 있다. 몸에 좋은 음식으로 아침을 먹고, 카페인과 설탕 섭취를 줄여라. 과음하지 않도록 주의한다.

직접 그리는 스트레스 지도

스트레스 증상은 흔하게 나타나는 투쟁 도피 반응이며, 스트레스는 짜증, 불안, 공격성, 내향성을 높이는 원인이다. 가끔 일종의 정서 마비 상태에 빠지게 만들기도 한다. 스트레스 지도를 참고하여 자신의 증상을 파악하라. 네 종류의 스트레스 반응 아래에 도움이 되는 마음챙김 태도를 정리해 두었다.

스트레스 징후 확인하기

생각
부정적인 자기 대화
주의력 결핍
판단력 상실
불안, 생각 과다
기억력 감퇴

생각은 일종의 징후다.
일시적이고 믿을 수 없는 존재로 생각한다.

행동
인간관계 실패
음주나 흡연
폭식이나 거식
책임 회피
긴장하는 습관

자동조종장치에서 나오는 행동이
회피적이고 도움이 되지 않는다는
사실을 인식한다.

몸
통증
소화 불량
심박수 상승
성욕 감퇴
불면증

이러한 증상이 나타나면 연민을 가지고
주의를 기울이면서 있는 그대로 관찰하거나
필요하다고 생각하는 행동을 취한다.

감정
압도당함
성급함
불안
슬픔
외로움

감정에 공간을 내어준다. 감정을
받아들이고 감정이 나타났다가
사라지는 모습을 관찰한다.
익숙해지면 감정에 더 능숙하게
반응할 수 있다.

회피를 회피하기

문제를 직시하는 요령

마음챙김 수행은 머릿속의 생각과 감정을 있는 그대로 직시하고, 이들이 나타난 원인을 파악하도록 유도한다. 하지만 우리는 지금까지 했던 습관대로 불편함과 거리를 두려고 애쓴다. 이때 흔히 선택하는 탈출로가 바로 산만과 부정이다.

인간이 수렵 채집 생활을 할 때, 도망은 위협에 대처하는 좋은 반응이었다. 적대 세력이나 맹수가 접근했을 때 살아남으려면 줄행랑밖에 선택지가 없을 때도 많았다. 하지만 오늘날의 사회에서 나타나는 스트레스와 그에 대한 우리의 반응은 훨씬 복잡하다. 일단, 거의 모든 스트레스 요인은 내면에 있다. 과거의 어떤 사건으로 생겨난 스트레스가 목이나 어깨 통증과 같은 신체 증상을 유발하면서 주의를 끄는 경우가 많다. 스트레스를 받는다는 사실이 또 다시 스트레스를 불러오는 악순환이 발생하면서 문제가 점점 복잡해진다. 유서 깊은 도피 반응은 이런 적에게는 효과가 없다.

현대인의 도피 반응은 훨씬 창의적이다. 우리는 쇼핑, 운동, 영화, 초과 근무를 탐닉하면서 주의를 분산하려 애쓴다. 이런 활동은 자신의 가치를 왜곡하므로 명백히 해로운 일이다. 일을 탈출구로 삼는다고 가정해보자. 우리는 업무를 처리하기 위해서가 아니라 순전히 무언가를 피하고자 사무실에서 시간을 보낸다. 그리고 결국 인간관계, 건강, 육아, 친구처럼 정작 중요한 우선순위가 위험에 빠지는 결과를 초래하고 만다.

핵심을 파악하는 일이 중요하다. 회피는 문제를 해결하지 않고 내버려두는 일종의 방치다. 어디까지나 미봉책일 뿐이다. 회피 행위에 마음을 쏟는 동안에는 안정을 찾을 수 있겠지만 현실을 피하고자 선

스트레스 명상

진정한 자아를 똑바로 마주할 수 있을 만큼 강하다고 생각한다면, 스트레스 중 하나를 대상으로 삼아 명상하면서 긍정적인 효과를 얻을 수 있다. 먼저 96~99쪽의 호흡 명상이나 106~109쪽의 몸-호흡 명상을 수행하라. 생각이나 감정에서 스트레스 반응이 일어나는 것을 알아차리면, 초점을 맞추면서 천천히 마음속의 실험실로 옮겨 놓는다. 5분이나 10분 정도 호흡 명상을 수행한 다음, 일부러 스트레스를 받는 상황을 떠올릴 수도 있다. 다음 수행을 하는 동안 불안한 느낌이 지나치게 강해진다는 생각이 들면 언제든지 진행 속도를 늦추어도 된다.

1

스트레스를 유발하는 생각이나 감정으로 인해 나타나는 신체 감각을 알아차려라. 연민의 자세를 가지고 현재에 머무르면서 받아들인다.

2

호흡에 집중한다. 감각이 느껴지는 부위에 "호흡을 불어 넣는다." 감각을 자유롭게 알아차리면서 기꺼이 맞이하는 태도가 자기 이해의 핵심이다.

3

감각을 받아들이는 방식에 주의를 기울인다. 감각을 어떻게 느끼는가? 감각과 자신 그리고 감각의 수용이라는 세 가지 요소를 감사와 연민으로 받아들인다.

자신의 탈출구 찾기

모든 활동이 마음챙김 수행이나 회피 행위가 될 수 있다. 가장 흔하게 나타나는 회피 습관을 아래에 정리해두었다. 자신이 습관적으로 사용하는 탈출구를 알아보고 현재의 순간에 머무르면서 문제를 직시하겠다고 다짐해본다. 회피는 결국 고통의 시간을 늘리는 결과를 낳지만, 마음챙김은 우리가 부정적인 감정을 직시하면서 교훈과 힘을 얻도록 유도한다.

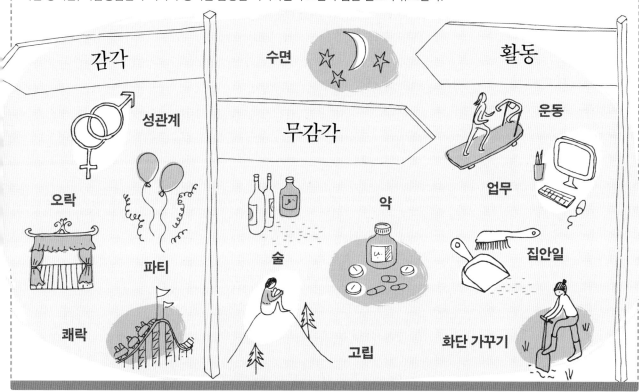

택한 행동이 끝이 나는 순간 문제가 썰물처럼 다시 세차게 밀려든다.

회피와 균형

마음이 불안하다는 말은 자신이 내리는 판단에 확신이 없다는 뜻이다. 문제를 피하는 회피 행동과 문제에 정면으로 맞서면서 삶의 균형을 바로 잡는 행동을 제대로 가려내지 못하는 상태다. 마음챙김을 통해 자기 이해 과정을 거치면 둘을 확실하게 구별할 수 있다. 친구와 함께 시간을 보내는 일 자체는 현실 도피가 아니지

만 미래 계획의 일부가 아닌 성관계는 일종의 회피 행위일지도 모른다.

문제 직시

마음챙김의 핵심은 좋은 경험과 나쁜 경험을 동등하게 바라보는 자세다. 현재 순간에 머무르면서 생각과 감정에 주의를 기울이며 알아차리면, 몇 가지 피할 수 없는 불편한 진실과 안전한 거리에서 마주하게 된다. 여러분이 이러한 진실과 전혀 관련 없다는 말이 아니다. 들려주는 이야기에 귀를 기울여야겠다고 생각하

지 않는 이상 아무런 영향도 받지 않는다는 뜻이다. 마음챙김은 거리 두기보다는 참여에 가깝다. 핵심은 마주치는 경험에 마음챙김의 자세로 반응하면서 교훈을 얻고, 자신에 대한 불편한 진실과 마주했을 때 마음챙김 인식에서 함양하는 연민의 자세로 받아들이는 것이다. 자기 연민은 투쟁 도피 반응에서 나타나는 불편한 느낌에서 자신을 보호하는 수단이 아니다. 불편을 완전히 알아차리고, 어떤 과정으로 발생하는지 확인하며, 배우고 성장하는 경험으로 바라보는 태도에 가깝다.

요동치는 마음
넓은 관점으로 불안 바라보기

누구나 살다보면 불안할 때가 있다. 심지어 불안하면 행복하기 힘들다는 사실을 알고 있을 때도 마찬가지다. 그런데 특정 불안과 그 불안이 유발하는 몸과 마음의 긴장이 축적되면 일상생활에 지장을 주는 경우가 생긴다.

두려움은 심각한 위협에 대한 정서적 반응이다. 강도와 마주치거나 노화나 죽음을 생각하거나 실패에 직면하면 두려움을 느낀다. 불안과 두려움은 밀접한 관계로, 둘 다 현실이든 상상이든 스트레스를 일으키는 상황에서 생긴다. 상상력이 뛰어나다는 건 축복이지만, 더 고통스러운 불안을 만들 수 있다는 뜻이기도 하다.

불안 유형

많은 사람이 작은 문제에도 심한 불안을 느끼는 범불안장애를 앓고 있다. 정확한 발병 원리는 아직 밝혀지지 않았지만, 심리학자들은 몇 가지 요인이 불안에 취약한 성격을 만든다고 본다. 먼저 오랜 기간 이어진 스트레스와 과거의 트라우마가 가능성 있는 후보다. 유전자 역시 영향을 미칠 수 있다. 삶은 위협의 연속이며, 걱정은 문제를 예방하는 유용한 도구라고 주장하는 사람들 사이에서 살아가는 것 또한 강력한 원인이 될 수 있다. 불안에 민감한 사람은 부정적인 감정을 일으키는 상황을 피하는 성향을 가진 회피형 인간일 가능성이 높다.

불안 알아차리기

다른 정서적 반응과 마찬가지로, 해가 되는 패턴을 끊는 법을 익히려면 먼저 패턴 자체를 이해해야 한다. 불안이 생기는 건 문제를 해결할 때 사용하는 접근법을 미래에 적용하기 때문이다. "기차를 놓치면 어쩌지?", "월세가 밀리면 어쩌지?", "딸이 사고를 당하면 어쩌지?"처럼 추측이 섞인 질문을 이어가면서 논리를 전개

걱정에 관한 걱정

불안은 내면을 향할수록 점점 커진다. 걱정을 키우는 잘못된 믿음 두 가지는 다음과 같다.

● 나는 내 걱정을 다룰 수 없다.
● 내 걱정이 나를 병들게 할 것이다.

계속 내버려두면 자기 충족적 예언이 되는 부정적인 생각이다. 개인적 신화의 힘이라고 할 수 있다. 하지만 마음챙김의 자세로 주의를 기울이면 이러한 생각이 끌려당기는 힘을 의식하고 빠져나올 수 있다는 사실을 알게 될 것이다. 주의를 기울이면서 현재에 머무르는 한, 이러한 믿음은 힘을 잃을 수밖에 없다.

하는 식이다. 가끔 혼자서 덩치를 키우는 불안도 있다. "회의 때 너무 불안해져서 내 의견을 말할 수 없으면 어떡하지?" 같은 걱정이 여기에 속한다. 꼬리를 물고 이어지는 걱정을 쫓아가면 말도 안 되게 참담한 결과를 떠올릴 수밖에 없다.

걱정은 제게
동기를 부여해줘요.

걱정이 정말 당신에게
좋을까요?
얼마나 도움이 되죠?

걱정은 아군이 아니다
불안은 모든 사람에게 영향을 미친다. 어쩌면 우리는 불안의 존재를 정당화하거나 인격의 일부로 받아들이려 할지도 모른다.

걱정에 사로잡히면 도움이 되지 않는 사고 흐름을 따라가는 동시에 현실에서 불안이 생길 일을 피하려 할 수도 있다. 하지만 회피는 두려워했던 일이 보다 좋은 결과로 나타날 가능성을 없애기 때문에 불안에 시달리는 시간을 늘릴 뿐이다. 명상을 통해 회복탄력성을 기르는 방식을 논외로 하면, 마음챙김이 불안을 처리하는 과정은 두 가지 접근법이 핵심이다. 첫째, 걱정을 없애거나 억누르기 위해 자주 사용하는 거짓되고 쓸모없는 방법을 식별하는 방법을 알려준다(아래 상자 참고). 둘째, 현재에 주의를 집중하고 미래에 대한 생각을 내려놓도록 해서 불확실함을 받아들이는 법을 익히게 한다(165쪽 참고).

불안을 통제하는 방법

다음의 전략은 모두 불안을 몰아내는 데 효과가 없다. 통제가 아니라 수용을 활용하는 마음챙김은 훨씬 현실성 있는 접근법을 제안한다.

걱정 억누르기

엄청난 노력이 필요하므로 상당한 체력 소모를 유발하는 전략이다. 들이는 노력에 비해 결과가 형편없을지 모른다는 또 다른 걱정을 불러온다. 불안을 감추려고 할 때 수동적이거나 공격적인 성향을 드러내면서 다양한 보상 행동을 하기도 한다.

논리로 걱정 간파하기

불안은 감정이며, 논리의 영역 밖에 있다는 사실을 간과한 접근법이다. 논리만으로는 불안과의 싸움에서 이길 수 없다.

주의 분산하기

근본적인 문제에 시달리는 시간을 늘리므로 폭음과 같은 극단의 행동으로 이어질 수 있으며, 결국 또 다른 불안을 만들어낸다.

긍정적인 사고

희망차게 들리겠지만, 진 빠지는 태도와 싸움을 벌여야 한다는 뜻이다. 긍정적인 사고방식을 가지려면 끊임없이 노력해야 하며 긴장을 늦추는 순간마다 불안이 계속 승기를 잡는다.

내면의 안정

불안에 대처하는 요령

스트레스에 대한 정서 반응인 불안이 습관으로 자리 잡으면, 자신이 원래 쉽게 불안을 느끼는 성향이라고 생각할 수도 있다. 마음챙김 수행에서 삶의 매 순간에 주의를 기울이는 경험을 하다보면 '불안한 순간'을 여러 차례 마주한다고 해서 자신이 '불안한 사람'은 아니라는 사실을 깨닫게 될 것이다.

불안은 소설처럼 존재하지 않는 이야기다. 지구에 막 나타난 인간이 위협에 대처하기 위해 발전시킨 자기 보호 전략의 하나로, 두려움을 느끼는 이유를 과장하고 경고판처럼 작용하는 상상의 상황을 떠올리면서 미래에 발생할지도 모를 사고를 예방하는 역할을 한다. 이성의 목소리는 불안 속에서 사는 인생은 효율성이 떨어지며, 최악의 경우 정신과 신체 건강이 심각하게 손상될 수 있다고 귀띔한다. 하지만 아는 것과 행동으로 옮기는 것은 상당히 다르다.

심리 치료와 마음챙김

지난 수십 년 동안 심리학자들은 불안과 불안이 야기하는 문제를 다루기 위해 다양한 치료법을 개발했다. 가장 흔하게 사용하는 치료법이 바로 CBT라고 부르는 인지행동치료로, 내면에 존재하는 자기 기만적인 생각에(30~31쪽) 저항하면서 효과를 발휘한다. 하지만 마음챙김은 다른 전략을 사용하는데, 불안을 유발하는 생각에 맞서는 대신 연민의 태도를 가지고 현재의 순간을 알아차리는 접근법을 취한다. 마음챙김의 방식은 불안을 바라보는 관점을 바꾸는 데 도움이 된다. 불안은 덧없는 내면의 경험이고, 불안을 느끼는 일은 지극히 자연스러우며, 살아가는 내내 피할 수 없다는 사실을 인정하도

긍정적인 말하기

어떤 사람은 자신의 느낌을 다른 사람에게 알리거나 자기 대화의 일부로 "나 불안해." 같은 표현을 사용한다.

"나 불안해."라는 말은 "나는 여자야." 혹은 "나는 치과 의사야." 같은 표현처럼 자신을 불안과 동일시하는 문장이다. 생각과 감정은 정체성과 다른 개념이다. 따라서 다른 방식으로 느낌을 묘사하는 습관을 들이자. "요즘 불안한 생각이 많이 들어." 같은 식으로 말하면 더 분명하게 상황을 전달할 수 있다. 말에는 감정과 자신을 한 덩어리로 묶으면서 부정적인 자아상을 버리지 못하게 하는 힘이 있다는 사실을 잊지 말자.

불안을 어떻게 통제해야 하나요?

통제하지 마세요.
대신, 포용하면서 교훈을 얻으세요.
완전히 사라지게 할 수는 없더라도 최소한 싸우면서 기운을 빼지 않을 수는 있습니다.

지배광
불안은 자기 제어의 반대 개념이 아니다.
무언가를 배울 수 있는 또 다른 감정일 뿐이다.

록 유도하기 때문이다. 이 진리를 받아들이는 행위는 불안을 다루기 위해서 반드시 거쳐야 할 중요한 과정이다. 우리는 불안을 회피하는 대신 함께 현재에 머무르고, 불안이 유발하는 증상을 있는 그대로 경험한다. 바꿔 말하면, 괴로운 생각에서 달아나기보다는 마음을 열고 이들의 이야기가 얼마나 허무맹랑한지 살펴본다는 뜻이다.

마음챙김의 자세로 불안에 맞설 때는 피하거나 통제하기 위해 어떤 노력도 기울이지 않는다. 대신에 현재 상황과 추구하는 가치, 우선순위에 따라 반응한다. 불안을 향해 과감하게 발을 내디딜 때, 불안과 새롭고 유익한 관계를 맺을 수 있다. 더 이상 자원을 투자하지 않으면 불안은 어느 순간 더 가치 있는 무언가로 변화하기 때문이다.

> 마음챙김은
> 불안을 유발하는 원인을
> 바꾸려 하지 말고
> 연민의 자세로
> 알아차리라고 가르친다.

불확실성에 대처하는 방법

삶은 원래 예측할 수 없다. 하지만 불확실성에 잘 대처하는 사람들이 있다. 대다수 사람이 잠재 위험을 예방하려고 노력하고, 결과를 예측할 수 없는 상황을 피하고자 발버둥 친다. 심지어 불안을 유용한 것으로 생각하기도 한다. 걱정이 마음속에서 써 내려간 여러 가지 시나리오를 읽으면서 나중에 어떤 결과가 나와도 놀라지 않을 수 있기 때문이다. 일어날 수 있는 최악의 상황을 미리 내다보는 셈이다. 아래의 그림은 이러한 망상을 현실과 대조하고 불확실성을 마음챙김의 태도로 인식하는 방법을 알려준다.

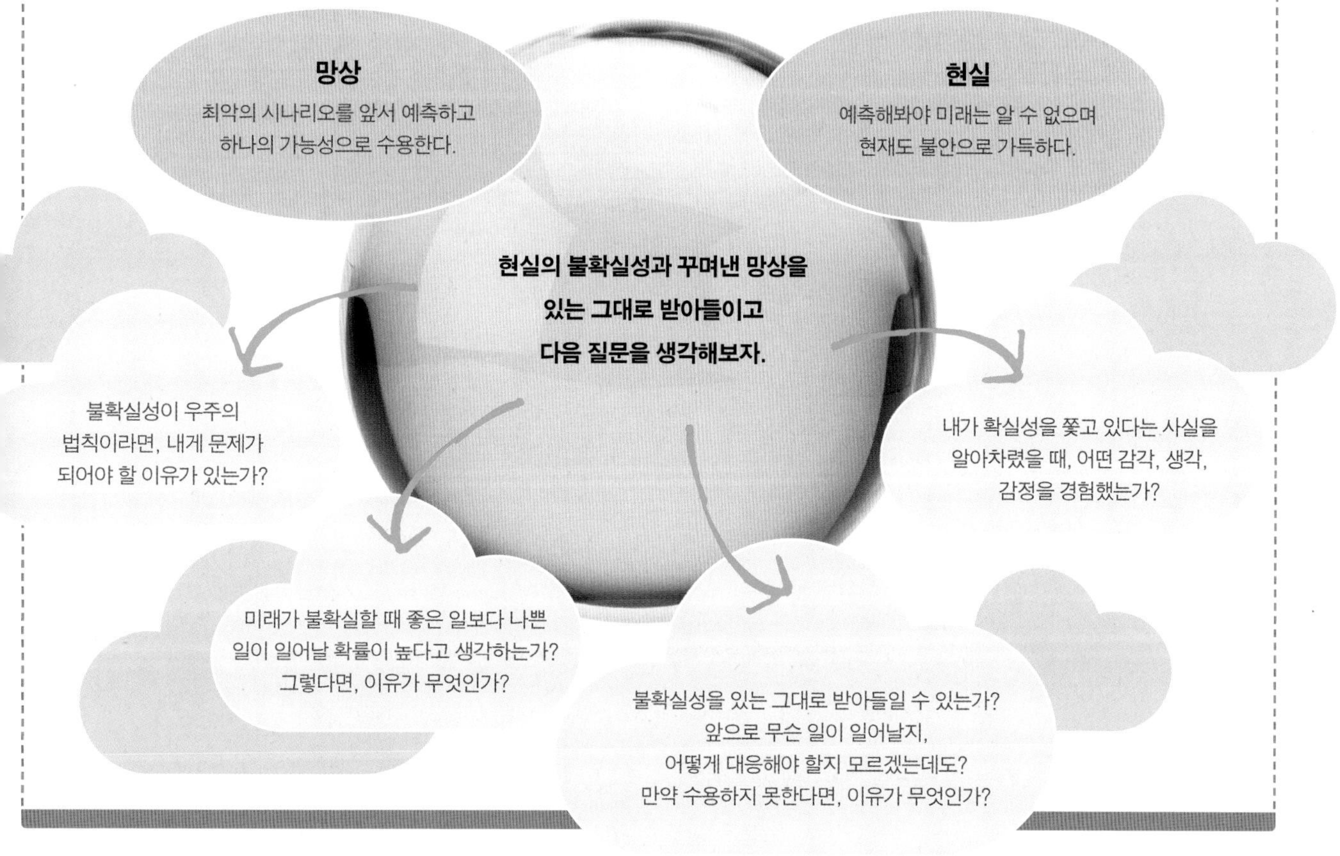

망상
최악의 시나리오를 앞서 예측하고 하나의 가능성으로 수용한다.

현실
예측해봐야 미래는 알 수 없으며 현재도 불안으로 가득하다.

현실의 불확실성과 꾸며낸 망상을 있는 그대로 받아들이고 다음 질문을 생각해보자.

불확실성이 우주의 법칙이라면, 내게 문제가 되어야 할 이유가 있는가?

내가 확실성을 쫓고 있다는 사실을 알아차렸을 때, 어떤 감각, 생각, 감정을 경험했는가?

미래가 불확실할 때 좋은 일보다 나쁜 일이 일어날 확률이 높다고 생각하는가? 그렇다면, 이유가 무엇인가?

불확실성을 있는 그대로 받아들일 수 있는가? 앞으로 무슨 일이 일어날지, 어떻게 대응해야 할지 모르겠는데도? 만약 수용하지 못한다면, 이유가 무엇인가?

기상 경보

감정을 이해하고 다루는 요령

감정은 마음속에서 떨쳐낼 수 있는 존재가 아니며, 굳이 몰아내야 할 이유도 없다. 무엇이 중요한지 알아차리는 데 도움을 주고, 건설적인 행동을 하도록 유도하는 중요한 역할을 하기 때문이다. 하지만 습관으로 자리 잡을 수 있는 감정은 뿌리를 내릴 때까지 방치하면 우리에게 피해만 줄 뿐이다.

감정이 억압하거나 길들여야 하는 위험하고 어두운 힘이라는 관점은 소설에나 나올 뿐, 현실과는 거리가 멀다. 로데오 기수가 날뛰는 말에 올라타듯 감정을 마음대로 다룰 수는 없다는 뜻이다. 사실 감정은 덧없다. 연구에 따르면 우리가 날것 그대로의 감정을 느끼는 시간은 몇 분에 불과하며, 섬광처럼 나타났다가 사라지는 감정도 있다. 감정이 해악이 되는 건 우리가 부지불식간에 감정에 힘을 실어 오래 남도록 만들었기 때문이다. 억압이나 탐닉은 감정에 대한 올바른 접근법

이 아니다. 알아차림의 자세로 감정을 다루려면 중도를 지켜야 한다. 스트레스가 몰아치는 동안 감정이 나타나고 사라지는 모습을 그저 관찰하라는 뜻이다. 감정이 부질없다는 것을 깊게 이해할수록 감정으로 자신을 정의하는 빈도가 줄어들고 그 원인을 이성적으로 생각하게 된다. 이 과정을 거치는 동안 마음챙김 수행의 경지는 높아지고 감정을 통해 내면의 경험에 가까이 다가가며 폭풍의 한가운데에서 평화를 찾을 수 있다.

장애물 코스

부정적인 감정은 저마다 평온과 행복을 무너뜨리는 방식이 다르다. 분노는 내면에서 끓어오르고, 원한은 뼈에 사무치며, 질투는 속을 뒤집으면서 낙오감에 빠뜨리고, 두려움은 스스로 연약하고 불안정한 존재라고 느끼게 만든다.

감정이 머릿속을 점령하면 우리는 감정을 인식하고 감정이 들려주는 고통스러운 이야기에 귀를 기울이면서 천천히 생각 속으로 빠진다. 누군가에게 분노를 느

감정을 이길 수가 없어요.
억눌러야 할까요,
분출해야 할까요?

둘 다 하지 마세요.
그냥 몸과 마음에서 자유롭게
돌아다니도록 내버려두세요.

마음챙김의 대안

마음챙김에서는 우리의 내면과 외면 모두에 주의를 기울이면서 감정을 관찰한다. 과학 용어로 '넓은 주의력 틀', 시적으로 표현하면 '넓은 시야'에서 큰 그림을 보면 더 쉽게 견딜 수 있다.

감정에 대처하는 전략

멀리 봤을 때, 마음챙김 명상 프로그램을 따라가면 습관에 따라 감정과 맞서는 일을 줄이고, 감정을 그대로 내버려 두려고 노력하며, 신체에서 일어나는 자연스러운 반사 작용의 하나로 관찰하는 시각을 가질 가능성이 크다. 감정에 마음챙김의 자세로 접근하고 자신의 반응을 이해하는 힘을 기르기 위해, 감정이 나타날 때마다 아래의 4단계를 따르도록 한다.

1 인식
나타난 감정의 이름을 찾아라. 분노, 행복, 외로움, 두려움, 질투일 수 있겠다. 많은 감정이 섞인 혼란스러운 느낌을 관찰해도 좋다. 감정에 이름을 붙이는 것은 감정이 들려주는 이야기가 아니라 감정 그 자체에 주의를 기울이는 과정이다. 이름을 찾고 나면 감정을 더 초연하게 바라볼 수 있으며, 감정과 거리를 더 벌릴 수 있다.

2 수용
모든 감정을 자유롭게 느껴라. 검열하거나 판단하지 마라.

3 탐구
신체 반응을 확인하라. 증상을 살펴보고, 어떤 감정을 느끼고 있는지 생각해본다.

4 해방
감정과 자신을 동일시하지 마라. 감정은 단지 스쳐갈 뿐이라는 사실을 기억하라. 얽히지 않도록 주의한다.

끼다면 마음속에 담아둔 그 사람에 대한 오랜 적의를 곱씹을지도 모른다. 두려움을 느낀다면 최악의 상황에 빠진 자신의 모습을 생생하게 묘사하고 있을 것이다. 감정을 마음대로 다룰 수 있다는 잘못된 생각을 실천에 옮기는 과정에서 우리는 감정을 유발한 상황을 반복해서 떠올린다. 감정의 기저에 깔린 이야기를 계속해서 돌아보는 일은 자신도 눈치 채지 못한 사이 감정에 힘을 실어준다. 상황 자체가 아니라 겪은 일, 다시 말해 떨림, 붉어진 얼굴, 땀, 말더듬 같은 느낌과 감각에 초점을 맞춰야 더 이상 감정에 생각이라는 먹이를 주지 않을 수 있다. 그러면 감정은 몸이 내쉬는 숨처럼 우리를 내버려두고 어디론가 가버린다. 마음챙김의 자세로 있으면 감정이 싹트고 피어나고 지면서 자연스럽게 사라지는 동안 그대로 놓아두면서 조용히 관찰할 수 있다.
이런 식으로 감정을 다루는 데 익숙해진 사람들은 대부분 삶에서 큰 전환점을 맞이한다. 물론 오랜 수행이 필요하기는 하지만, 감정에 생각으로 반응하지 않는 법을 익히면 극도로 자유로운 상태에 도달하게 된다. 전보다 적은 에너지를 쓰면서 자유 의지로 감정을 느낄 수 있으며 감정의 '순수한' 형태(들려주는 이야기로 인해 과장되거나 재구성되지 않는 상태)에 귀를 기울이면서 자신이 매 순간 진정 원하는 것이 무엇인지 확인할 수 있는 경지다.

교대 근무

변화에 대처하는 방법

자의든 타의든 삶에 변화가 찾아오는 순간이 오면 새로운 환경에 적응하기 위한 정신력과 유연성이 필요하다. 마음챙김은 위기를 피하기보다는 정면으로 부딪치도록 용기를 주어 돌파구를 찾도록 유도한다.

아이의 키를 재느라 벽에 그은 금이 점점 위로 올라오는 모습을 보면 삶이 변화의 연속이라는 사실을 실감할 수 있다. 쇠약해지는 부모님도 세월의 변화를 느끼게 한다. 자신의 노화는 아주 느리고 은밀하게 진행되기 때문에 미처 알아차리지 못할 수도 있다. 가정(아이는 논외로 두고)과

직장 생활은 우리가 지난날 내린 결정에 따라 안정될 수 있다. 실직이나 자연재해 같은 통제할 수 없는 거대한 변화가 예고 없이 찾아와 우리를 뒤흔드는 때는 안정되고 행복한 것처럼 보일 때다. 하지만 우리는 계속해서 현재 상태를 유지하는 일에 익숙해져 있었기 때문에 긍정적인

변화를 꾀할 기회를 놓치기 쉽다.

적응의 기술

큰 사건이 갑자기 일어났을 때, 사람은 몇 가지 과정을 거쳐서 수용에 이른다. 복잡한 요리를 만들 때 정해진 순서를 따르는 것과 비슷하다. 마음챙김의 자세로 삶에서 일어나는 변화를 알아차린다는 말은 전개 상황이나 몸과 마음의 움직임에 주의를 기울이면서 갑작스런 사건에 대비한다는 뜻이다. 마음챙김은 변화로 인한 생각과 감정을 수용하고, 적응에 필요한 유연성을 함양하는 데 도움을 준다. 받아들이기 어려운 변화가 찾아오면 슬픔과 비통함을 느끼며 화를 내고 비난할 대상을 찾는 건 당연하다. 마음챙김 명상은 감정에 휩쓸리지 않고 자신이 어떻게 반응하는지 알아차리도록 도와주며, 앞으로 어떤 삶을 살지에 대한 선택권이 지금 우리 손에 있다는 사실을 귀띔해준다.

변화를 경험하는 단계

미국의 정신과 의사 엘리자베스 퀴블러 로스는 상실을 받아들이는 순서를 7단계로 묘사했다. 꼭 죽음이 아니더라도 삶의 큰 변화를 겪으면 비슷한 경험을 하게 된다. 비난, 분노, 좌절과 같은 감정은 충격, 부정, 우울 단계에서 가장 흔하게 나타나지만, 회복 단계에서 다시 한 번 나타날 수도 있다. 마음챙김하면서 감정과 부정적인 생각을 관찰하면 한 단계에서 다음 단계로 넘어가는 과정이 더 수월하게 느껴진다.

1 충격
몰아치는 생각과 감정에 혼란스럽다.

2 부정
새로운 현실을 부정한다.

3 우울
새로운 현실 때문에 불행하다.

개인 효율성

시간

변화를 위한 다섯 가지 규칙

마음챙김은 수용력을 높이고 변화를 쉽게 받아들이는 사고방식을 가지게 한다. 다음은 몇 가지 구체적인 행동 지침이다.

● **마음챙김 명상을 꾸준히 수행하라.** 모종의 이유로 여러 차례 건너뛰게 되었다면, 다시 계획을 짜서 매일 수행한다.

● 마음챙김하면서 **연민을 가지고 생각과 감정을 인정한다.**

● **가끔 적응하는 시간을 가져라.** 다른 사람의 말에 신경 쓰지 말고, 본인에 맞는 속도로 수행하라.

● **우선순위와 가치에 솔직하라.** 지금까지 변하지 않은 것을 잊지 마라.

● **소통하라.** 필요할 때마다 다른 사람에게 기운을 받아라.

자아상 지키기

많은 사람이 변화를 겪는 동안 느끼는 무력감을 숨기고, 자신을 강하고 두려움 없는 사람으로 포장해야 한다는 압박을 느낀다. 하지만 이러한 강박은 도움이 필요한 순간에 다른 사람에게 말하지 못하는 결과를 낳을지도 모른다. 마음챙김은 약해져도 괜찮다고 어깨를 두드려줄 뿐 아니라, 도움을 청하기 꺼려지는 이유가 일종의 자존심 때문이라는 사실을 받아들이도록 설득한다. 다른 사람의 조력을 구하는 상황에서 자존심은 우리가 정확히 어떤 도움을 바라는지를 말하지 못하게

만들기 때문에 방해가 되는 요소다.

새로운 환경에 대한 우리의 적응력은 놀라운 수준으로, 변화를 따라가는 데 실패한 사람들은 자신의 능력을 평가 절하했기 때문이다. 마음챙김은 이에 대해서도 도움이 된다. "난 새로운 방식을 배울 수 없어.", "지금 와서 습관을 바꾸기에는 너무 늦었지."처럼 과거에 집착하면서 의욕을 깎아내리는 부정적인 자기 대화의 힘을 약화시키기 때문이다. 변화는 자신에 대해 배울 훌륭한 기회이며 우리는 변화를 겪으면서 현명해지고 강해진다.

> 마음챙김은 변화가 유발하는 생각과 감정을 수용하는 자세를 함양한다.

단계별 적응
변화에 대처하면서 7단계 중 하나에 갇힐 수도 있다. 예를 들어, 분노의 감정을 직시하지 못하면 부정 단계에서 넘어갈 수 없다. 마음챙김은 감정을 알아차리고 다음 단계로 넘어가는 데 도움을 준다.

7 통합
새로운 목표와 우선순위를 정한다.

6 학습
효과적인 반응을 찾아나간다.

5 탐구
긍정적으로 보기 시작하는 첫 단계다.

수용
새로운 현실을 조금씩 받아들인다.

4

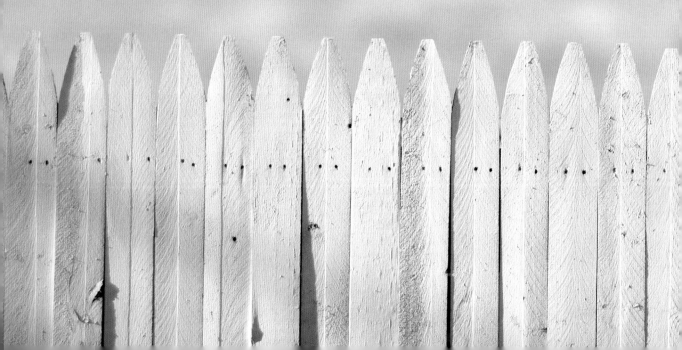

"모든 것이 처음 왔던 그대로
지나가기를 바라는 태도를 배워라."

에픽테토스(로마 스토아학파의 철학자, 55 ~ 135)

자동조종장치에서 빠져나오기!

자신을 재창조하는 방법

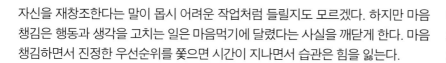

자신을 재창조한다는 말이 몹시 어려운 작업처럼 들릴지도 모르겠다. 하지만 마음챙김은 행동과 생각을 고치는 일은 마음먹기에 달렸다는 사실을 깨닫게 한다. 마음챙김하면서 진정한 우선순위를 쫓으면 시간이 지나면서 습관은 힘을 잃는다.

자동조종장치가 켜져 있을 때, 우리는 습관에게 선택권을 내준다. 습관으로 자리 잡은 성향, 갈망, 혐오, 선호, 편견은 시간이 지나면서 바꿀 수 없는 것처럼 느껴진다. 습관은 자유를 제한하고, 누릴 수 있는 행복의 최대치를 낮추는 벽을 쌓아올리는데, 이는 삶의 모든 영역에서 일어난다. 불만을 털어내지 못해 관계를 망칠 수도 있고, 다이어트나 과소비를 멈추기 위해 애를 쓸 수도 있다. 모두가 반복해왔던 습관의 힘으로 나타나는 현상이다.

결심과 목적

새해 목표를 세우는 일은 습관을 고치는 아주 유서 깊은 전통이지만, 의미 있는 결과로 이어지는 경우는 거의 없다. 결심은 분명한 목표 선언이지만 실재하는 힘의 뒷받침이 없기 때문이다. 바구니로 개울을 막으려는 것과 비슷하다. 결심은 잠깐의 시간을 벌 뿐, 변화를 일으키는 제대로 된 도구가 아니다. 습관을 제대로 고치려면 마음챙김의 자세로 내면 깊숙이 살펴보면서 목표를 뼛속까지 새겨야 한다.
습관으로 인해 펼쳐지는 현실이 불편하다고 생각할 수는 있지만, 보통 습관 패

오해에 초점 맞추기

마음챙김한다는 말은 자신을 솔직하게 대한다는 뜻이다. 다시 말해, 모든 것을 있는 그대로 바라보고 지각한 것을 인정하는 태도다. 습관이 주는 망상에 주의를 기울이면(오른쪽 참고), 결국 통제하기 어려운 힘에 휩쓸리는 결과를 초래한다. 그러면 습관은 영원히 고칠 수 없다는 또 다른 오해에 빠지게 된다.

과잉이 주는 거짓 편안함

- 음식
- 술
- 텔레비전
- 수면
- 쇼핑

욕구를 좇는 일 자체는 좋지도, 나쁘지도 않지만 중독의 위험이 있다.

통제에 대한 오해

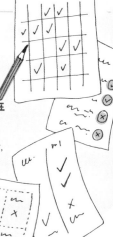

- 과도한 생각
- 지나친 분석
- 너무 빡빡한 계획표

문제를 해결하는 중이라고 생각하겠지만, 실제로는 그렇지 않다.

습관의 악순환 깨뜨리기

아래 그림은 회피와 침체라는 나쁜 습관으로 벌어지는 결과를 나타낸 것이다. 마음챙김은 비생산적이고 해로운 습관을 건강하고 보람찬 행동으로 바꾸는 열쇠다. 마음챙김에서 함양한 자기 인식을 통해 매 순간 자신에 대해 책임을 지고 건강과 행복을 높이는 장기적인 변화를 꾀할 수 있다.

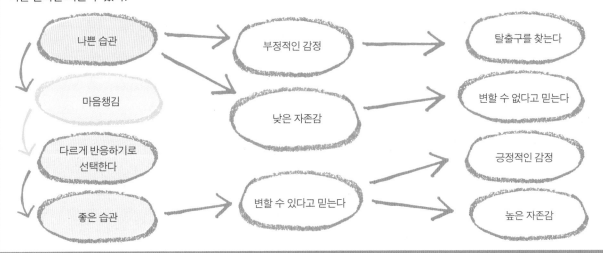

턴 자체를 파악하는 일은 어렵지 않다. 하지만 마음챙김의 자세로 자아 성찰에 주의를 기울이지 않으면 자신의 습관을 알아차리고도 모른 척 넘어갈 확률이 높다. 변화로 가는 첫걸음은 반응을 유발하는 특정 계기와 여기에 따른 습관적인 반응, 그리고 반응에 대한 일련의 결과를 연민의 시선으로 바라보는 태도다. 이 과정에서 가장 중요한 역할을 하는 요소는 직관인데, 매 순간 마음챙김의 자세로 직관에 귀를 기울이면 자동조종장치가 켜져 있을 때보다 훨씬 현명한 판단을 내릴 수 있기 때문이다. 또한, 직관은 습관이 된 행동 패턴을 파악하고 이들이 왜 해로운지 알려주기도 한다. 직관을 믿어라. 진정한 우선순위에 충실하려면 어떤 선택을 내려야 하는지 알 수 있다.

마음챙김이 만드는 변화

마음챙김 수행에 정진하면 천천히 모든 것을 의식의 영역으로 가져오게 된다. 모든 행동이 인정과 허락 없이는 나타나지 않는다. 마음속에는 우리가 자유롭게 선택을 내릴 수 있는 공간이 있다. 마음챙김은 우리를 여기로 데려가서 지금까지와는 다른 방식으로 해결하는 힘을 준다.

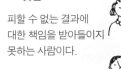

회피에 대한 오해

● 미루기
● '아니야.'라고 생각하면서 "네."라고 말하기

결국 언젠가는 해결해야 한다는 사실을 알고 있으므로 문제를 미루는 일은 불안만 증폭할 뿐이다.

책임감 회피의 오해

● 시간을 지키지 않음
● 다른 사람을 실망하게 함
● "이번 한 번만"이라는 표현
● 거짓말
● 뒷말

피할 수 없는 결과에 대한 책임을 받아들이지 못하는 사람이다.

나는 할 수 있다, 나는 자격이 있다

자신감과 자존감 높이는 방법

우리의 가치와 능력에 대한 의심은 시간이 지나면서 행복으로 가는 길을 막는 단단히 잘못된 오해로 발전할 수 있다. 마음챙김의 태도로 접근하면 부정적인 자기 대화를 해소하고 자존감을 기르는 선순환을 일으키는 데 도움이 된다.

자존감이 낮으면 사고 패턴은 좌절로 점철된다. 이 패턴이 습관으로 자리 잡으면 자신은 소심하고 어리석고 서툴다는 식의 자기 의심과 비판의 목소리를 내기 시작한다. 이 목소리가 계속되면 내면이나 타인에게서 긍정적인 말을 듣는다고 해도 자신의 능력과 가치를 의심하면서 자신에 관한 생각과 판단마저 완전히 믿을 수 없게 된다. 그렇다면 부정적인 사고의 악순환에서 어떻게 벗어나야 할까? 마음챙김이 도와줄 수 있다. 마음챙김하고 현재 순간에 머물며 아무런 판단 없이 생각을 있는 그대로 관찰하면 부정적인 영향이 언제 일어나는지 알아차릴 수 있기 때문이다. 마음챙김은 생각을 잠시 멈추고 관찰자가 되도록 유도하여 습관이 된 사고 패턴에서 빠져나오도록 돕는다.

> 자기 의심과
> 낮은 자존감은
> 천천히 삶에 스며든다.

낮은 자존감 인식하기

자기 의심과 낮은 자존감은 다양한 방식으로 천천히 삶에 스며든다. 이를 빨리 알아차릴수록 마음챙김하면서 나쁜 습관이 형성되기 전에 미리 조치할 수 있다. 바라던 일이 일어나지 않았을 때 자책감을 느끼는가? 친구 하나가 며칠 동안 연락을 하지 않았다고 해보자. 바빠서라고 생각하는가, 나에게 화가 났기 때문이라고 생각하는가? 만약 자신의 탓으로 돌린다면 자존감이 낮다는 뜻이다.

가족과 친구 앞에서는 능력을 완전히 발휘할 수 있지만, 누군가에게 실제로 평가를 받는 상황이거나 평가받는다는 기분이 드는 상황에 놓이면 자신감을 잃지는 않는가? 이런 일이 반복된다면 자기 가치에 문제가 있다는 뜻일지도 모른다. 마음챙김은 특정 상황에서만 일어나는 자신감 상실 현상을 해결할 수 있도록 해준다. 이러한 처지에 놓이는 일을 애써 회피하지 않도록, 다시 말해 스스로 취약하다고 느끼는 상황이 닥쳐도 달아나지 않게끔 마음가짐을 바꾸기 때문이다.

구성요소

자신감은 자신을 느끼는 방식, 타인을 대하는 태도, 긴장을 떨치는 능력에 영향을 미친다. 잠재력을 깨닫게 해주어 행복해질 가능성을 높이는 요소이기도 하다. 자신을 믿고 실패에 대한 두려움을 떨쳐서 해낼 수 있다는 확신을 가지려면 부정적인 자기 대화라는 속삭임에 귀를 열지 않게 하는 마음챙김의 도움이 필요하다.

자신감 넘치는 인생을 위한 여섯 가지 규칙

부정적인 자기 대화로 자기 확신이 떨어졌다면, 다음의 여섯 가지 규칙을 따르면서 자신감을 높이도록 한다.

1. 자애롭게 **실수를 수용한다.**
2. **도전을 앞두고** 자신의 능력에 도움이 되지 않는 의심을 하지 마라.
3. **성공의 원동력은** 과거의 실패를 만회해야 한다는 바람이 아니라, 순수한 목표의식이다.
4. **자연스럽게 행동하라.** 마음챙김은 진정한 우리의 모습과 현재 열려 있는 가능성을 찾아 따라가는 방법을 보여준다.
5. **잘하는 일에 최선을 다하라.** 다른 사람의 판단이나 이해는 중요하지 않다.
6. **성과를 내라.** 변화를 이루면 자존감이 올라간다.

자존감의 선순환

낮은 자존감이 불러오는 악순환에서 자기 의심은 목표를 낮추고 결국 성취하지 못하게 만드는데, 이는 다시 자신에 대한 의심에 빠지게 하는 결과를 낳는다. 불안 역시 집중력을 흐리는 존재다. 우리는 마음챙김을 통해 낮은 기대치가 미치는 영향을 떨쳐버리고 결과에 대한 걱정을 멈출 수 있다. 작은 성공이라도 스스로 최선을 다했다는 사실을 안다면 자신감이 쌓이고 성장의 선순환을 시작할 수 있다.

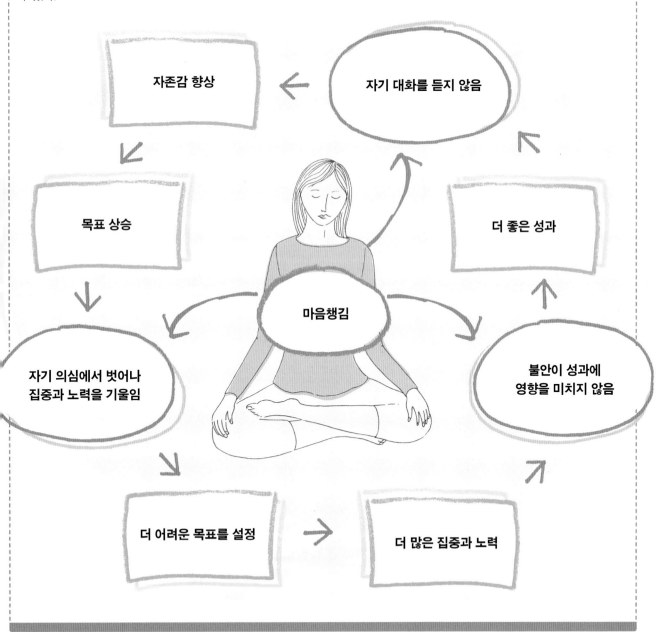

일곱 번 호흡하는 동안

결정을 내리는 요령

의시 결정은 직관과 이성이 함께 작용하는 영역이다. 여기서 감정이 스며들면 판단이 흐려질 위험이 있다. 예를 들어, 마음이 불안하면 우유부단하게 망설이거나 자신이 아닌 다른 사람의 생각에 따라 결정을 내리게 된다. 마음챙김은 사고력을 단련하고 초점을 다시 맞추어 감정의 함정을 피하는 방법을 제시한다.

우리는 생각하고 결정한 다음, 행동을 개시한다. 선천적으로 결단력이 있는 사람도 있지만, 계획을 행동으로 옮기는 순간까지 갈피를 못 잡고 흔들리는 사람도 있다. 하지만 결단력이 있은 사람들도 복잡한 상황을 만나면 정답이라고 생각하는

행동을 떠올릴 때까지 평소보다 더 많은 시간이 필요하다. 중세 일본의 사무라이는 일곱 번 호흡할 동안 결정을 내려야 했다. 현재도 충분히 가능하고, 심지어 쉬운 일이다. 하지만 처음 떠올린 생각이 언제나 최선이라고는 말할 수 없다. 이사나 이직처럼 중요한 결정은 신중하게 분석하고 숙고할수록 좋다.

도전과 복잡한 마음

부정적인 감정과 긍정적인 감정 모두 의사 결정에 영향을 미칠 수 있다. 누군가 기회를 제안했을 때 그 사람에 대한 호감 때문에 긍정적으로 검토할 수도, 안전지대에서 지나치게 벗어나야 한다는 불안을 이유로 거절할 수도 있다.

우리는 도전을 시작하기 전에 갈등한다. 한편에서는 전력을 다하면서 쾌감을 느

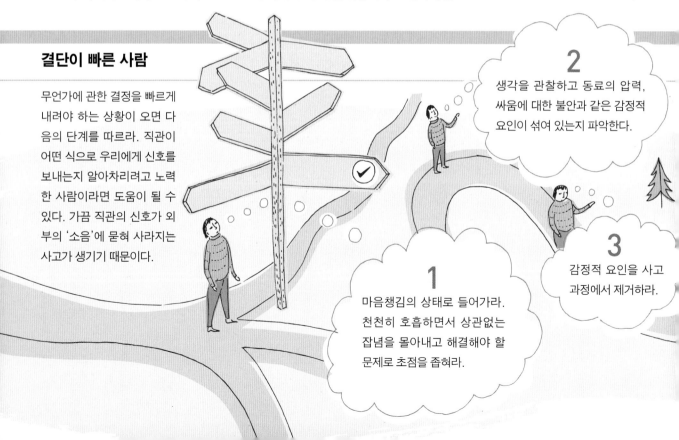

결단이 빠른 사람

무언가에 관한 결정을 빠르게 내려야 하는 상황이 오면 다음의 단계를 따르라. 직관이 어떤 식으로 우리에게 신호를 보내는지 알아차리려고 노력한 사람이라면 도움이 될 수 있다. 가끔 직관의 신호가 외부의 '소음'에 묻혀 사라지는 사고가 생기기 때문이다.

2
생각을 관찰하고 동료의 압력, 싸움에 대한 불안과 같은 감정적 요인이 섞여 있는지 파악한다.

3
감정적 요인을 사고 과정에서 제거하라.

1
마음챙김의 상태로 들어가라. 천천히 호흡하면서 상관없는 잡념을 몰아내고 해결해야 할 문제로 초점을 좁혀라.

끼고 성취를 만끽하며 자축하는 모습을 상상하지만, 또 한편으로는 자신의 능력을 의심하고 난처한 상황에 처할지도 모른다고 두려워한다. 마음챙김 명상은 쓸데없는 걱정을 없애고 자존감을 높여서, 도전을 앞두고 나타나는 감정의 충동을 가라앉히고 직관을 따라 받아들이게 한다. "성공할 수도 있고, 실패할 수도 있지. 그렇지만 시작도 안 할 이유는 없잖아?"

이중 불안

결정을 내릴 때, 많은 사람이 이중 불안에 휩싸인다. 행동을 실행에 옮겼을 때 나타날 수 있는 악영향뿐 아니라, 실제로 올바른 결정을 내리고 있는지도 불안해한다는 뜻이다. 이러한 불확실성이 만든 스트레스는 행동한 다음에도 한참 동안 남아 있을 수 있으며, 가끔은 "A 대신 B를 했다면 더 좋지 않았을까?"처럼 답이 없는 질문으로 변하기도 한다. 마음챙김의 자세를 가지면 상상 속의 상황에 의미를 부여하지 않으며, 의사결정 과정을 둘러싼 안개 속에서 거침없이 똑바른 방향으로 나아갈 수 있다. 주변에 흔들리지 않고 자신을 정확히 아는 사람일수록 과거는 돌이킬 수 없다는 사실을 수용하게 된다. 아무리 근거가 많은 후회일지라도 의미 없는 정신력 낭비에 불과하며, 별 이유 없이 막연하게 후회하는 일은 기운을 두 배로 소모하는 행위다.

> 마음챙김은 직관과 반사적인 반응을 구별하는 데 도움을 준다.

마음챙김이 의사 결정력을 높이는 원리

마음챙김이 현명한 결정을 내리는 데 도움을 주는 이유는 다음과 같다.

- 정확한 사고를 방해하는 스트레스를 줄인다.
- 본질에 집중하기 쉬운 상태로 바꾼다.
- 산만해질 가능성을 낮춘다.
- 내면에서 들리는 부정적인 이야기를 걸러내는 데 도움을 준다.
- 묵은 행동 패턴에서 벗어나게 한다.
- 자존감을 높여 자신 있는 선택을 내리게 한다.
- 감정의 유혹을 이겨낼 수 있도록 돕는다.

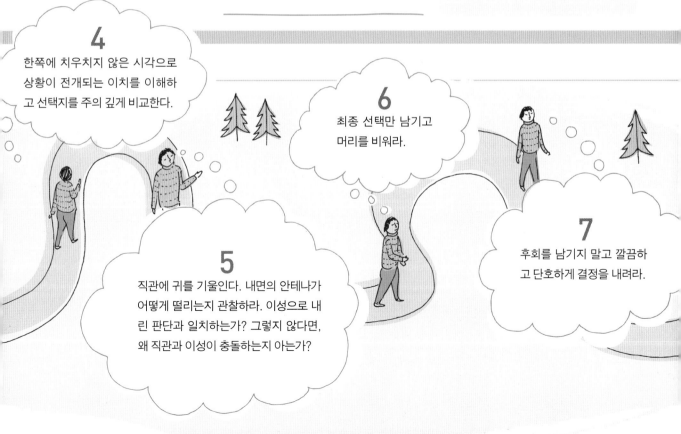

4 한쪽에 치우치지 않은 시각으로 상황이 전개되는 이치를 이해하고 선택지를 주의 깊게 비교한다.

6 최종 선택만 남기고 머리를 비워라.

7 후회를 남기지 말고 깔끔하고 단호하게 결정을 내려라.

5 직관에 귀를 기울인다. 내면의 안테나가 어떻게 떨리는지 관찰하라. 이성으로 내린 판단과 일치하는가? 그렇지 않다면, 왜 직관과 이성이 충돌하는지 아는가?

분명하게 생각하기

정서 편향성을 알아보는 요령

마음은 우리를 도와주는 좋은 도구지만, 감정의 영향을 받아 한쪽으로 기울어진 시각을 가질 때가 많다. 우리는 스스로 논리적이라고 생각하면서 "왜냐하면"이나 "그러므로" 같은 단어로 사고를 침착하게 전개해나갈 수도 있지만, 한편으로는 감정이 일으킨 쿠데타에 밀려 주도권을 뺏길 수도 있다.

명상 훈련을 통해 무장하지 않은 정신은 충동적으로 결정을 내리는 성향이 강하므로 경험한 사건을 다시 반복하는 패턴에 휘말릴 수 있다. 연애하면서 몇 차례 실패를 겪었으면서도 매번 비슷한 유형의 애인을 선택하는 사람이나 안 좋은 습관을 고쳐야 한다는 사실을 알면서도 마지막으로 실컷 즐기고 그만두겠다고 계속 다짐하는 사람을 예로 들 수 있겠다. 마음챙김에서는 우선순위와 가치에 비추어 모든 결정을 내린다. 바꿔 말하면 장기적인 이득을 위해 잠깐의 희생을 감수하기도 한다는 뜻이다.

마음챙김의 자세로 의사결정을 내릴 때는 현재를 사는 것과 현재만 사는 것의

왜곡된 생각

속으로 계산기를 두드리면서 이기적인 판단을 내리면 도덕성이 훼손되는 건 물론이고, 결국에는 자신도 피해를 보게 된다. 감정적으로 편향되면 좋은 결과를 가져오는 선택을 내리기가 어려워진다. 이는 경제학자들이 만든 실험인 '최후통첩 게임'에서 명백하게 드러난다. 누군가 여러분의 친구인 매리와 함께 돈을 나누어 가지는 조건으로 100만 원을 준다고 제안하는 상황을 상상해보라. 얼마를 나눠줄 것인지는 여러분의 선택에 달려 있지만, 매리가 제안을 거절하면 둘 다 돈을 받을 수 없다. 매리 역시 게임의 룰을 알고 있다. 논리로만 생각하면, 매리에게 가능한 한 적은 돈을 줘야 한다. 만 원만 주더라도 매리는 받아들일 것이다. 매리 입장에서는 한 푼이라도 받기만 하면 이득이다. 하지만 실제로 게임을 해보면, 완전히 다른 결과가 나타난다.

차이를 반드시 구별해야 한다. "나중에 어떻게 될지는 모르겠고, 지금 하고 싶은 일이니 하고 말련다."라는 식의 태도는 마음챙김과 거리가 멀다. 현재를 알아차리라는 말은 눈가리개를 한 경주마처럼 앞만 보고 뛰어가라는 뜻이 아니다. 마음챙김의 핵심은 시야를 좁히는 게 아니라 넓히는 것이다.

> 과거에 일어난 일과
> 미래에 일어날 일에
> 신경 쓰지 않으면 지금 더
> 나은 결정을 내리는 데
> 도움이 된다.

중요한 의사 결정 과정에서 편향성 제거하기

현재의 순간을 높은 의식 수준으로 알아차리면 의사 결정에서 일어나는 많은 오류에 빠지지 않을 수 있다. 흔하게 일어나는 오류 하나가 '매몰 비용 편향'인데, 시간, 돈, 노력을 투자한 길을 계속 따라가려는 성향이다. 경영학에서 온 단어지만, 일상에서도 흔히 관찰할 수 있는 상황이다. 세계에서 손꼽히는 경영대학원인 인시아드(INSEAD)에서 수행한 연구는 짧은 마음챙김 세션을 수행하면 이러한 형태의 편향이 쉽게 일어나지 않는다는 사실을 증명했다.

- **인간관계에 많은 자원을 투자했지만**, 우리 사이에는 좁힐 수 없는 차이가 있다는 사실을 깨달았다. 헤어지고 새로운 행복을 찾아 떠나는 대신, 계속 부딪히면서 싸운다.

- **회사에 오래 근무하면서 경력을 쌓는 일에 집중했다.** 이제 회사의 업무수행 방식을 완전히 익혔고 일을 상당히 잘하는 편에 속하지만, 승진할 자리는 없다. 지금까지 쌓은 지식과 기술을 버리고 새로운 회사를 찾는 대신 불행을 감수하면서 남는다.

- **음악 축제 입장권을 샀지만**, 배우자가 감기에 걸리고 날씨까지 궂다. 힘들게 번 돈으로 산 입장권인데 버리기는 싫으니 힘겹게 축제에 간다. 춥고 악몽 같은 시간을 보내고 결국 둘 다 앓아눕는다.

공감

타인에게 귀 기울이는 방법

> "다른 사람이 행복하길 바란다면 연민을 실천하라. 자신이 행복하길 바란다면 연민을 실천하라."
>
> 14대 달라이 라마

마음챙김으로 풍요롭고 끈끈하게 만든 인간관계는 지대한 행복의 원천이다. 좋은 관계를 형성하려면 따뜻하고 사랑스러운 감정만으로는 부족하며, 적절한 연민이 필요하다.

우리는 타인의 생각을 읽을 수 없고, 다른 사람도 우리 생각을 읽을 수 없다. 그런데 왜 완전히 혼자라는 기분이 들지 않는 걸까? 그 답은 우리가 관계를 깊게 형성하려 노력하기 때문이다. 누군가를 알아가는 과정은 정보 교환으로 시작하지만, 마음이 맞으면 서로 멀리 떨어져 있어도 강한 친밀감을 느끼는 동료애로 발전한다. 이런 식의 타인에 대한 직관적인 이해를 공감이라고 한다. 공감은 타인의 감정을 함께 느낌으로써 감사와 용서, 그리고 따뜻함을 베풀게끔 만드는 존재다. 동정이나 연민과 가까운 친척이라고 할 수 있겠다.

마음챙김과 인간관계

명상이 뇌섬엽을 활성화한다는 건 증명된 바가 있다. 뇌섬엽은 공감에 중요한 역할을 하는 부위다(110~111쪽). 또한 일정하게 명상하는 사람들을 대상으로 한 자기 평가 조사의 결과는 명상이 공감 능력을 향상하고 아는 사람뿐 아니라 잘 모르는 사람의 감정까지 느낄 수 있게 공감 범위를 넓힌다는 사실을 시사했다. 다시 말해, 명상이 인간관계를 풍요롭게 가꾸고 의사소통 능력을 높인다는 뜻이다. 마음챙김 명상은 모든 관계의 중심인 자신에서 시작하며, 현재 순간에 머무르면서 머릿속의 생각과 감정을 연민으로 바라보라고 가르친다. 처음에는 함께 휩쓸리고 싶다는 유혹을 느끼지만, 곧 마음챙김하면서 아이를 달래는 부모처럼 애정을 가지고 생각과 감정을 인정한다. 자아 발견의 과정에서 우리는 점점 안정을 찾고 인식의 영역은 넓어진다. 공감의 힘을 내면의 거대한 항아리에 쏟아붓는다고 할 수 있다. 완전히 차면 흘러넘치면서 다른 사람의 행복을 생각하기 시작한다.

더 많이 베풀기

수행을 통해 부정적인 생각과 까다로운 감정에 맞서고 기운 빼는 일을 멈추면서 우리는 타인에게 더 많은 것을 베풀 수 있다는 사실을 깨닫는다. 또한 판단 없이 자신을 바라보는 법을 터득했으므로(마음챙김은 아무런 판단도 내리지 않는 자세가 핵심이다) 다른 사람에게도 관용을 베풀 수 있

겹치는 원

공감은 사랑, 연민, 의미 있는 의사소통의 필수요소다. 마음챙김은 공감 능력을 향상하여 다른 사람과의 관계를 긍정적이고 보람차게 만든다.

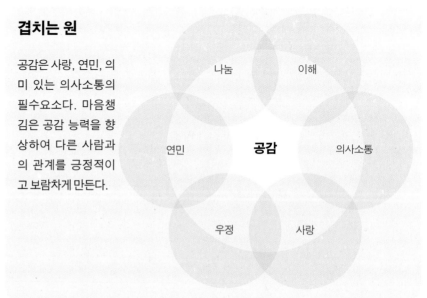

나눔 이해 연민 **공감** 의사소통 우정 사랑

공감 능력 높이기

정도의 차이는 있지만, 우리는 모두 공감 능력이 있다. 사람은 공감이 곧 적응력으로 직결되는 사회 집단에서 진화한 동물이다. 누군가는 다른 사람의 감정을 직감할 수 있는 공감 능력을 타고난 반면, 어떤 사람은 명상 수행에 정진하면서 공감 능력을 높인다. 일부 심리학자는 선천적인 공감 능력은 생후 수년간 가까운 사람과 맺은 관계가 얼마나 친밀했느냐에 달려 있다고 말한다. 다음은 일상에서 쉽게 공감 능력을 향상하는 방법이다.

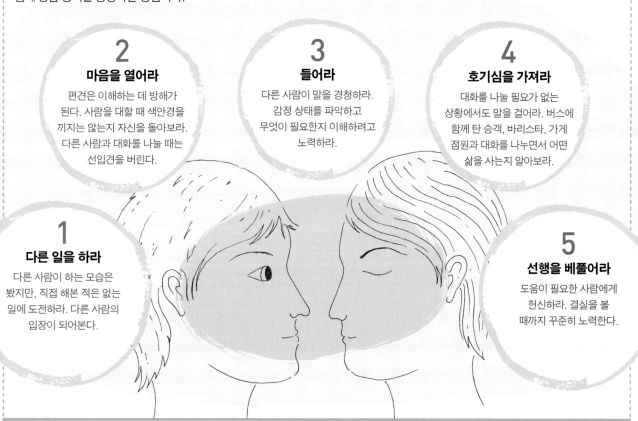

2 마음을 열어라
편견은 이해하는 데 방해가 된다. 사람을 대할 때 색안경을 끼지는 않는지 자신을 돌아보라. 다른 사람과 대화를 나눌 때는 선입견을 버린다.

3 들어라
다른 사람이 말을 경청하라. 감정 상태를 파악하고 무엇이 필요한지 이해하려고 노력하라.

4 호기심을 가져라
대화를 나눌 필요가 없는 상황에서도 말을 걸어라. 버스에 함께 탄 승객, 바리스타, 가게 점원과 대화를 나누면서 어떤 삶을 사는지 알아보라.

1 다른 일을 하라
다른 사람이 하는 모습은 봤지만, 직접 해본 적은 없는 일에 도전하라. 다른 사람의 입장이 되어본다.

5 선행을 베풀어라
도움이 필요한 사람에게 헌신하라. 결실을 볼 때까지 꾸준히 노력한다.

다. 한층 깊어진 이해력으로 자신의 가치를 정확하게 알아차리고, 공감 능력을 깨워 타인의 가치를 제대로 바라보게 된다. 우리와 같이 걷는 사람들 역시 자신의 한계를 극복하고 진정한 우선순위를 정해서 각자 행복을 이루기 위해 최선을 다하고 있다. 이제 실망 대신 용서가 우리의 자연스러운 반응으로 자리 잡는다.

유용한 공감 능력
괴로워하는 사람에게 공감한다는 건 자신을 상대의 입장에 투영하여 그 감정을 느끼는 행위이기 때문에 편안한 경험이 아니다. 하지만 불편하다고 해서 눈앞에 있는 사람을 외면하는 것은 마음챙김과 거리가 멀다. 마음챙김에서 추구하는 자기 이해는 괴로움에 휩쓸리지 않으면서 정확히 바라보는 힘을 키우므로 도움을

주려는 힘은 약해진다. 연민은 바로 여기에 작용한다. 연민은 동료애에 기반을 두고 있으나 원동력이 마르지 않는, 공감의 집행 기관이라 할 수 있다. 마음챙김 수행에 정진하는 동안 상대방에게 필요하다고 생각하는 만큼의 따뜻함과 지지를 보내려면 일단 자신의 우선순위를 만족할 수 있을 만큼 강해져야 한다는 사실을 깨닫기 때문이다.

마음챙김 관계

인간관계의 질을 향상시키는 방법

자애를 베풀라

138~141쪽에 묘사한 자애 명상은 가까운 사람뿐 아니라 면식만 있는 사람까지 따듯함과 연민으로 보듬는 일종의 치유 수단이다. 계획을 세워서 최소 일주일에 한 번은 규칙적으로 수행하라.

어쩌면 여러분도 습관적으로, 혹은 가족이나 소속된 집단의 기대 때문에 특정 사람들과 시간을 보낼지도 모른다. 마음챙김은 습관의 패턴을 깨트리긴 하지만, 이러한 관계를 끊는 일은 별개의 문제다. 맺고 있는 관계를 마음챙김의 자세로 관찰하고, 문제가 있다면 자신에게 원인이 있지는 않은지 살펴보자.

모든 인간관계는 올바른 방향으로 이용하면 삶을 풍요롭게 만들 수 있다. 세상에는 가까이 다가가려 하면 거리를 두고 자신을 감추는 벽을 세우거나 우리가 이해할 수 없는 방식으로 살아가는 사람도 있다. 그래도 다른 사람을 만날 때는 언제나 상황을 정확히 파악하기 위한 몇 가지 질문을 자신에게 던지는 편이 좋다. '저 사람이 세운 벽이 내가 세운 벽보다 두꺼울까?', '매력 있고 신선한 관점으로 볼 수도 있지 않나, 계속 관계를 이어가면 어떨까?', '내가 저 사람을 대할 때 불편한 기분이 드는 진짜 이유가 무엇일까?' 같은 질문을 떠올리는 식이다. 마음챙김은 이러한 질문에 건설적인 답을 줄 수 있다.

첫인상

우리는 외모, 직업, 친구 관계와 같은 단편적인 정보를 바탕으로 사람을 쉽게 판단하고는 한다. 실제로 많은 사람이 짧은 첫인상을 오랫동안 기억한다. 하지만 있는 그대로 사람을 알아차리는 수준에 이르면, 첫인상은 단지 확실한 결론을 내리기 위한 하나의 조악한 근거에 불과하다는 사실을 알게 될 것이다.

관계 가꾸기

다른 사람에게 주의를 기울이고 다가오는 인연에 마음을 열면 여러분은 더 다정한 사람으로 변한다. 미소 한 번, 농담 하나, "좋은 아침이에요."라는 인사말 한 마디가 사람을 얼마나 기분 좋게 만드는지 알게 될 것이다. 배려나 친절에서 우러나오는 행동은 관계의 온도를 따뜻하게 데우는 역할을 한다. 마음챙김은 자신이 어떤 선택을 내리는지 분명하게 의식하도록 해서 다른 사

용서하라

내면에 묵은 원한이 쌓여 있지는 않은지 확인하라. 왜 다른 사람을 용서하지 못하는지 자신에게 질문을 던져본다. 어쩌면 과거에 그 사람이 나에게 잘못을 저질렀기 때문일지도 모른다. 현재에 집중하고 다시 한 번 자신의 삶으로 끌어들이면 같은 사람과 새로운 관계로 시작할 수 있다.

람을 유형별로 분류하고 거기에 적합하다고 생각하는 관계를 맺는 일을 피하는 데 도움을 준다. 여러분은 만연한 고정관념에 갇히지 않고 삶의 질을 높이는 관계를 형성하는 자신만의 방법을 찾게 될 것이다.

연민의 마음을 행동으로 옮겨라

타인에 대한 공감을 연민의 행동으로 옮길 수
있는 방법을 찾아라. 가까운 사람뿐 아니라
직장 동료나 이웃에게도 마음을 열어라.
다른 사람이 무엇을 필요로 하는지,
어떤 식으로 도울 수 있을지 생각하라.

다른 사람과 진정성 있는 관계를
맺으면 자신을 있는 그대로 느끼는
귀중한 경험을 할 수 있다.

의식하면서 의사소통하라

마음을 열고 유연하게 대화하라.
습관적인 패턴이 나타나는 것 같다면,
잠시 뒤로 물러나서 다른 방식으로
접근한다. 상대의 말뿐 아니라 무언의
메시지에도 주의를 기울이고 선한
의도를 가지고 반응하라. 따뜻한 말과
함께 적절한 신체 접촉도 섞어라.
그러면 서로를 갈라놓는 벽이
무너지기 시작한다.

보람찬 관계를 맺는
다섯 가지 방법

갈등을 피하라

서로의 의견이 충돌하고 짜증이나
실망감을 느낀다면, 잠시 멈추고 감정에
주의를 기울인다. 갈등에서 한 발 물러서면
관계가 무너지지 않도록 막을 수 있다.
자신이 옳다고 생각하더라도 상대를
끝까지 밀어붙이지 마라.

지도와 질문

가장 중요한 관계를 지도로 그린다. 원이 겹치는 정도로 친밀함을 나타내라.
친구와 가족 중 열 사람을 떠올리고, 자신에게 다음의 질문을 던져보라.

- 관계를 원활하게 하기 위해 어떻게 하면
  좋을까?
- 바꾸고 싶은 부분이 있나?
- 변화를 가져오려면 어떻게 해야 할까?
- 관계마다 헌신과 사랑의 마음으로
  지금 당장 할 수 있는 친절한 행동이
  무엇이 있을까?

떠올린 답을 곱씹으면서 관계를 돈독하
게 가꾸려면 어떤 행동을 해야 할지 생
각하라. 관계마다 '친절한 일' 하나씩을
베푸는 계획을 세워보자.

길을 걷고자 한다면
먼저 그 길이 되어야 한다.

선불교 격언

커플을 위한 마음챙김

관계를 순탄하게 유지하기 위해

관계를 오래 유지하면서 생긴 익숙함은 습관적으로 생각하고 반응하게 만드는 원인이 될 수 있다. 어떤 문제는 반복해서 나타날지도 모른다. 무의식적으로 반응하다보면 양쪽 모두 신경이 곤두서고 다투기 쉽다. 활기차고 애정 넘치는 관계를 유지하려면 열린 마음을 가지고 진실과 헌신으로 상대를 대해야 한다.

우리는 사랑하는 사람에게 익숙해지면서 예전이라면 드러내지 않았을 감정을 서슴없이 표출하고는 한다. 마치 감정을 억누르는 제어장치가 갑자기 망가져버린 것처럼 말이다. 그래서 가끔 가장 가까운 사람과의 관계가 가장 어렵다고 느껴질 때가 있다. 연인 관계는 사람을 행복하게 만들지만, 한편으로는 시험에 들게 만들기도 한다. 지금까지 상대가 베푼 사랑, 친절, 인내 같은 자질을 계속 바라고 기대하기 때문이다. 상처받는 일에 대한 두려움은 우리를 더 예민하고 반응적으로 만들며 소중한 관계를 파괴하고 싶은 충동에 휩싸이게 한다. 마음챙김은 차분하고 흔들리지 않는 자세를 갖추도록 도우면서 자칫 언쟁으로 이어질 수도 있는 반응을 행동으로 표현하지 못하게 자동조종장치를 제동하는 역할을 한다. 불안이 유발하는 섣부른 생각에 의문을 가지도록 유도하여 방어 반응을 약화하는 원리다. 같은 공간에서 살다보면 무의식적으로 불만이 쌓이는데, 어느 순간 임계점에 이르러 언쟁이 벌어지면 과거에 받았던 상처가 밖으로 드러나면서 싸움에 기름을

관계 헌장

다음의 지시를 따르면 관계를 안정적으로 유지하는 데 도움이 된다. 일부는 앞으로 발생할 수 있는 갈등을 풀어나가는 방법을, 일부는 관계를 더 돈독하게 만드는 요령을 담고 있다.

변화를 수용하라

상대방이 처음 만났을 때의 모습 그대로 영원하리라는 생각은 버려라. 나와 마찬가지로 상대도 변화를 겪었다. 과거의 모습을 그리워하지 마라. 사람 자체는 변하지 않았다. 단지 서 있는 곳이 달라졌을 뿐이다.

진심으로 대하라

마음챙김은 진정성 있는 사람으로 변화시킨다. 관계가 자애에 기반을 두고 있는 한, 어떤 사회 규범에 따라야 할 필요는 없다. 연인 관계가 어때야 한다는 선입견을 버리고 둘만의 관계를 만들어나간다.

상황을 이성적으로 대하지 마라

상대방이 감정을 표출했을 때, 비이성적인 행동을 하고 있다는 사실을 알려주면서 해결책을 제시하려 하지 마라. 그저 공감하면서 함께 감정을 나누도록 한다. 세심하게 질문을 던지면 서로를 더 잘 이해하는 데 도움이 된다.

주도권을 가지려고 하지 마라

마음챙김의 자세든, 남보다 뛰어나다고 판단되는 어떤 자질이든, 자신의 기준이 더 올바르다는 사실을 근거로 배우자를 마음대로 휘두를 수 있다는 생각은 버린다. 심지어 선의를 위한 선택이라도 상대에게 선택을 강요하지 마라. 상사가 아니라 동료가 되어라.

끼었는다. 진부하게 들릴지도 모르겠지만, 심리학의 관점에서 봤을 때 관계 유지에 상당히 중요한 부분이다. 눈 마주침이나 신체 접촉(오른쪽 상자 참고)과 같은 수행을 병행하면서 마음챙김 습관을 들이면 불필요하게 낭비하는 에너지를 줄이는 데 도움이 된다. 마음챙김의 자세로 의사소통하는 일도 중요하다. 시간을 정해서 이야기를 나누어도 좋고, 심지어 말다툼 도중에 마음에 있는 말을 털어놓아도 상관없다. 그러면 앞으로 판단하지 않고 알아차림하는 자세로 차분하고 분명하게 각자의 의견을 말하고 경청할 수 있을 것이다.

마음챙김은 애정 어린 유대를 형성할 수 있도록 도와준다. 자기 인식의 수준이 높아질수록 주변의 인간관계가 끈끈해진다. 특히 스트레스에 잘 대처하는 연인일수록 유대감이 강한 경우가 많다.

의견을 수용하라
상대가 느끼는 감정을 솔직하게 말할 때 방어적인 태도를 취하지 마라. 하던 일을 잠시 멈추고 이야기를 경청한다. 어떻게 해야 최대한 긍정과 사랑을 담아 반응할 수 있을지 생각해보자. 솔직하게 말해줘서 고맙다고 감사 인사를 해라.

함께 새로운 일에 도전하라
서로의 취미가 다르더라도 색다른 경험을 하고 나면 상대방과 공유하는 시간을 가져라. 혼자 어떤 일에 도전할 생각이라면, 반드시 먼저 알려주어라. 즐거운 경험이라고 판단되면 다음에는 함께 하도록 한다.

눈에서 눈으로

일부 마음챙김 지도자는 연인에게 '2가(dyadic)' 훈련이라는 이름의 수행을 가르치는데, 이는 과학에서 한 쌍으로 일어나는 상호작용을 의미한다. 상호 수용을 촉진하고 친밀감을 높이고 싶다면 아래의 눈 맞추기 수행을 시도해보라. 타이머를 사용하면 한 단계에서 다음 단계로 넘어가기 편하다.

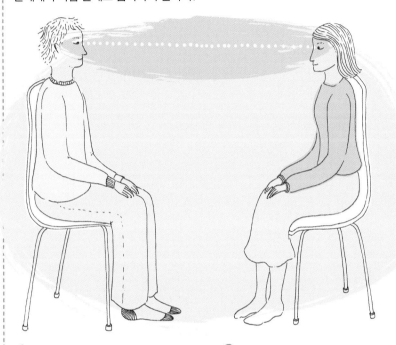

1
바른 자세로 서로 마주 보고 앉는다. 얼굴 사이 간격은 1미터 정도로 둔다.

2
서로의 눈을 응시한다. 빨려든다기보다는 관찰한다는 기분으로 살펴본다. 불편하거나 약점을 드러내고 있다는 느낌이 들면 저항하려 하지 말고 그대로 수용하려 노력하라. 두 사람 모두 어떤 느낌이 드는지 주의를 기울여야 한다. 핵심은 눈으로 의사소통을 하는 것이 아니라 눈을 관찰하는 것이다. 5분 정도 계속한다.

3
이제 관찰하는 대신 눈을 맞춘다. 눈 뒤에 상대가 있다고 생각한다. 그냥 보는 것이 아니라, 교감하는 데 그 목적이 있다. 5분 정도 이어간다.

4
마지막으로 눈을 맞추는 동안 상대의 선량함과 사랑스러운 자질을 생각하고, 동시에 자신의 선함을 떠올린다. 5분 정도 상대에게 감사하는 마음을 가지면서 서로 사랑하는 관계라는 사실을 되새긴다.

마음챙김이
필요할 때

직장에서 성공을 거두는 것부터 어려운 시기를
이겨내는 방법까지, 마음챙김은 모든 종류의
도전에 적용할 수 있는 귀중한 도구다.

성장과 학습

효율적인 공부법

학습은 삶에서 상당히 높은 만족을 주는 활동이지만, 새로운 기술이나 지식을 효율적으로 습득하려면 자기 의심이나 나쁜 동기 부여를 포함한, 다양한 형태의 잠재 위협을 신중하게 경계해야 한다. 마음챙김은 학습 효율을 높이고 과정을 더 보람차게 한다.

학습은 성실함과 기억력만으로 이뤄지지 않는다. 학교와 같은 정규 학습이 일어나는 장소에서는 압박감과 스트레스에 대처할 수 있는 능력이 필요하다. 감정이 섞여도 공부에 전념할 수 없다. 자신의 능력이나 학문 이해도에 의심을 가지면 학습에 전념하기 어렵다는 뜻이다. 따라서 이러한 방해요소를 침착하게 처리하는 능력을 키워야 한다. 감정을 제대로 제어하지 못하면 사고력과 동기 부여가 떨어지며 학습을 최우선 순위로 두기가 어려워진다.

압박받는 상황
공부하는 동안 방해요소에 굴복하지 않으려면 마음챙김이 필요하다. 규칙적으로 명상을 하고, 일상에서 의식적으로 마음챙김의 태도를 갖추도록 노력하라. 여러분이 넘어야 할 산이 자신감 문제이든, 학습과 생활의 균형

을 맞추는 일이든, 감당해야 할 학습량이 상당히 많다는 것이든, 마음챙김의 자세로 알아차리는 행위가 배움이라는 여정을 흔들림 없이 이어가는 데 도움이 된다는 사실을 깨닫게 될 것이다. 방해요소는 해결하지 못한 혼자만의 고민처럼 내면에서 떠오를 수도 있고, 학습과 상관없는 쾌락의 유혹처럼 외부에서 등장할 수도 있다. 친구나 배우자

평생 학습

학습은 어떤 자격을 취득하기 위해서만 하는 것이 아니다. 마음챙김은 삶을 풍요롭게 하고 자신과 다른 사람이 행복하게 살아가는 데 도움을 주는 교훈을 얻도록 돕는다. 마음챙김으로 배울 수 있는 몇 가지 가르침은 다음과 같다.

- 생각, 감정, 행동이 상호작용하는 이치
- 사랑이 불안과 의구심을 극복하는 과정
- 삶에 즐거움과 놀라움이 가득하다는 진실
- 평범한 사람이 위대한 일을 이뤄내는 비밀
- 아이들이 상상 이상으로 지혜롭다는 사실
- 자아에 대한 걱정이 헛되다는 진리

가 같은 상황이 아닌 상태라면, 공부 대신 다른 일을 하러 가자는 유혹을 시시때때로 받게 될 것이다. 이러한 회피 행동은 투쟁 도피 반응 중 스트레스에 대한 '도피' 반응에 해당한다. 거부감이 가장 낮기는 하지만 결국 죄책감, 실망, 실패

개념이 너무 난해하고 학습량은 어마어마하게 많아요! 제가 정말 해낼 수 있을까요?

할 수 있습니다. 포기하지 말고 하루에 한 시간씩 천천히 해보세요.

학습 관점
마음챙김은 방대한 학습 과정에 주눅 들지 않도록 도와준다.

를 맛볼 가능성이 높다. 마음챙김을 수행하면 반사 반응에 끌려다니는 대신에 정말 원하는 우선순위에 따라 행동할 수 있는 여유가 생긴다. 학습에 헌신하면서 느끼는 보람은 자연히 따라오는 결과다.

몰입 학습

학습 과정이 순탄하면, '몰입(flow)' 상태에 들어갈 수도 있다. 집중하는 대상에 완전히 빠지면서 시간 감각을 잃어버리는 상태다. 몰입을 경험하면 마음과 마찬가지로 몸의 욕구에도 주의를 기울이도

록 한다. 가끔, 가능하다면 한 시간에 한 번 짧게 호흡 명상을 하는 것이 이상적이다. 감각을 잘 살피면서 혹시 경고 신호가 느껴지지는 않는지 귀를 기울이자. 충분히 자고, 균형 잡힌 식사를 하라.

마음챙김이 학습에 도움을 주는 원리

마음챙김 수행이 우리가 스트레스에 대응하는 방식을 바꾼다는 증거가 있다. 마음챙김은 두려움을 비롯한 몇 가지 감정을 관장하는 뇌의 전전두엽(110~111쪽)에 영향을 미치기 때문이다. 또한, 교육학자들은 수행이 아래의 자질을 높이는 방식으로 학습 효율을 높인다는 사실을 밝혀냈다.

작업 기억
세부 사항을 놓치지 않으면서도 전체를 바라보는 시야를 기른다.

집중
지금 하는 일에 몰입하면서 읽거나 듣는 정보를 이해하는 능력을 키운다.

계획
학습 분야를 막론하고 계획을 세우고 단계별로 처리하는 요령을 알려준다.

추리
찾아낸 근거에 올바른 논리로 접근하고 타당한 결론을 도출한다.

문제 해결
학습하는 과정에서 막히는 부분을 해결하는 능력을 기르고 이해력을 향상한다.

멀티태스킹
학습과 삶의 균형을 맞추고 우선순위를 정하는 능력을 높인다.

자신감
목표로 설정한 학습 분야를 완벽하게 통달할 수 있다는 믿음을 불어넣으며 자존감을 높인다.

정신 정화
지금 해야 하는 공부와 감정적인 문제를 떨어뜨릴 수 있도록 돕는다.

정신력
지루함을 느끼지 않고 오랜 시간 공부에 집중할 수 있게 한다.

실력을 보여주자

시험 잘 치는 방법

시험 기간에는 학습 스트레스가 극대화된다. 마음챙김은 시험을 준비하는 과정부터 치르는 순간, 완전히 마친 다음까지 도움을 준다. 스트레스를 완전히 피하는 일은 불가능하겠지만, 잘 대처하는 요령을 알아두면 좋을 것이다.

시험은 충돌 경로를 따라 돌진히는 소행성처럼 피할 수 없는 존재다. 필요한 만큼보다 더 높은 수준의 성과를 거두어야 하는 단 한 번의 기회지만, 준비가 덜 되었든 실력이 없든 그날 기분이 얼마나 불안하든 상관없이 반드시 시험에 임해야 한다.

마음챙김 기법은 시험 스트레스를 완화하는 데 도움을 준다. 아직 시작하지 않았다면, 호흡이나 몸-호흡 명상 프로그램(96~99쪽, 106~109쪽)을 첫 시험 전 최소 2주 전부터 수행하고 시험 기간 내내 이어지도록 한다. 잠자리에 들기 직전에 명상을 하면 마음을 비우고 깊이 잠들 수 있으며, 불면증을 예방하는 효과가 있다. 숙면을 위해 술을 먹는 행동은 금물이다.

시험공부를 하다가 부정적인 생각이 머리에 떠오른다면, 생각을 그냥 있는 그대로 인정하고 이름을 붙여준 다음, 다시 집중하던 대상으로 천천히 돌아가라. 한 시간에 한 번 정도는 7/11 호흡 수행(아래 참고)을 실시하고 의식하면서 자세를 바르게 고쳐 앉으면(94쪽 참고) 맑은 정신을 유지하는 데 도움이 된다.

7/11 응급조치

이완 호흡 수행은 장소에 구애받지 않으며, 시험장에 착석한 다음에 해도 무방하다. 들숨보다 날숨을 약간 더 길게 뱉으면서 몸의 이완 메커니즘을 자극하라.

7/11 하는 방법
- 시험 공부를 하는 동안 일정 간격으로
- 불안하거나 스트레스를 받을 때마다 수시로
- 시험 시작 직전에
- 시험 마치고 바로

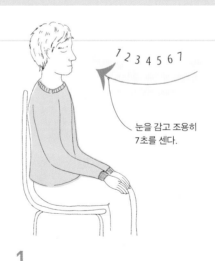

1 2 3 4 5 6 7

눈을 감고 조용히 7초를 센다.

1
마음속으로 일곱까지 세면서 코로 숨을 들이쉰다.

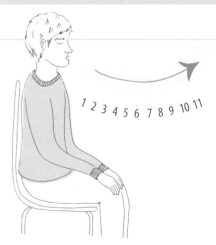

1 2 3 4 5 6 7 8 9 10 11

2
마음속으로 열 하나까지 세면서 입으로 숨을 뱉는다.

마음챙김 명상을 할 때의 유의사항

호흡 명상이나 몸 – 호흡 명상을 할 때 다음을 주의하라.

● 피로와 관련된 신체 증상이 나타나는지 확인하고 증상을 기록한다. 취침 시간을 앞당기는 것 같은, 일상에서 변화를 주어야 하는 부분이 있는지 생각해본다.

● 스트레스로 인한 신체 증상이 나타나는지 확인하고 증상을 기록한다. 명상을 계속 진행하면서 사라지는지 관찰한다.

● 개념, 수치, 생각과 같은 정보가 문득 생각난다면, 다른 공부 시간에 다시 떠올릴 수 있도록 기억만 해두고 다시 하던 일에 집중한다.

● 자기 의심은 생각이나 느낌의 형태로 나타난다. 기록하고 사라지도록 내버려둔다.

3
계속 수를 세면서 호흡한다. 5분 정도 반복하는 것이 좋으나, 여유가 없다면 2회, 혹은 3회 숨을 들이쉬고 내쉰다.

모의시험을 봤다면 결과에 연연하지 마라. 실력을 알아보는 과정일 뿐, 아직 본격적인 정신력 싸움이 남아 있다. 역사가 반드시 반복되는 것은 아니지만, 스스로 반복된다고 생각한다면 실제로 그렇게 되기도 한다. 해로운 영향을 미칠 수 있으므로 시험이 끝났다고 완전히 풀어지지 않도록 주의하라. 평소에 자기 관리를 잘하는 사람이라도 마찬가지다. 갑자기 자유가 생기면 시험 문제의 답을 찾아보고 점수를 추측하면서 시간을 낭비할지도 모른다. 어차피 결과는 때가 될 때까지 정확히 알 수 없으므로 이는 자아존중감만 떨어뜨리는 일이다. 성적 발표일 이후에도 마찬가지다. 집중하던 목표가 갑자기 사라지면 무엇을 해야 할지 모르고 방황할 수 있다. 천천히 시험 기간에 돌입하기 전 생활 패턴으로 돌아가도록 한다.

시간 관리

시간 관리는 시험에서 아주 중요한 부분이다. 시간에 쫓기면 실력을 완전히 발휘하기 어렵다. 아래는 시간 관리에 도움을 주는 조언이다.

● **기출문제를 풀면서** 소요 시간을 측정한다. 실제 시험과 동일한 시간 안에 모든 문제를 본 실력으로 풀 수 있도록 풀이 속도를 조절한다.

● **이제 타이머를 쓰지 않는다.** 시작 시각을 기록하고 다른 기출문제를 풀어본다. 완전히 끝낼 때까지 시계를 보지 않는다. 감으로 시간 배분에 성공할 때까지 같은 방식으로 반복해서 훈련한다.

● 시험에 임하기 전에 **자신에게 응원의 확언을 보낸다.** "정확하게 시간을 배분해서 주어진 시간 안에 모든 기량을 발휘해서 답을 적겠다."

● **학습 주제에 지나치게 빠지지 마라.** 기억하라. 경계해야 할 방해요소 중에는 학문 자체도 있다. 여러분은 시험을 준비하는 것이지, 인간이 축적한 지식의 탑을 더 높게 쌓으려는 것이 아니다.

직장을 구하다

면접에서 눈에 띄는 방법

면접만큼 자신이 가진 자질을 철저하게 평가받는 상황은 없다. 마음챙김은 적절하게 말하면서 자신을 당당하게 드러내고 면접 자리에서의 긴장을 극복하는 방법을 제시한다.

손바닥은 땀으로 흥건하고 속은 배배 꼬이며 심장은 미친 듯이 뛴다. 말이 생각을 거치지 않고 입 밖으로 튀어나가면서 의도와는 다른 뜻을 전한다. 면접은 고통스럽다. 가끔은 자신이 품은 모든 부정적인 생각을 분수처럼 쏟아내도록 고안한 섬뜩한 실험 같기도 하다. 자신이 누구인지, 무엇을 원하는지, 고용주에게 무엇을 바칠 수 있는지(그걸 받을 멍청한 사람이 있다면)를 물어보는 시간이다. 지금까지의 묘사가 평소 생각하는 면접과 같다면, 면접에 대한 두려움 때문에 나쁜 결과를 얻었을 가능성이 크다. 두려움 뒤에는 아마 여러 가지 원인이 있겠지만, 대부분은 자신이 얼마나 형편없이 면접을 치를지에 관한 상상에 기반을 두고 있다.

뭐가 문제지?

정말 들어가고 싶은 직장이라면, 말과 행동에서 절박함이 드러날지도 모른다. 예를 들어, 지금 다니는 회사가 마음에 들

물 만난 물고기: 최고가 되다

면접장에 들어가는 순간, 여러분은 물 만난 물고기가 된다. 회사에 대한 조사도 완벽하게 끝냈고, 이력서도 철저하게 준비했다. 그리고 지금 자리에서 알아보고자 하는 대상, 즉 자기 자신에 관해서는 세상 그 누구보다 전문가다. 여러분을 가장 잘 소개할 수 있는 사람은 여러분 자신이다. 면접장을 안전한 곳이라고 생각하라.

뻔하고 의미 없는 말을 피하라. "저는 외향적인 사람입니다." 같은 틀에 박힌 말은 하지 않는다. 마음챙김은 누구나 할 수 있는 말을 하는 대신, 자신만의 방식으로 생각을 표현하는 자세를 함양한다.

면접관 앞에 서면 **그들도 급여를 받고 일하는 직원이라는 사실**을 떠올려라. 수적으로 불리하더라도 여러분은 약자가 아니다.

현재에 머무르면 대화에 집중하는 데 도움이 되며 자신의 좋은 면을 드러낼 적절한 기회를 잡을 가능성이 커진다.

지 않는다면 면접장에서 무심코 사장의 흉을 볼 수도 있다는 이야기다. 사실 상당히 자주 일어나는 일이고, 결코 좋게 보이는 행동은 아니다. 목표를 물어보는 면접관의 질문에 변화를 가져오고 싶다는 등의 고상하지만 말도 안 되는 허튼소리를 늘어놓을 수도 있다. 본인의 약점이

뭐냐는 물음에 장점으로 봐주기를 바라는 요소, 예를 들면 사소한 부분에 집착하는 경향이 있다는 식으로 대답할지도 모른다. 지금까지 설명한 시나리오가 익숙하게 들린다면, 아마 전에 똑같이 행동한 경험이 있기 때문일 것이다.

마음챙김의 해답
많은 사람이 면접을 두려워하는 건 위에 나열한 예시처럼 예측 가능한 반응 패턴에 빠질지도 모른다고 생각하기 때문이다. 마음챙김 명상은 집중력을 향상시키고 자아 존중감을 높이며 스트레스와 불안을 몰아내어 실수를 저지르지 않도록 유도한다. 마음챙김의 자세로 오가는 대화에 완전히 주의를 기울이면 단순히 옳은 말을 하는 데 그치지 않는다. 가식 없이 있는 그대로의 모습을 보여주는 사람

은 자신이 가진 자질을 쉽게 드러낼 수 있다. 미리 준비한 예상 답안을 읊는 것이 아니라, 살아 있는 대화를 하는 후보자로서 면접관을 대할 수 있다는 이야기다.

호흡 명상
아직 규칙적으로 명상을 수행하지 않고 있다면, 구직 활동을 해야겠다는 결심이 서는 대로 간단한 호흡이나 몸-호흡 명상(96~99쪽, 106~109쪽 참고)을 실시한다. 적어도 몇 주 정도는 계획을 세워서 일정하게 수행하라. 면접장에서 대기하는 동안에는 7/11 호흡 수행(192~193쪽 참고)을 하면 긴장을 가라앉힐 수 있다. 면접을 시작하면 아래 지침을 참고해서 자연스럽고 효과적으로 자신이 가진 가장 뛰어난 장점과 자질을 보여주자. 최소한, 침착함을 유지하는 데는 도움이 될 것이다.

편한 말투와 속도로 말하라. 마음챙김의 자세를 가진 면접자는 자신도 모르게 면접관의 발화 방법을 따라 하지 않는다.

사적인 질문, 딱딱한 말투, 함정 질문 같은 **기습에 당황하지 마라.** 놀라움이나 실망과 같은 감정이 들면 그 감정과 거리를 벌려라. 면접이 얼마나 잘 진행되고 있는지를 판단해서는 안 된다.

면접관에게 대화 주도권을 넘겨라. 하지만 모든 질문에 충실하게 답해서 드러내고 싶은 사실을 전부 전달하라. 대화에 자연스럽게 엮을 수 있는 경우에만 추가적인 사항을 언급한다.

급여의 대가
마음챙김과 업무 공간

일이란, 운이 좋은 사람에게는 삶의 목적이자 보람이며, 마음에 드는 회사에서 든든한 동료와 함께 하는 활동이다. 하지만 대부분의 사람에게 일은 스트레스와 과부하, 그리고 불안과 떼려야 뗄 수 없는 존재다. 요즘 들어 마음챙김은 행복하고 창의적이며 생산적인 업무 환경을 구축하는 핵심 열쇠로 주목받고 있다.

직장에서 마음챙김을 수행하는 사람은 점점 늘어나는 추세로, 상사가 추천해서 시작하는 경우도 많다. 오늘날 여러 유명 기업이 명상 강의를 주최하고 유급 수행 여행을 권장하며 사내에 직원 명상실을 만들고 있다. 기업에서 적극적으로 마음챙김을 강조하면 의사소통 개선, 스트레스 상황에서 침착성 유지 능력 강화, 팀워크 향상, 직장 내 갈등 해결 속도 상승, 독창성 증가와 같은 다양한 효과를 볼 수 있다는 연구 결과도 있다. 지금까지 많은 기업이 마음챙김을 통해 높은 생산성과 파격적인 혁신을 누렸다.

스트레스와 과부하
직장 생활은 스트레스의 주원인이다. 선진국의 병가 사유 통계를 살펴보면 근골격계 질환이 1위, 스트레스가 2위를 차지하고 있다. 특히 보건, 교육, 행정 업무에 종사하는 35~54세의 정규직이 심한 스트레스에 노출되었다. 어느 정도의 업무 스트레스는 사실 어디에나 존재한다. 사업은 결국 경쟁이며, 경쟁에서 우위를 점

하려면 과로, 자원 부족, 재정 불안과 같은 문제는 필연적으로 안고 갈 수밖에 없기 때문이다. 조직의 복잡한 업무 프로세스가 또 다른 스트레스 원인이 되는 경우도 있다. 스트레스와 과로가 만연화되면, 구성원 사이에 긴장이 감돌면서 각자의 잠재력을 완전히 끌어내기가 어려워진다.

업무량이 늘어나면 우리는 가장 먼저 여가 활동이나 가족, 친구와 보내는 시간을 줄인다. 삶에서 업무가 차지하는 비율을 높이는 일은 스트레스와 피로만 늘릴 뿐인데, 이는 우리가 포기한 부분이 바로 활력을 주는 요소이기 때문이다. 마음챙김 명상은 자신이 정말 좋아하는 것이 무엇인지 통찰하고, 깨달은 사실에 따라 행동하면서 인생의 내리막길로 빠지지 않도록 예방한다. 예를 들면, 초과 근무 대신 가족과 함께 저녁 시간을 보내는 식이다. 스트레스를 적절하게 관리하고 객관

좋은 결과 내기

2010년 영국의 한 대형 보험사에서 운영한 마음챙김 프로그램에 참여한 사람들이 작성한 자가 평가표를 분석한 자료다.

88% '상당한 집중력 향상'을 경험했다.

76% '상당한 부서 내 관계 호전'을 경험했다.

68% '상당한 개인 효율성과 생산성 향상'을 경험했다.

60% '상당한 스트레스 대응 능력 향상'을 경험했다.

최고의 변화

1990년대 후반에는 경영대학원 학생이 카페에 앉아 약 2,000년 전 중국의 군사 전략가 손무가 야전 전략을 정리하여 서술한 병법서인 『손자병법』을 읽는 모습을 어렵지 않게 볼 수 있었다. 오늘날에는 존 카밧진, 마크 윌리엄스, 존 티스데일의 마음챙김 서적이 그 자리를 차지하고 있다. 오랫동안 경영과 마음챙김의 관계를 연구한 하버드대학교 심리학 교수 앨런 랭거는 마음챙김을 "새로운 것을 적극적으로 알아차리는 과정"이라고 정의했다. 오늘날 카밧진의 MBSR과 윌리엄과 티스데일의 MBCT 개념을 활용한 리더십 훈련은 점점 늘어나는 추세다. 또한, 최근 최고 경영자에게 강조되는 개념 중 하나가 바로 재생이다. 마음챙김을 활용해서 자아를 새롭게 하고 경영자의 자리가 주는 스트레스를 이겨내는 자질이라고 할 수 있겠다.

성을 유지하며 성급하게 반응하는 대신, 자신과 다른 사람에게 관심을 가지고 연민을 베풀 수 있다면 행복도와 생산성은 대폭 증가한다. 마음챙김 훈련이 방금 언급한 자질을 갖추도록 유도하는 데 도움을 준다는 사실은 이미 증명된 바 있으며, 그 이상의 효과를 볼 수도 있다.
자만심, 사소한 일을 급하게 처리하는 자세, 뛰어난 사람에 대한 시기심을 버려라. 자신뿐 아니라 다른 사람까지 함께 생각하라. 작은 부분도 놓치지 말고 세세하게 파악하라. 이 모든 것은 마음챙김의 영역 내에 있다. 마음챙김 수행을 통해 일에 새로운 의미를 부여하고 더 많은 목표를 이루며 성취감을 느낄 수 있을 것이다.

긍정의 체크리스트

마음챙김이 업무 현장에 미치는 증명된 효과는 다음과 같다. 본 목록을 자기평가 대조표로 이용해도 좋다. 마음챙김 일기에 옮겨 적고, 일과 마음챙김 명상을 병행하면서 목표를 하나씩 이루어가도록 한다.

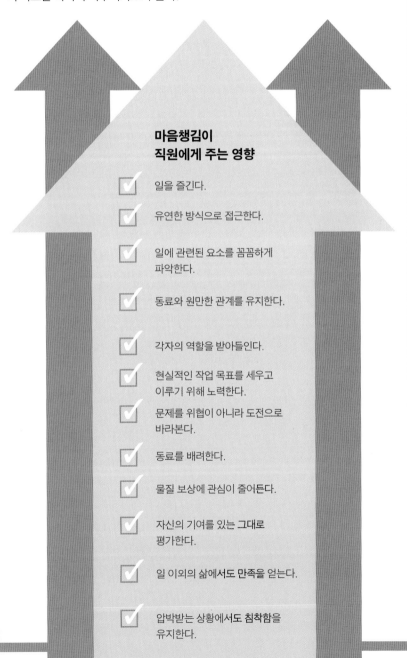

**마음챙김이
직원에게 주는 영향**

- ☑ 일을 즐긴다.
- ☑ 유연한 방식으로 접근한다.
- ☑ 일에 관련된 요소를 꼼꼼하게 파악한다.
- ☑ 동료와 원만한 관계를 유지한다.
- ☑ 각자의 역할을 받아들인다.
- ☑ 현실적인 작업 목표를 세우고 이루기 위해 노력한다.
- ☑ 문제를 위협이 아니라 도전으로 바라본다.
- ☑ 동료를 배려한다.
- ☑ 물질 보상에 관심이 줄어든다.
- ☑ 자신의 기여를 있는 그대로 평가한다.
- ☑ 일 이외의 삶에서도 만족을 얻는다.
- ☑ 압박받는 상황에서도 침착함을 유지한다.

에헴!

자신감 있게 발표하는 방법

많은 사람이 대중 앞에서 말하는 일을 몹시 두려워한다. 지켜보는 수많은 눈 앞에서 손짓 하나까지 전부 신경 써야 하는 상당히 피곤한 일이기 때문이다. 마음챙김 수행은 발표에 대한 두려움을 없애고 마음을 편하게 먹도록 도와준다.

발표의 목적은 대중과 의사소통하는 데 있다. 화자가 청자에게 주의를 기울이면, 청자도 화자에게 주의를 기울인다. 그런데 이 상호작용은 상당히 쉽게 깨진다. 자기 의심과 부정적인 자기 대화는 내면으로 주의를 돌리게 만들며, 계속 자신이 얼마나 잘하고 있는지 평가하는 동안 집중이 흐트러진다. 이때 지루하다는 표정을 짓는 누군가를 포착하는 순간 발표력이 급격하게 하락하는 것을 느끼게 된다. 이제 자신이 말하는 게 아니라, 말이 자신의 밖으로 나오는 수준에 이른다. 발표란 마땅히 집중이 필요한 일인데, 스스로 무슨 말을 하는지도 모르는 상황은 불리할 수밖에 없다.

편안하게 계속해서

발표에 능숙해지고 싶다면, 인생을 넓게 보는 시각을 가져야 한다. 두려움을 그저 지나가는 경험으로 바라보고 최대한 자주 현재의 순간에 머무르면 불안을 가라앉힐 수 있다. 무엇을 이야기할지에 집중하고, 사람들이 자신의 말을 어떻게 받아

들일지는 신경 쓰지 않는 자세가 가장 중요하다. 마음챙김 명상이 발표의 긴장을 완전히 없애줄 수는 없지만, 불안에 대처하는 자세를 긍정적으로 바꿀 수는 있다. 평소에 마음챙김을 꾸준히 수행하고, 발표 직전에 짧게 호흡 명상을 하면 재치 있고 침착하게 생각을 표현하는 데 도움이 된다. 두려워하면서 물러나지 말고, 지금 바로 눈앞의 대중에게 다가가라.

> 현재에 머무르면 여유롭고 재치 넘치며 표현력이 풍부한 사람이 된다.

불안의 징조 확인하기

모든 형태의 불안과 마찬가지로, 발표 공포증 역시 두려움이 엄습하는 순간에 드는 느낌을 관찰하면 원인을 파악하는 데 도움이 된다. 불안의 징조를 느낄 때마다 두려움을 없애고 자신감을 심는 반응으로 맞서라.

신호	반응
익숙하지 않은 장소다	새롭고 신선한 곳이다
많은 사람이 내 말을 기다리고 있다	듣는 귀가 몇 개든 상관없다 한 번의 발표에 불과하다
청중의 반응 하나하나가 몹시 중요하다	사람들은 내 발표에 따라 나를 평가할 것이다
청중이 나와 다르다(성별이나 배경)	청중이 편견이 있을지 없을지는 내가 예측할 수 없는 영역이다
할 말을 잊어버릴지도 모른다	실수를 하더라도 아무도 신경 안 쓸 것이다
사람들은 나를 좋아하지 않을 테고 내 말에 동의하지 않을지도 모른다	내가 연설을 부탁받은 이유는 그럴 만한 자격이 있기 때문이다

마음챙김 발표를 위한 여섯 가지 계획

마음챙김 수행은 기본적으로 긴 시간에 걸쳐서 불안의 원인을 찾는 데 도움이 되는 방법이지만, 짧은 시간을 투자해서 불안을 가라 앉히는 요령도 있다. 예를 들어, 어떤 사람은 발표 전에 호흡 수행을 하거나 마음챙김을 하며 산책을 한다. 아래는 중요한 발표가 있는 날, 모든 능력을 발휘할 수 있도록 도와주는 간단한 몇 가지 지침이다.

1
발표 내용과 전달 태도에 모두 주의를 기울인다

불안하면 연습에서도 스트레스를 받기 때문에 준비가 미흡해질 우려가 있다. 대본을 정확히 암기하고 충분히 연습하라.

2
소통하라

발표를 시작하기 전에 모인 사람들을 둘러보고 교감하라. 다들 조용히 앉아 경청자로서의 역할에 충실하고 있다. 자애와 감사의 마음을 보내보자. 이제 여러분이 연사의 역할을 수행할 차례다.

3
강하게 시작하라

단호하고 자신 있는 목소리로 시작하라. 그래야 부정적인 습관이 튀어나올 여지가 사라진다. 시작이야 어떻든, 진행하다보면 긴장이 풀릴 것이라는 근거 없는 믿음은 버리는 편이 좋다.

4
메모나 대본의 함정을 피하라

메모를 중심으로 발표할 생각이라면, 적어둔 내용이 무슨 의미인지 정확히 파악한다. 대본은 참고만 하라. 즉흥적으로 진행할 계획이라면 횡설수설하지 않도록 주의한다. 가장 좋은 방법은 중요한 요점을 메모하되, 핵심 문장 일부는 머릿속에도 암기해두는 것이다.

5
"네, 그리고요."에서 배워라

애드리브에 능숙한 연기자는 현재 상황을 받아들이고 거기에 살을 붙이는 "네, 그리고요." 철학을 따른다. 흐름을 일부러 바꾸는 대신 지금 벌어지는 일을 수용하라. 가끔은 즉흥적으로 진행하면서 청중과 소통하라.

6
호흡을 닻으로 삼아라.

호흡의 감각을 느낄 수 있도록 수시로 말을 잠시 멈추는 시간을 가져라. 마음을 가라앉히는 데 도움이 된다. 땅에서 에너지를 끌어올리고 들숨을 통해 몸으로 집어넣는 모습을 상상하라.

"부족한 것이 없다는 사실을 깨달으면
온 세상을 가질 수 있다."

노자

움직임과 마음챙김

순간에 머무르며 운동하기

운동이나 다른 신체 활동을 하려고 할 때 규칙적인 마음챙김 수행은 건강을 지키는 일만큼이나 중요하다. 집중 상태를 유지하고 동기를 부여하며 몸이 보내는 신호(예를 들면, 언제 멈추어야 한다든지)에 귀를 기울이면서 불안이나 좌절에 효과적으로 대처하도록 도와주기 때문이다.

좋아하는 운동이나 신체 단련을 할 때 몸이 보내는 신호에 집중하면 상당한 효과를 볼 수 있다. 몸에 주의를 기울이면 감각을 신뢰하는 방법을 배우고 자신을 돌보는 친절함, 자애를 가질 수 있다. 둘 다 건강과 성취에 몹시 중요한 요소다.

본 운동 전이나 스트레칭을 마친 다음에 몸의 신호에 귀를 기울이고 수행 능력을 얼마나 발휘할 수 있을지 평가하는 시간을 가져라. 피곤하거나 허벅지에 통증이 있다면 계획을 수정한다. 운동 시간을 줄이거나 마음챙김 산책으로 대체해도 좋고, 아예 푹 쉬어도 무방하다.

마음챙김 스트레칭

마음챙김 스트레칭은 상태가 좋지 않은 부위를 회복시키고 유연성을 높이며 가동 범위를 높이는 데 도움이 된다. 긴장이 느껴지는 근육군에 주의를 기울여라. 눈을 감고 천천히 10회 정도 호흡하며 근육에 숨을 불어넣는다고 상상하라.

운동심리학자들은 운동하는 동안 지나치게 생각이 많으면 쉽게 지친다고 주장한다. 마음챙김 수행은 몸과 마음의 조화를 꾀하므로 여기서도 도움이 된다. 운동을 마쳤으면 좋겠다는 생각 역시 하나의 갈망이므로, 운동을 끝내는 데 집착하지 않고 모든 움직임의 흐름을 완전히 의식하면서 받아들이는 자세를 가지는 일을 예로 들 수 있겠다. 마음챙김이 신체

마음챙김 운동

운동하는 동안 현재에 머무르고 감각에 집중하면서 정신과 육체를 하나로 모은다. 호흡과 몸의 리듬에 집중하라. 음악을 듣거나 텔레비전을 보면서 산만해지면 안 된다. 운동하는 동안 마음챙김하면 다음과 같은 효과를 볼 수 있다.

- 운동 효율이 높아진다.
- 부상 위험이 감소한다.
- 즐거움이 커진다.
- 몸을 존중하고 보살피는 태도를 가진다.

능력을 향상할 수 있는 것처럼, 운동으로 마음챙김 수준을 높이는 것도 가능하다. 독일의 운동과학자들이 취미로 조깅을 하는 사람들을 대상으로 진행한 연구에서는 12주의 훈련 프로그램을 거친 피실험자들의 마음챙김 수준이 크게 상승했다. 호흡, 심장박동, 체온과 같은 감각을 더 잘 인식하게 되었을 뿐 아니라, 운동으로 인한 신경 변화가 집중력을 높였기 때문에 나타난 복합적인 결과다.

정신적 고통인가, 신체적 고통인가? 주자의 선택

몸이 고통을 느끼듯이 정신도 고통을 느낄 수 있다. 주자는 종종 정신의 고통을 느끼기도 한다. 몸의 한계를 느끼면서 드는 좌절, 아직 많이 남은 거리에 대한 조급함이 있을 수 있겠다. 호흡과 발에 계속 집중하면서 '더는 못 뛰어.' 같은 생각을 마음속에서 내려놓아라. 몸이 어떤 신호를 보내고 있는가? 바디 스캔(120~125쪽 참고)을 수행하면서 말을 잘 따라주는 부위가 어디인지, 신경을 써주어야 할 부위가 있는지 확인하라. 알아낸 정보를 바탕으로 속도를 조절한다. 몸이 달리기를 멈추라는 신호를 보내면 멈추는 것이 좋지만, 계속 같은 메시지를 보낸다고 해서 반드시 믿어야 할 필요는 없다. 아래의 핵심 지침을 따라 운동 효율을 높이도록 한다.

하늘과 정수리가 줄로 이어져 있다고 생각하라.
어깨를 구부리거나 목을 내밀지 않는다. 어깨와 엉덩이 선을 일치시키고 바른 자세로 달리면 몸에 무리가 적게 간다.

발의 움직임을 주시하고 발소리에 귀를 기울여라.
보폭을 줄이고 발소리를 작게 내도록 노력하라. 힘을 아끼는 요령이다. 반동을 줄이고 관절의 부담을 더는 효과가 있다.

팔을 좌우가 아니라 위아래로 높이 흔들어라.
발을 디딜 때 받는 충격이 줄어든다. 팔을 옆으로 흔드는 습관을 없앨수록 무릎, 엉덩이, 등에 가는 부담을 줄일 수 있다.

승리를 위한 플레이

운동을 잘하는 방법

운동 종목마다 필요한 신체 능력과 정신력은 다르다. 보통은 조정력, 근력, 지구력 등이 필요하지만 두각을 드러내는 운동선수라면 모두 마음챙김의 자세를 가지고 있다. 흔히 '몰입', '무아지경', '승리의 마음가짐' 같은 용어로 묘사하는 것 말이다.

시합할 때 우리는 속으로 부정적인 '대화'를 하곤 한다. 놓쳐버린 기회를 아쉬워하거나 마음처럼 풀리지 않는 경기, 나쁜 운, 힘든 몸 상태, 좋은 경기를 하지 못한 것에 대한 후회를 곱씹는 식이다. 마음챙김 명상은 '쓸모없어!', '패배자', '포기해!' 같은 소리를 끊임없이 하는 내면의 수다쟁이에게 흔들리지 않도록 도와준다. 떠오르는 생각에 주의를 기울이면 패배자의 태도가 자리 잡으려 하거나 산만함이나 좌절이 집중력을 흐리려는 순간, 신속히 알아차리고 바로 현재에 집중할 수 있다. 일정 기간 명상을 하면 영화 장면을 돌려보듯 계속 실수하던 순간의 기억을 떠올리며 연연하는 성향을 고칠 수 있다. 명상하지 않는 사람은 패배를 형편없는 플레이에 대한 벌로 생각하겠지만, 마음챙김 수행자라면 패배를 수용하고 아무렇지 않게 다음 훈련에 집중할 것이다.

창의적인 상상

운동심리학자들은 선수들에게 승리의 순간을 자주 상상하라고 권한다. 쐐기골

무엇이 위대한 선수를 만들까?

승리에 유리한 능력이나 마음가짐은 대부분 마음챙김 수행으로 향상할 수 있다. 아래 목록에서 마음챙김이 이러한 자질에 미치는 영향과 경기력을 높이는 원리를 알아보자.

운동에 도움 되는 능력	마음챙김의 효과
주의력	몰입 상태 유도
집중력	고통, 갈증, 사고로 인한 주의 산만 예방
결정력	올바른 판단 유도
조정력	속도와 반응 정확도 상승

운동에 도움이 되는 마음가짐	마음챙김의 효과
침착함	두려움과 불안을 내려놓도록 유도
자기 자비	죄책감과 수치심을 내려놓도록 유도
자신감	승리자의 사고방식을 가지도록 유도
수용성	패배를 딛고 일어나도록 도움

최적의 흥분 상태

운동심리학자들은 선수의 정신 상태를 필요한 능력의 정도를 나타내는 참여축과 불안 정도를 표현하는 각성축으로 나타냈다. 필요한 능력치도 낮고 느긋하게 해도 되는 경기에서 선수는 지루함을 느낀다. 위기감 속에서 사력을 다해 경기에 임하는 선수는 흥분한다. 얼어붙어서 본 실력이 나오지 않는 선수는 불안하다. 실력을 최대한 발휘해야 하지만 긴장하지 않는 선수는 느슨해진다. 경쟁력 있는 선수는 두 축의 중심인 '중간 지점'에 해당한다.

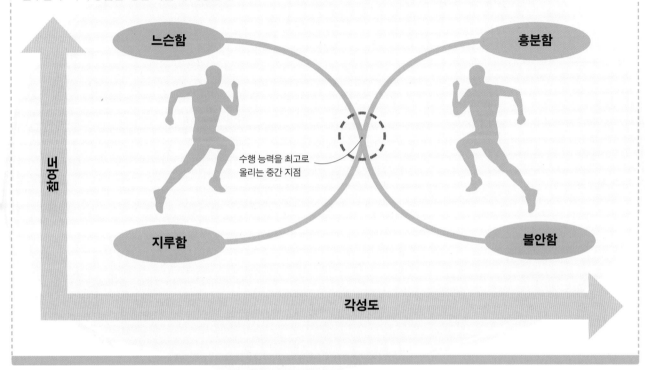

느슨함　흥분함
지루함　불안함
수행 능력을 최고로 올리는 중간 지점

참여도

각성도

을 넣거나 단상에서 금메달을 받는 장면을 떠올리는 식이다. 이러한 시각화가 시합 전 동기를 부여하는 데 도움이 되는 것은 사실이지만, 시합이 시작되면 경기에 집중하고 자기 판단을 최소화하며 결과에 신경 쓰지 않을수록 좋은 실력을 발

> 마음챙김의 자세는 패배를
> 수용하고 다음 훈련에
> 전념하는 것이다.

휘할 수 있다. 우승컵을 떠올리며 경기에 임하는 선수는 모든 실력을 보여줄 수 없다. 상상도 하나의 방해요소이며, 몰입 상태로 들어가지 못하게 하기 때문이다.

마음챙김 경기 계획

운동 실력을 끌어올리려면 이어서 소개할 마음챙김 훈련 프로그램을 정규 훈련에 추가해서 실시해보라. 훈련 기간에는 매일 호흡 명상과 바디 스캔 명상을 수행하고, 시합 직전에는 호흡 명상을 하라. 종목에 맞는 스트레칭을 하면서 마음챙

김의 자세로 모든 근육에서 느껴지는 감각을 알아차린다. 몸을 풀 때도 마음챙김을 유지한다. 몸 상태, 느껴지는 기운, 각성 정도에 주의를 기울여라. 마음챙김하면서 몸의 움직임을 관찰해보라. 테니스의 서브나 수영의 턴처럼 중요한 동작을 할 때도 마음챙김을 적용해본다. 이제 운동하는 내내 마음챙김의 자세를 유지하도록 노력하라. 나중에 마음챙김을 얼마나 유지할 수 있었는지, 도중에 마음챙김이 끊겼던 구간이 있었는지 돌아보는 시간을 가지도록 한다.

거래 성사!

협상 요령

무턱대고 가격을 사정없이 깎아대는 전략은 생명이 끝났다. 우호 관계와 창의적인 해결책, 그리고 오래 가는 기반을 다지는 일에 집중하는 협상 전략이 유행하고 있다. 마음챙김은 오늘날의 진보된 협상 방식을 더욱 효과적으로 만든다.

협상은 공식 회의에서 숙련된 전문가 사이에 이루어지는 새로운 계약이나 국제 조약에 대한 합의부터 시작해서 친구 사이의 중고차 거래까지 다양한 형태를 취한다. 협상은 크게 두 종류로 분류할 수 있는데, 바로 이득을 극대화하는 협상과 이득을 최적화하는 협상이다. 전자는 입장 협상이라고도 부르는데, 시장에서 하는 가격 흥정에서 약간 더 복잡한 형태라고 생각하면 된다. 극단에 서 있던 양측이 모두 수용 가능한 타협점으로 나아

가는 상황이다. 카드 게임을 생각해보자. 이기려면 좋은 패를 숨기고 허세를 부리며 기발한 전략을 사용해야 한다. 양측의 목표는 자신이 양보하는 부분을 최소한으로 줄이는 데 있다. 하지만 오늘날 거의 모든 협상가는 분야를 막론하고 장기적인 관계 유지에 무게를 두며, 양쪽 모두 최대한 이득을 보는 '상생'을 중요시한다. 후자에 해당하는 이러한 종류의 협상을 '가치 협상'이라고 부른다. 서로를 존중하고 신뢰하며 양쪽 모두 협상이

> 중역실에서나 식탁 앞에서나
> 협상할 때 사용하는 기술은
> 비슷하다.

협상가 유형

여러분은 어떤 협상가인가? 아래의 '마음놓음(unmindful)' 협상가에 속한다고 생각한다면, 다음 협상에서는 마음챙김 기술을 적용하도록 노력하라.

마음챙김 협상가는 시야가 넓다.

- **적응형 협상가**는 양쪽의 문제를 모두 해결하려 노력한다. 상대의 미묘한 신호를 직관으로 알아차린다.
- **협력형 협상가**는 어려운 문제를 해결하고 창의적인 해결법을 찾아낸다. 의식 수준이 높고, 의사소통 기술이 좋으며, 관련된 모든 요소에 대한 지식을 철저하게 공부하는 경향이 있다.

마음놓음 협상가는 시야가 좁다.

- **회피형 협상가**는 갈등을 싫어하고 대면 협상보다는 이메일 협상을 선호한다. 불안을 잘 숨기지 못하며, 명확한 목표를 정의하는 데 어려움을 겪는다.
- **경쟁형 협상가**는 이기는 것을 좋아하며, 목표를 이루기 위해 강경한 전략을 사용하는 편이다. '상생'하는 해결법은 선호하지 않는다.
- **타협형 협상가**는 협상을 빠르게 성사하려고 노력한다. 상대의 요구를 지나치게 수용하며, 조바심 때문에 큰 그림을 그리지 못한다.

파이를 넓히다: 가치 협상의 기술

마음챙김은 '파이를 나누는 일'에 집중하는 대신, '파이의 크기를 늘리는 일'에 목표를 두는 '가치 협상'에 유용한 기술을 전수한다. 가치 협상의 특징과 마음챙김이 이에 미치는 효과는 다음과 같다.

상황을 양쪽 모두가 해결해야 하는 문제라고 생각한다. 마음챙김은 연민의 자세로 서로 간의 공감을 끌어낸다.

양자가 정말 필요로 하는 부분을 모두 만족시킨다. 마음챙김은 의식 수준을 높여서 정확히 무엇을 요구해야 하는지 알아차릴 수 있도록 돕는다.

믿음을 바탕으로 한다. 마음챙김은 다른 사람에게 이타적인 관심을 가지도록 유도하여 신뢰가 싹트는 분위기를 만든다.

신선하고 공평한 결과를 추구한다. 마음챙김은 과거의 행동 패턴에 얽매이지 않도록 해주면서 새로운 사고방식을 깨닫게 한다.

가치 협상: 윈 – 윈(WIN-WIN)

창조성을 이용하여 양쪽 모두에게 이득이 되는 결과를 가져온다. 마음챙김은 직관을 키우는 방식으로 참신한 해결책을 내도록 유도한다.

자신에게 유리한 방향으로 흘러갔다고 생각하므로 앞으로도 거래가 계속 이어질 확률이 높다. 일단 믿음이 생기면 서로 마음을 열고 정보를 공유하는 상황을 낳으며, 이는 서로의 가능성을 최대한 열어주는 결과로 이어진다. 물론 마음챙김은 입장 협상이 아닌 가치 협상에 도움이 된다.

협상가의 마음챙김

가장 효과적인 협상 '전략'은 현재에 머무르면서 주의 깊게 자신을 인식하고 상대의 말에 집중해서 반응하면서 방에서 일어나는 모든 사건을 빠짐없이 받아들이는 것이다. 감정을 계속 숨기는 일은 상당히 어렵다. 따라서 상대가 불안하게 웃거나 시선을 피하거나 펜을 떨어뜨리는 행동을 한다면 거짓말을 하고 있을 가

능성을 염두에 두도록 한다. 마찬가지로 여러분의 감정 역시 감추고 있는 우선순위를 드러낼 수 있으므로, 감정과 감정의 기저에 있는 이야기에서 거리를 벌리는 편이 좋다. 협상 테이블에서 생각과 감정, 신체 감각을 관찰하되, 반응하지 않고 침착함을 유지한다면 능숙하고 재치 있게 협상할 수 있을 것이다.

솔직하게

어려운 진실을 말하는 요령

마음챙김이 처세에는 어떤 영향을 미칠까? 언제나 진실을 말하는 태도를 가지게 하는 것일까? 연민을 강조하는 마음챙김을 따르다보면 한 가지 의문이 생긴다. 차마 입 밖으로 꺼내기 어려운 사실이 있을 때, 대체 어떻게 전달해야 할까?

현재의 순간에 머무르는 일은 혼자 있느냐, 다른 사람과 함께 있느냐에 따라 완전히 다른 작업이 된다. 우리는 생각을 말로 구체화하여 전달하고, 상대의 말을 머릿속에서 해석한 다음에 대답하는 과정을 거치면서 의사소통한다. 신체 언어로도 미묘한 대화가 오간다. 이러한 상황에서 현재에 완전히 머무르려면, 상대의 말뿐 아니라 자신이 하는 말과 그 말이 미치는 영향까지 완벽하게 이해할 필요가 있다. 몸짓이나 미소를 포함한 신체

언어 역시 예외가 아니며, 의도적이든 그렇지 않든 신경을 써주어야 한다.

생각을 말로 정확히 표현하는 일이 언제나 쉬운 것은 아니다. 감정을 말하는 일은 특히 그러하다. 마음챙김은 지금까지 살펴본 그대로 의사소통 기술을 향상하는 데 도움을 준다. 꾸준히 마음챙김 수행에 정진하면 다른 사람들 앞에서 자신의 생각을 분명하게 표현하고, 하고 싶지 않은 말은 단호히 거부하는 자세를 갖게 될 것이다.

말해? 말아?

우리는 상황에 따라 정보나 의견을 다른 사람과 공유하지 않을 때가 있다. 특히 자신에 관한 정보를 드러내기를 피한다. 반면에 개인 정보를 지나치게 털어놓아 불편하게 하는 사람도 있어 이러한 행동을 의미하는 '오버쉐어링(oversharing)'이라는 단어가 생겨나기도 했다. 거의 모든 사람이 본능적으로 친하지 않은 사람과 너무 많은 정보를 나누는 행위를 꺼린다. 하지만 가끔은 잘 아는 사람임에도 무언가를 숨겨야 한다고 생각할 때가 있다. 다른 사람에게 비밀을 지켜달라는 부탁을 받았기 때문일 수도 있지만, 더 흔한 이유는 자신이나 다른 사람에게 불편이나 피해를 줄 수 있다는 합리적인 판단 때문이다. 어려운 진실을 숨기는 일은 두

> 생각을 말로 정확히
> 표현하는 일이 언제나
> 쉬운 것은 아니다.
> 자신의 감정을 말하는
> 일은 특히 그러하다.

과장, 생략, 새빨간 거짓말이 왜 그렇게 해로울까요?

두려움이나 좋게 포장하려는 의도에서 나오는 행동이기 때문입니다. 감정이 우리에게 미치는 영향을 키우는 원인이기도 하죠.

진실이 가진 치유의 힘
진실을 말하는 일은 다른 사람과 자신에게 친절을 베푸는 행위가 될 수 있지만, 반드시 연민으로 행해야 한다.

가지 문제가 있다. 첫째, 여러분 자신과의 관계는 물론이고 당사자와의 관계 역시 부정적으로 변한다. 아마 마음챙김을 통해 내면에 어떤 긴장이 나타나는지 완전히 알아차릴 수 있을 것이다. 둘째, 진실을 밝혔을 때 예측할 수 없는 결과를 초래할 가능성이 매우 높다. 상대가 감정적으로 반응하리라는 사실은 어렴풋이 알고 두려워할지 몰라도 반응이 얼마나 격렬할지, 어떤 형태로 나타날지는 정확히 모른다는 이야기다. 어쩌면 상대를 위로해줄 만큼 가까운 관계가 아니라서 감정을 마구 분출하는 동안 그냥 바라보는 일밖에 할 수가 없는 당혹스러운 상황을 상상할지도 모른다. 아니면 진실이 너무 고통스러워서 사실을 알리는 시기를 최대한 미루고 싶을 수도 있다. 사별이나 배신과 같은 소식을 전달해야 할 때 많은 사람이 하는 선택이다.

진실의 순간

적절한 때를 기다리는 태도는 연민에서 나온다. 마주할 결과가 두려워 비겁하게 미루는 것이 아니라면 말이다. 마음챙김 명상은 진실을 전달할 시간이 되었을 때 침착함을 유지하고, 성급하게 상대의 반응을 넘겨짚지 않도록 도와준다. 모든 사람은 연인도 가족도 아닌 사람 앞에서 충격적인 소식을 들으면 감정을 숨기려고 한다. 친한 친구끼리도, 특히 둘 다 남자라면 훨씬 더 감정을 드러내는 일을 피할 때가 많다. 마음챙김의 자세는 감정을 표현하지 않는 성향을 이해하고 존중하는 것이지만, 상대를 곤란하게 만들지 않는 선에서는 연민을 표현해도 무방하다. 가볍게 등을 두드려주기만 해도 진심을 전달할 수 있다.

진실을 말할 때의 주의점

누군가에게 무거운 진실을 전달해야 하는 상황에 처했다면, 말하는 행위 자체가 주는 어려움 때문에 상대의 반응을 놓치지 않도록 주의하라. 자신의 감정을 주의 깊게 관찰하고 거리를 유지하라. 소식을 전하기 전에는 다음의 변수를 고려하도록 한다.

- 당사자와의 관계
- 사실을 말해야만 하는 도덕적 필요성
- 사실을 아는 것이 당사자의 행복에 영향을 미치는 중요성
- 사실을 빠르게 알려야 하는 긴급성
- 사실을 전하기 위해 적절한 때를 기다려야 하는 시기의 중요성

위의 변수를 고려해서 언제 어떻게 말할지 결정하라. 상대의 반응에 유연하게 반응하면서 소식을 전하라. 상대가 진실을 받아들이려 하지 않더라도 연민과 인내를 잃지 마라.

마음챙김 사과

반드시 진심을 담아야 하는 담화 중 하나가 사과다. 피해를 주거나 실망하게 해서 미안하다고 솔직하게 말하는 태도가 필요하다. 마음챙김의 자세로 하는 사과의 특징은 다음과 같다.

- 어느 하나라도 빠뜨리지 말고 있는 그대로 털어놓아라. 그렇지 않다면 고백은 거짓말이 된다.
- 어느 정도 타당성이 있더라도 변명은 하지 마라. 사과에 변명이 섞이면 진정성이 없어진다.
- 자신의 결점을 드러내라. 이는 방어적인 태도를 버리라는 뜻이다.
- 사과하는 것을 양쪽 모두에게 이로운 행위라고 생각하라. 여러분은 결점을 드러내면서 상대에게 자신에 대한 정보를 주고, 상대는 여러분의 있는 그대로의 모습을 알게 된 대가로 신뢰를 준다. 어쩌면 용서라는 선물까지 받을 수도 있다.

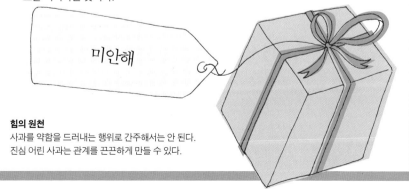

미안해

힘의 원천
사과를 약함을 드러내는 행위로 간주해서는 안 된다. 진심 어린 사과는 관계를 끈끈하게 만들 수 있다.

차례를 넘기다

아이에게 마음챙김의 자세를 길러주는 방법

부모나 선생님이 아이와 함께 마음챙김 게임을 하고 간단한 명상을 가르치는 일은 어린아이들이 자아 인식의 단계로 성장하는 모습을 보는 즐거움을 주기도 하지만, 꽤 재미있는 활동이기도 하다. 아래에 있는 것과 같은 마음챙김 활동은 아이에게 떠오른 생각이나 감정을 내려놓고 다시 현실의 순간에 초점을 맞추는 일에 어떤 의미가 있는지 알려준다.

아이에게 마음챙김을 가르치기 가장 좋은 때는 열린 자세로 새로운 사고방식을 받아들이고 주변에 대한 호기심이 넘치는 초등학생일 때다. 마음챙김을 통해 자신을 알고 집중력을 높이며, 감정을 다루면서 학교생활과 자아, 친구 문제 등 불안에 대처하는 법을 배우게 된다.

조기 교육

아이들은 나름대로 순간에 머문다. 갓난아이도 처음 접한 물건을 만지고 뚫어져라 쳐다보면서 마음챙김을 실천한다. 하지만 "양치질해야지." 하면 아무 생각 없이 이를 닦듯, 아이들의 행동 대부분은 어른의 지시로 이루어진다. 아침을 먹으면서 나가 놀 생각을 하거나 산수 시간 생각에 불안해할 수도 있다. 자동조종장치가 작동하면서 산만해지는 현상은 아이에게도 상당히 자주 일어난다.

성인은 주체적으로 명상 수행을 하며 마음챙김을 하지만, 아이를 이 길로 이끌려면 상상력을 자극하고 재미가 있어야 한다. 마음챙김을 시작하기에 좋은 방법은 아이에게 좋아하는 물건을 하나 그려달라고 하는 것이다. 다 그리고 나면 다시 살펴보면서 작은 부분까지 그려달라고 한다. 그림을 다시 그릴 때는 보통 처음에 표현하지 않았던 세부 사항이 나타난다. 이제 물건을 자세히 관찰하는 동안

생각의 씨앗

간단한 비유를 통해 생각과 감정이 어떤 존재인지 아이에게 쉽게 알려줄 수 있다. 화가 난 아이를 달랠 때 사용해도 좋은 방법이다. 뚜껑을 돌려서 여는 통과 물에 가라앉는 씨앗이 필요하다. 마른 씨앗은 보통 물에 뜨지만, 대부분의 씨앗은 처음 물에 넣으면 가라앉는다.

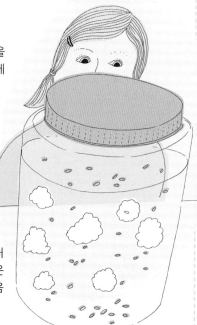

1
통에 물을 채우고 씨앗을 위에 뿌린다. 뚜껑을 꽉 조이고 몇 차례 흔든 다음, 통을 아이 앞에 내려놓는다.

2
아이에게 씨앗을 생각이라고 여기고, 물속에서 이리저리 흔들리다가 천천히 바닥에 가라앉는 모습을 지켜보면서 호흡에 집중하라고 말한다.

3
호흡에 집중하는 동안 감정과 생각이 씨앗처럼 가라앉는다는 사실을 설명하라. 아이들은 단순히 다른 것에 집중하는 것만으로도 마음을 고요하게 만드는 힘이 있다.

어떤 느낌이 들었는지 물어본다. 카메라가 된 것처럼 물체를 자세히 관찰했다고 생각했을지도 모른다. 호흡을 알아차리는 명상도 효과적이다. 집중을 유지하기가 상당히 어렵다는 것을 깨달은 아이들은 놀라거나 즐거워할 것이다. 어쩌면 호흡에 주의를 기울이는 게 어떤 의미인지 이해하기 어려워할지도 모른다. 그럴 때는 좋아하는 인형을 배 위에 올려놓고 위아래로 움직이는 인형에 주의를 기울이도록 한다.

알아차림 탐구

이번 수행은 감각에 집중하는 경험을 할 수 있도록 약간 수정한 바디 스캔(120~125쪽)이다. 아이에게 지금 부서지기 쉬운 타일 위를 걷고 있으니, 깨트리지 않도록 아주 천천히 걸으며 움직임을 묘사해달라고 부탁하라. 그리고 매 순간 몸에서 어떤 일이 일어나는지 집중해서 살펴보고 표현해달라고 하자. 눈이나 귀에 초능력이 있다는 설정을 넣으면 훨씬 재밌어하고, 걸어 다니는 동안 감각에 더 집중하도록 할 수 있다. 아이가 이런 활동에 관심을 보이지 않는다면, 지금까지

아이들은 집중 상태를
유지하기가 상당히
어렵다는 사실을 깨닫고
놀라거나 즐거워할 것이다.

와는 다른 방법으로 접근하라. 여러분 역시 마음챙김의 태도를 유지하고, 아이의 훈련 결과가 성공이든 실패든 겸허하게 받아들이도록 한다.

고양이 사람

간단한 명상이지만 상당히 중요한 의미가 있다. 마음을 부유하는 생각을 마치 동물처럼 관찰할 수 있다는 사실을 전달하기 때문이다. 아래의 지침을 아이가 잘 들을 수 있게 소리 내어 읽어주어라.

1
눈을 감으세요. 당신은 마루 위의 고양이입니다. 쥐구멍을 바라보면서 쥐가 머리를 내밀기를 기다리고 있어요.

2
고양이와 쥐구멍에 관한 생각 말고, 다른 모든 생각을 쥐라고 생각하세요. 조용히 앉아서 튀어나오는 모든 생각을 잡아내도록 합니다.

3
고양이가 되어 쥐구멍을 보느라 아무 생각이 나지 않나요? 계속 쥐구멍에 집중하면 어떤 일이 일어날까요? 아마 생각이 곧 다시 떠오를 것입니다.

위기에서

어려운 시간을 이겨내는 방법

문제가 없는 삶을 사는 사람은 없다. 하지만 우리 인간은 역경을 딛고 일어서는 힘이 있으며 새로운 상황에 적응하는 동물이다. 마음챙김은 여기서도 삶의 전략을 제공한다. 고통에 맞서는 대신, 포용함으로써 난기류를 타고 삶을 제자리로 돌려놓는 최적의 기회를 잡는 것이다.

그냥 내버려두면 마음은 어려움을 피하고 욕망을 좇으려 한다. 하지만 아주 심각한 문제라면 언젠가 문제를 직시해야 한다는 사실을 깨닫게 된다.

길게 봤을 때, 어려움을 피해 달아나기보다는 당당하게 맞서기를 선택하는 편이

자신에게 자비를 베푸는 길이다. 현실과 투쟁하는 일은 스스로 느끼는 비참함을 증폭할 뿐이다. 내면에서 벌이는 모든 싸움은 고되며, 결국 패배로 이어진다. 함정을 탈출하는 가장 좋은 방법은, 원리를 알아낸 다음 조금씩 분해하는 것이다. 산산조각이 난 함정에 걸리는 사람은 없다.

어려운 시간을 견디는 전략

힘든 시간을 보내는 동안, 괴로움은 두 번에 걸쳐서 나타난다. 첫 번째는 문제의 본질이다. 질병, 사별, 대단한 불운이나 좌절 등이 있겠다. 이는 실제로 일어난 사건이며 주워 담을 수 없는 일이므로 직면하고 수용해야 한다. 두 번째는 마음의 괴로움이다. 문제의 본질에 대한 반응

고통을 넘어서

신체나 정신의 고통을 다루는 효과적인 방법은 현재에 최대한 자주 머무르면서 시간이 지날수록 변하는 여러 개의 감각으로 바라보는 것이다.

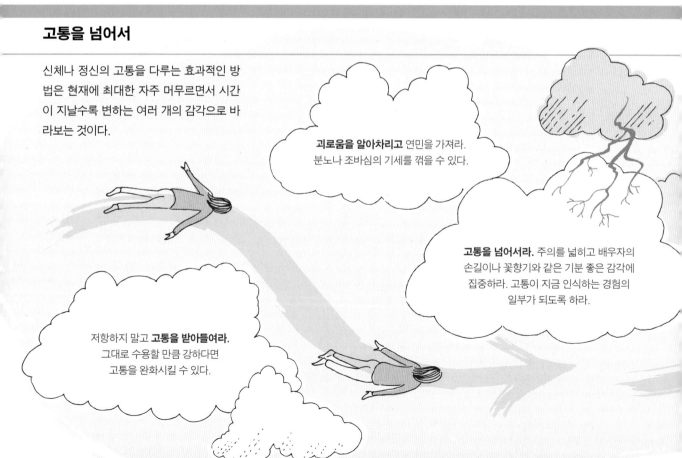

괴로움을 알아차리고 연민을 가져라. 분노나 조바심의 기세를 꺾을 수 있다.

고통을 넘어서라. 주의를 넓히고 배우자의 손길이나 꽃향기와 같은 기분 좋은 감각에 집중하라. 고통이 지금 인식하는 경험의 일부가 되도록 하라.

저항하지 말고 **고통을 받아들여라.** 그대로 수용할 만큼 강하다면 고통을 완화시킬 수 있다.

이 마음을 괴롭게 만든다. 보통 '절대 일어나서는 안 되는 일이었어.' 같은 평가로 시작할 때가 많다. 평가는 분노, 공포, 실망, 절망 같은 감정으로 이어진다. 감정을 마음대로 제어하거나 없애는 일은 불가능하지만, 마음챙김의 태도를 가지면 괴로움의 길을 걷지 않기로 선택할 수 있다. 물론 살다보면 피할 수 없는 고통도 있다. 하지만 맞닥뜨린 고통을 거부하거나 수용하는 것은 우리의 선택이다. 마음챙김의 태도로 신체의 고통을 살펴볼 때 이 진리를 깨우칠 수 있다. 나중에 머리나 등, 혹은 다른 부위에 통증이 느껴지면 자세히 관찰해보라. 감각에 주의

를 기울이면 고통이라는 단순한 감각 외에도 자신이 고통에 저항하고 있음을 느낄 수 있다. 저항은 부분적으로 몸에서 발생한다. 고통이 느껴지는 부위 근처의 근육군이 긴장했기 때문이다. 해당 근육을 하나씩 풀어주면 불편함이 줄어든다는 사실을 알 수 있다.

고통에 대한 연민

근육이 고통에 반응하여 긴장하듯이, 마음도 긴장할 수 있다. 마찬가지로 마음을 다르게 먹으면서 긴장을 풀어주는 일도 가능하다. 지금이 바로 고통을 내려놓을 순간이다. 고통에서 멀어지기 위해 애쓰는 대신, 연민과 온유의 자세로 수용하면서 고통을 순수한 감각으로 경험하라. 고

통이 여러분을 얼마나 불행하게 만드는지에 관한 생각은 떨쳐버려라.

안다는 것에 관하여

인생의 모든 고통은 비슷한 방법으로 대처할 수 있다. 감정을 아예 버리거나 무력하게 울기만 하라는 뜻이 아니다. 고통이 여러분의 내면에 영원히 주저앉아 삶의 선택지를 없애도록 내버려두지 말라는 말이다. 행복을 위협하는 요소는 사실 실제적인 감각이 아니라, 생각인 경우가 많다. 어쩌면 지금까지 일어난 사건이거나 앞으로 일어날 사건에 대한 상상일지도 모른다. 현재에 머무르면 이러한 생각을 모두 마음 저편으로 밀어넣어 힘을 잃게 만들 수 있다.

가능하다면 고통을 줄이기 위해 **실질적인 조치를 해라.** 다시 말해, 증상뿐 아니라 문제도 해결하려 노력하라는 뜻이다.

우리는 어려운 시기에도 성장하고 변화하며 진정한 자신의 모습으로 살아가는 능력이 있다. 마음만 먹으면, 아무것도 앞길을 막을 수 없다.

간병인을 위한 마음챙김

실제로 연민을 베푸는 방법

"다른 이의 구름 속에서 무지개가 되어라." 미국의 시인 마야 안젤루가 남긴 말이다. 사랑하는 사람을 보살피는 일은 스트레스를 주기도 하지만, 보람차고 관계를 새롭게 바꾸는 행위이기도 하다. 핵심은 서로의 요구에 주의를 기울이면서 적절히 대처하고, 함께 현재의 순간에 집중하는 것이다.

누군가를 주기적으로 돌보는 일은 신체적·정신적인 희생이 따른다. 시간이 지나면 스트레스, 불안, 부정적인 태도에 사로잡히고 간병인을 보는 사회의 낮은 시각에 지치기 시작하면 연민이 '연민 피로'가 될 수 있다. 자신의 삶을 살지 못한

다는 느낌, 고립감, 낮은 성취감 역시 고통의 원인이다. 특히 개선 가능성이 거의 없는 만성 질환으로 고통받는 사람을 돕는 상황이라면 말이다.

마음챙김식 접근법은 환자의 필요를 충족시키면서 자신의 삶에 대한 감각을 유

지하고 순간의 경험에서 가치를 찾으며 관계에 진심을 다한다. 또한 관계의 실용성에 관한 문제는 논외로 두고 유대감 형성에 미치는 영향에 집중한다. 오랫동안 간호해야 하는 상황이라면 슬픔이 부정적인 에너지로 변하지 않도록 주의를 기

간호 헌장

간병인마다 상황이 다르므로 모든 사람이 기대치를 똑같이 만족시킬 수는 없는 노릇이다. 자신의 존엄성과 피보호자의 존엄성을 모두 존중하는 자세가 건강하고 긍정적인 관계 유지의 핵심이다. 아래의 간단한 마음챙김 규범을 읽어보면 도움이 될 것이다.

간호를 선순환으로 여긴다. 지금까지 받은 도움에 보답한다고 생각하며 보살핀다.

선물은 감사히 받는다. 친절하게 대해주거나 배려하는 말을 해줘서 고맙다는 표현일 수 있다.

피보호자의 의견을 최대한 존중한다. 의사 결정 과정에 의견을 참고한다.

다른 사람의 요구에
부응하되, 자신의 삶에
대한 감각은 유지하라.

울인다. 긍정적인 태도는 행복한 감정에서 나온다. 최대한 현재에 머무르고자 하는 자세는 지난 시간에 대한 후회나 미래에 대한 불안을 완화하는 데 도움이 된다. '더 이상 내가 할 수 있는 게 없어서 전문가의 도움을 받는 상황이 올 때까지 계속 이렇게 살게 될 것이다.'라는 생각은 추측이고 반응일 뿐 아니라 비관적인 관점이기에 도움이 되지 않는다. 고통의 그늘에서 벗어날 힘을 끌어낼 수 있다면, 함께 교감하고 웃으면서 행복한 시간을 보낼 수 있다.

간병하는 사람이 마음을 굳게 먹으면 고통의 그림자는 더욱 희미해진다. 누군가에게 무언가를 베푸는 행위는 명확한 목적을 가지고 자신의 선한 자질을 표현하는 일이므로 행복을 불러오는 중요한 요소라고 할 수 있다.

타인을 깨닫다

역할 고정관념에 갇히지 마라. 특히 보호자는 능동적이고, 피보호자는 수동적인 존재라는 생각은 버리는 편이 좋다. 피보호자에 대해 호기심을 가지고 알아보면서 교감할 내용을 계속 찾아내려는 태도가 마음챙김식 접근법에 가깝다. 오랜 갈등이 표면으로 나타나지 않도록 하고, 마찰이 생기면 사과할 필요가 없다고 생각할지라도 용서하고 사과하라. 노인을 돌보는 건 신체적으로 부담스러운 일이므로 자신의 몸이 보내는 신호에도 주의를 기울여야 한다. 바디 스캔(120~125쪽)은 몸을 돌보는 좋은 방법으로, 피보호자와 함께 명상하는 것도 괜찮은 경험이 될 수 있다. 치매 초기 환자를 돌보고 있다면 현재 순간에 머무르는 일이 기억력 상실에 대한 걱정과 미래에 대한 불안을 가라앉힌다는 사실을 깨닫게 될 것이다.

연민에 섞이는 것

보호자로 오랜 시간을 보내다보면 연민은 다른 감정에 가려지기 쉽다. 이런 일이 일어나고 있다고 생각하면, 자신의 감정을 주의 깊게 살펴보면서 혹시 아래의 부정적인 요소가 나타나지는 않는지 확인하라. 일치하는 부분이 있다면, 이러한 감정을 느낀 자신을 용서하고 앞으로 긍정적인 선택을 내림으로써 부정적인 충동이 나타나지 못하게 한다.

- 의사와 상관없이 보호자가 되었다는 좌절
- 병간호에 어떠한 보람도 없다는 생각
- 피보호자가 고맙게 생각하고 있지 않다는 느낌
- 자신의 삶을 찾고 싶다는 욕구
- 상황이 좋게 끝나지 않으리라는 예상
- 행복했던 시절을 슬프게 회상하는 습관

피보호자와 친해져라.
최대한 많이 자극을 주고
즐겁게 지내라.

삶의 균형을 맞추어라.
취미를 즐기고 친구를 만나는
시간을 가져라. 식사와
운동으로 건강을 관리하라.

말뿐 아니라 스킨십과
시선으로 **사랑을 표현하라.**
다정한 시선은 영양제와도 같다.

피보호자가 조용하다고 좋아하지 마라.
침묵 뒤에 숨은 의미를 살펴보라.
내면으로 침잠하거나 우울증이
발병했을 가능성이 있다.

마음챙김하는 내일

미래를 살라

이제 마음챙김 수행을 생활로 끌어들일 수 있을 만큼 충분히 배웠기를 바란다. 처음부터 다시 읽으면서 동기 부여를 해도 좋고, 마음챙김 상급 수행을 다룬 책으로 넘어가도 상관없다. 무엇보다 중요한 것은 내면을 깊숙이 탐구하면서 현재에 머무르고, 실시간으로 펼쳐지는 경험을 오롯이 살아가는 일이다. 진정한 행복은 바로 그곳에 있다.

삶에 마음챙김을 적용하면서 많은 부분이 달라졌을지도 모른다. 성취감 따위 느낄 수 없는 쳇바퀴 같은 생활을 반복하던 사람이라면, 마음챙김하며 경험을 음미하고 행복을 찾는 여정을 떠나게 되리라. 목표를 이루는 데 계속 실패하거나 원하는 바를 이루었지만 기대에 미치지 못해 실망한 경험이 있는 사람이라면, 어느새 끊임없이 미래를 걱정하기를 멈추었다는 사실을 알아차릴지도 모른다. 앞이 아니라 옆도 볼 수 있다는 점에서 결국 자유에 이르렀다고 할 수 있다.

지금까지의 묘사가 자신의 삶과 거리가 멀더라도 걱정하지 마라. 마음챙김은 경험에 초점을 맞추는 것이며, 사람마다 마주하는 경험은 전부 다르다. 마음챙김은 일상의 매 순간에 오롯이 머무르면 다른 곳에 정신이 팔려 행복을 놓치는 일이 줄어든다고 가르친다.

명상이 삶을 완전히 바꿔놓을 수 있음을 체감했다면, 마음챙김의 경험을 계속 이어나가고 싶을지도 모른다. 이제 마음챙김에 대해 깊이 이해하게 되면서 직관에 따라 자신에게 가장 좋은 수행 방법을 직접 선택하는 수준에 이를 것이다. 예를 들면, 불교 경전인 『담마빠다(법구경)』나 『반야심경』을 읽으면서 마음을 넓히거나 요가, 태극권, 필라테스로 몸과 마음의 조화를 추구하는 식이다. 아니면 지금까지 했던 대로 마음챙김 명상을 주기적으로 수행하면서 계속 익혀나가도 된다. 많은 사람이 하루나 일주일 사이의 일정으로 떠나는 마음챙김 피정을 즐기는데, 대부분 경험 많은 전문가나 선생님의 지도하에 이루어진다. 생각이 있다면 등록하기 전에 프로그램을 자세하게 살펴보기 바란다. 편안하게 휴식한다는 느낌으로 가는 피정도 많다.

수행을 조율하다

마음챙김 명상으로 가시적인 효과를 얻지 못했다면 이유를 곰곰이 생각해보자. 회의적인 생각 때문에 수행에 전념하지 못했던 것은 아닐까? '안 되면 말고' 식으로 권장 시간보다 짧게 수행하거나 수행을 여러 차례 건너뛰며 최선을 다하지 않았을지도 모른다. 만약 그렇다면 더 강한 동기로 다시 시작하면 어떨까? 지금 이 순간 존재하는 자신에게 주의를 기울이면서 삶을 온전하게 살아보자.

우리와 세상을 연결하는 세 개의 관문은 몸, 언어, 마음이다. 마음챙김을 따라 매 순간의 감각, 교감, 솔직함을 경험하고 축복으로 받아들여라.

집에서 하는 수행

피정은 마음챙김 명상 수행의 경지를 높이고 자신을 깊게 이해하는 효과적인 수단이다. 다른 사람과 함께 피정을 떠나고 싶지 않다면, 집에서 하루나 반나절 정도 시간을 내서 피정을 할 수 있다. 편안한 상태로 오랜 시간 동안 선택한 대상에 주의를 기울이면 된다. 텔레비전, 컴퓨터, 휴대폰의 전원을 끄고 아래의 명상 활동에 임하라.

다양한 마음챙김 수행을 실시한다.
명상은 최소 두 세션 이상 길게 수행한다.

산책을 하거나 가벼운 운동,
혹은 스트레칭을 한다.

**간단하고 몸에 좋은 음식을
마음챙김하면서 먹는다.**
간식이나 술은 피한다.

독서를 하거나 화단 손질 같은
정적인 활동을 하며 시간을 보낸다.

서랍을 정리하는 일처럼 **간단한
집안일**을 처리하며 마음챙김한다.

창작 활동을 할 줄 안다면,
한두 시간 정도 작품을 만들어본다.

찾아보기

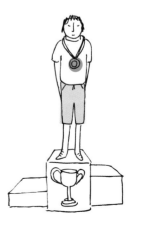

감사의 글

인간의 행복을 위해 깊은 지혜가 담긴 마음챙김 수행을 널리 알려온 모든 스승과 현자에게 큰 감사의 말을 전한다. 내가 담당하는 마음챙김 강좌와 워크숍의 수강생들에게도 고맙다는 인사를 하고 싶다. 수강생들의 용기, 목표, 통찰력, 회복탄력성, 넓은 마음을 헤아릴 때마다 늘 겸손해진다. 부디 모든 존재가 고통에서 벗어나고 자신과 타인에게 마음을 열기를 바란다.

감수자 켄 A. 베르니(Ken A. Verni)

마음챙김 수행을 주제로 책을 쓰도록 추천하고 많은 영감을 주었던 페기 밴스(Peggy Vance)에게 감사의 말을 전한다.

글쓴이 마이크 앤슬리(Mike Annesley)

교정을 맡은 사라 톰리(Sarah Tomley)와 찾아보기 작업을 담당한 마거릿 매코맥(Margaret McCormack)에게 출판사에서 감사의 말씀을 전합니다.

옮긴이 박지웅
울산과학대학교 화학공업과 중퇴 후 사이버한국외국어대학교 영어통번역학과에 재학 중이다. 현재 번역 에이전시 엔터스코리아에서 과학 분야 전문 번역가로 활동하고 있다. 주요 역서로는 『마블이 설계한 사소하고 위대한 과학』, 『한 권으로 이해하는 양자물리의 세계』, 『더미를 위한 천문학』, 『전원생활자를 위한 자급자족 도구 교과서』 등이 있으며, 명상 관련 어플리케이션을 번역하였다.

All images © Dorling Kindersley